SPSS와 jamovi를 이용한

자료분석론

SPSS와 jamovi를 이용한

자료분석론

김진현

KNOWLEDGE COMMUNITY 공동체

각 장별로 사용된 변수들을 정리한 SPSS, jamovi 실습파일은 도서출판 공동체 홈페이지(https://www.compub.co.kr)에서 다운로드 할 수 있습니다.

머리말

이 책은 자료분석론을 처음 접하는 학생들이 통계에 대한 기초지식을 이해하고 이를 실제적으로 활용할 수 있는 역량을 향상시키는 데 목적이 있다. 저자가 그동안 자료분석론 강의를 하면서 학생들에게 강의했던 내용들을 한 권의 책으로 간단명료하게 전달하고 싶은 마음으로 집필을 시작하였다. 따라서 이 책의 내용은 한 학기 자료분석론 수업 일정에 맞춰서 진행하는 데 적절한 분량일 것이다.

이 책에 사용된 프로그램은 SPSS 프로그램과 jamovi 프로그램이다. SPSS 프로그램의 경우 사회과학에서 보편적으로 많이 활용되고 사용자가 사용하기 편리한 프로그램(user-friendly program)이다. 대학교, 공공기관, 연구소 등과 같은 기관에서 많이 활용되고 있어 이 책에서도 SPSS를 통한 자료분석방법을 소개하였다. 다음으로 jamovi 프로그램의 경우 아직 보편적으로 많이 활용되지는 않지만 R을 기반으로 하는 무료 통계 프로그램으로, 특정 기관에 소속되지 않아도 개별적으로 다운로드해서 사용할 수 있는 장점이 있다. 특히 명령어를 직접 입력하는 전통적인 R 프로그램과 달리 마우스를 클릭하는 방식으로 기본적인 분석들을 실시할 수 있어 매우 편리하게 활용할 수 있다는 장점이 있다. 더불어 기초통계 분석뿐만 아니라 중·고급 통계분석 패키지도 무료로 추가 설치하여 사용할 수 있기 때문에 활용도가 매우 높은 프로그램이다.

이 책은 사회과학연구 방법론 가운데 양적연구방법론의 개념 및 목적 그리고 다양한 분석방법에 대한 설명과 실습과정을 담고 있다. 사회과학연구 방법론의 철학적 배경이 될 수 있는 패러다임과 이론을 소개하고 연구에의 적용과정도 설명하고 있다. 특히 양적연구방법론을 사용하여 논문을 작성하고자 하는 학생들에게 도움이 될 수 있는 글쓰기 방법에 대해서도 책의 앞부분에 소개하였다. 또한 각 챕터별로 동일한 실습자료를 활용하여 SPSS와 jamovi 프로그램을 실습함으로써 SPSS와 jamovi 프로그램을 동시에 그리고 일관성 있게 학습할 수 있도록 구성하였다.

이 책은 크게 5장으로 구성되어 있다. 우선 제1장 자료분석의 기초에서는 사회과학연구의 개념 및 목적 그리고 관련되는 관점과 이론을 소개하고 양적연구논문의 작성방법을 중심으로 설명하였다. 다음으로 통계의 기초개념과 목적을 설명하고 통계의 유형을 크게 기술통계와 추리통계로 분리하여 설명하였다. 제1장의 마지막은 통계가 가질 수 있는 한계점에 대해 논의함으로써 통계학을 사용할 때 어떠한 부분에 유의할 필요가 있는지 설명하였다. 제2장 자료분석을 위한 준비에서는 프로그램의 설치방법부터 실제 자료분석을 위한 자료의 입력, 그리고 자료의 변환을 SPSS와 jamovi 프로그램을 통해 실행하는 방법을 소개하였다. 제3장 기술통계 분석에서는 자료를 기술하는 대표적인 지표들인 집중치와 분산치의 개념을 소개하고 SPSS와 jamovi 프로그램을 통해서 빈도분석과 기술통계분석을 실행하고 그래프로 나타내는 방법을 다루고 있다. 제4장 추리통계의 기초에서는 추리통계에서 중요한 개념들인 정규분포, 표준정규분포, 표본오차, 신뢰구간 등을 설명하였다. 제5장에서는 추리통계 분석에서 실제적으로 많이 활용되는 방법들을 교차분석과 카이제곱검정, t 검정, 분산분석, 비모수 통계분석, 상관관계 분석, 회귀분석 등의 순서로 주요 개념 및 원리를 소개하고 SPSS와 jamovi를 통한 분석과 해석방법을 설명하였다. 이 외에도 SPSS와 jamovi 프로그램을 활용한 척도의 신뢰도 분석과 회귀분석에서 매개 및 조절효과 분석, 로지스틱 회귀분석도 포함하였다.

저자가 이 책을 집필할 수 있는 기회를 가진 건 자료분석론 과목을 수강해 준 학생들 덕분이다. 수업을 통해서 자료분석에 대한 기초지식을 쌓고 자료를 분석할 수 있는 역량이 향상되는 학생들의 모습들을 보면서 책을 쓰고자 하는 동기가 생겼고, 학생들과의 질의응답과 토론은 책에 대한 아이디어를 정리하는 데 많은 도움이 되었다. 지금까지 저자의 수업을 들었던 학생들과 앞으로 수강할 학생들에게 감사함을 전하고 싶다. 마지막으로 항상 지지와 격려를 보내주는 가족들에게 고마움을 전한다.

2022년 4월

저자

차 례

CONTENTS

차 례

CHAPTER 05 추리통계 분석

CONTENTS

01
CHAPTER

자료분석의 기초

1. 사회과학연구의 기초
2. 통계의 기초

CHAPTER 01

자료분석의 기초

1. 사회과학연구의 기초

1) 연구의 개념 및 목적

연구(Research)라는 것은 어떠한 주제 혹은 이슈에 대한 이해를 증진시키기 위하여 정보를 모으고 분석하는 일련의 과정들을 의미한다(Creswell, 2008). Research의 어원을 살펴보면 고대 프랑스어인 'recherche'에서 유래했는데, 이는 'to go about seeking(찾으러 다닌다)'을 의미한다(Merriam-Webster, 2021). 이러한 관점에서 보면 우리는 일상생활에서도 많은 연구를 하는 것이다. 가령 TV를 구매하기 위하여 제조사별로 TV 크기, 해상도, 기능, 가격 등 다양한 자료들을 검토하고, 가격 대비 가장 만족스러운 제품을 선택한다. 하지만 우리 대부분은 TV 하나를 사기 위해서 어느 정도는 정보를 수집하겠지만 가격 혹은 브랜드 평판 등 몇 가지 선택적 기준에 의해서 구매를 결정하는 경우가 많다. 따라서 이러한 과정은 연구라기보다는 조사 혹은 검색(search) 수준에서 이루어지는 행동이라고 할 수 있다.

그렇다면 학문을 하는 데 있어서 연구란 어떤 의미를 가지는가? 소위 과학적 연구(scientific research)는 좀 더 지속적이고 체계적이며 논리적인 절차를 요구한다. 연구라는 단어 research는 re와 search의 합성어인데 여기서 re는 '다시'라는 의미를 포함하고 있기 때문에 연구는 충분한 정보의 수집을 위한 반복적인 과정을 의미한다. 가령 노인빈곤과 자살의 관계를 연구한다고 했을 때 노인이 되면 근로소득이 없으니 힘들어서 자살하는 것이라고 결론을 내려버린다면 체계적이고 논리적인 과학적 연구라고 할 수 없다. 과학적 연구를 위해서는 보다 많은 시간을 투자해서 구체적이고 포괄적으로 자료를 수집해야 한다. 따라서 우선 노인빈곤의 현황 및 실태 그리고 노인 자살률을 비롯해서 노인자살 패턴을 살펴볼 수 있는 다양한 자료를 충분히 반복적으로 수집해야 한다. 이러한 자료들을 잘 관찰하고 정리하고 기술하는 것이 과학적 연구의 시작이라고 할 수 있다.

다음으로 과학적 연구의 목적은 단순히 현상을 기술하는 것에 그치지는 않는다. 다시 말해 노인빈곤과 자살의 인과관계를 통해서 현상을 설명하는 것이 중요하다. 이를 위해서는 노인빈곤이 자살을 '왜' 유발하는지에 초점을 두고 이에 영향을 미칠 수 있는 다양한 요인들을 동시에 고려하여 인과관계를 설명해야 한다. 실제 노인자살은 단순히 빈곤의 문제뿐만 아니라 사회적 지지체계의 부족, 가족과의 갈등, 신체 및 정신 건강, 지역사회 환경 등 다양한 요인들과도 관련되어 있기 때문이다. 따라서 노인빈곤과 자살의 관계에 대한 연구를 진행한다면 이와 관련된 다양한 자료들(논문, 단행본, 보고서, 뉴스 기사 등)을 활용하여 자료를 수집하고, 축적된 자료에서 변수들 간의 관계를 설명할 수 있는 근거(evidence)를 확보해야 한다. 연구는 이러한 확보된 근거에 기초하여 연구모형을 설정하고 이를 분석하는 것이다.

연구의 또 다른 목적은 우리가 밝힌 사실, 법칙, 그리고 변수들 간의 인과관계를 토대로 미래를 예측하는 것이다. 가령 노인들의 소득이 최저생계비 기준으로 어느 정도 감소했을 때 자살률이 증가하는지, 노인들이 사회적 지지체계의 부족으로 고립감을 가지게 됐을 때 자살이 얼마나 증가하는지, 만성질환 등으로 신체 및 정신 건강 기능이 감소하게 되면 자살이 증가할 확률이 얼마나 변하는지 등을 기존에 관찰한 패턴과 인과관계에 기초하여 예측하는 것이다. 연구자는 예측되는 결과를 연구가설(research hypothesis)의 형태로 세우고 이를 실증적으로 검증하게 된다. 가령, '노인들의 월 소득이 증가하면 자살생각이 감소할 것이다'라는 가설을 세우고 이를 회귀분석(regression analysis)과 같은 분석방법을 활용하여 예측해 볼 수 있다.

2) 패러다임(Paradigm)과 이론(Theory)

우리가 직 · 간접적으로 경험하는 자연현상과 사회현상은 과연 아무것도 없는 진공상태(vacuum)에서 있는 그대로의 모습으로 이해되는가? 답은 아마도 '그렇지 않다'일 것이다. 우리는 각자 자신만의 관점으로 세상을 바라보고 해석한다. 물론 사람마다 차이가 있다는 것을 부정하지는 않지만 우리가 가지고 있는 주관적 관점 역시 우리가 속해 있는 사회의 문화, 관습, 그리고 과학적 사고 등에 영향을 받아 형성되었을 가능성이 높다.

다양한 학문분야에서 과학을 연구하는 연구자는 이러한 관점으로부터 자유로워지기 어렵다. 과학에서 세상을 바라보는 관점은 패러다임(paradigm)으로 표현된다. Kuhn(1962)은 『과학혁명의 구조(The structure of scientific paradigm)』라는 책에서 패러다임은 동시대에 사람들이 공통적으로 가지고 있는 신념이나 사고 혹은 가치를 의미한다고 정의하였다. 이 패러다임은 우리가 관찰과 추론을 조직화하는 일종의 참고 틀(frames of reference)로서 세상이 작동하는 방식과 그 세상에 관한 지식을 얻는 데 활용된다.

Kuhn은 이러한 패러다임은 불변하는 것이 아니라 시대의 흐름에 따라 변할 수 있다고 보았다. 가장 대표적인 예시가 천동설(geocentrism)에서 지동설(heliocentrism)로의 패러다임의 전환(paradigm shift)이다. 고대인들은 지구가 우주의 중심이고 태양을 비롯한 다른 행성들이 지구 주변을 돈다는 천동설을 믿었다. 하지만 과학기술이 발전하고 새로운 천체 현상들을 관찰하다 보니 더 이상 천동설로 설명되지 않는 현상들이 나타나게 된다. 다시 말해 천동설이라고 하는 기존의 패러다임이 새로운 현상을 적절히 설명해 내지 못하게 된 것이다. 이러한 시점이 되면 기존의 패러다임을 대체하는 새로운 패러다임이 등장하게 되는데 지동설도 그 한 예라고 할 수 있다. 천동설과 달리 태양을 중심으로 지구와 다른 행성들이 회전한다는 지동설에 근거하여 천체 현상들이 보다 더 잘 설명된 것이다. 즉, 새로운 패러다임인 지동설이 새로운 현상을 보다 더 잘 설명하는 지배적인 관점 혹은 틀이 된 것이다.

하지만 이러한 패러다임의 전환은 오랜 시간이 소요된다. 그 이유는 기존의 패러다임이 새로운 현상을 더 이상 잘 설명할 수 없는 임계지점에 도달하는 데까지 시간이 오래 걸리고, 한번 형성된 패러다임은 인간의 사고와 행동, 가치에 오랜 시간 영향을 미치기 때문에 이를 대체하려는 데 대한 거부반응도 동시에 일어나기 때문이다. 하지만 다양한 분야에서 오랜 시간을 거쳐 새로운 패러다임들이 등장하였는데 사회복지 분야도 마찬가지이다. 예를 들어, 과거 사회복지실천에서는 클라이언트를 문제를 가지고 있는 사람으로 인식하는 병리적 관점에 기초한 의료모델이 주를 이루었다면 현재는 클라이언트가 가지고 있는 강점과 장점에 주목하여 문제해결의 주체로서 역할을 할 수 있다는 강점관점(strength perspective)을 강조하고 있는데 이러한 변화도 일종의 패러다임의 전환이다.

패러다임은 한 시대를 대표하는 혹은 지배적인 이론이 될 수 있다. 여기서 이론은 어떠한 현상을 설명하기 위한 목적을 가지고 두 개 이상의 변수들 간의 관계를 구체화함으로써 현상을 체계적으로 바라볼 수 있게 하는 상호 연결된 관념들과 전제들이라고 할 수 있다(Kerlinger, 1979). 특정 현상을 설명하기 위한 이론들 가운데 가장 지배적인 이론이 패러다임이 되는 것이다. 패러다임과 이론, 그리고 모델과의 위계적 관계를 살펴보면 다음 | 그림 1-1 |과 같다. 그림에서 보듯이 가장 상위 수준에 있는 것이 패러다임이고 중간 수준에 이론이 위치하고 마지막으로 가장 하위 수준에 모델이 놓이게 된다. 여기서 모델은 이론을 연구에 맞게 구체화하고 현실화한 것이라고 볼 수 있다. 가령, 연구자가 실증주의(positivism)라는 패러다임에 기초한 행동수정이론(behavior modification theory)을 적용하여 분노행동을 자주 표출하는 아동의 분노발작 행동(temper tantrum) 감소를 위한 행동치료모델(behavior therapy model)을 개발하는 경우를 예로 들 수 있다.

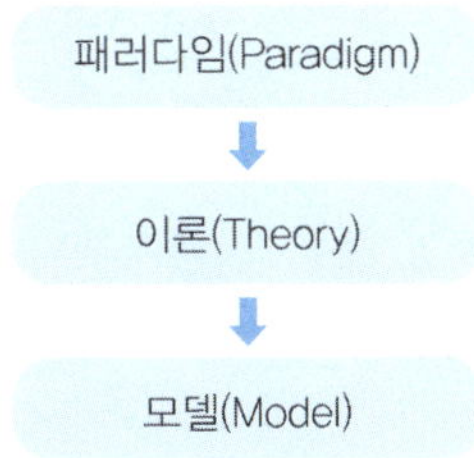

| 그림 1-1 | 패러다임, 이론, 그리고 모델의 관계

사회과학연구에서는 어떠한 패러다임에 기초하느냐에 따라서 연구의 목적과 형태가 달라질 수 있다. Rubin과 Babbie(2011)는 사회과학에서 많이 활용될 수 있는 패러다임으로 실증주의, 해석주의 그리고 비판사회과학을 설명하고 있는데, 여기서는 각각의 패러다임별로 연구의 목적과 설계가 어떻게 달라지는지 살펴본다.

(1) 실증주의(positivism)

실증주의는 기본적으로 현실에 나타나는 현상들은 측정 가능하고, 또 이를 정량화할 수 있다고 전제한다. 가령, 스트레스, 사랑, 우울, 불안과 같이 인간이 경험하는 심리사회적 상태 역시 측정 가능하다고 본다. 최대한 많은 연구 자료를 관찰하고 측정하여 얻은 데이터를 통해서 연구의 객관성, 정확성 그리고 일반화의 가능성을 높인다. 그렇기 때문에 개인적 의견, 가치관, 관점 등 연구자의 주관성은 철저히 배제되어야 한다고 강조한다. 이러한 측면에서 양적인 연구방법은 기본적으로 실증주의에 기초한다.

(2) 해석주의(interpretivism)

해석주의는 실증주의의 기본 전제를 부정한다. 즉, 모든 현실은 객관적으로 측정가능하지 않다는 것이다. 특히 인간을 다루는 사회과학은 자연과학과는 달리 객관적으로 모든 것을 측정하는 것은 불가능하다고 인정한다. 반대로 사람들의 삶에 대한 깊이 있는 주관적 이해를 강조하여 개개인마다 차이가 있는 독특한 경험에 의미를 부여하고 보다 깊이 있게 해석하는 것이 중요하다고 강조한다.

따라서 실증주의와는 달리 연구결과를 일반화하는 것을 목적으로 하지 않는다. 대신에 작은 규모라도 연구 참여자의 의견이 반영될 수 있도록 참여할 수 있는 기회를 제공해 준다. 이러한 특성 때문에 해석주의에 기반을 둔 연구들은 대부분 질적 연구의 형태를 가지게 된다.

(3) 비판사회과학(critical social science)

비판사회과학은 보다 실천중심의 패러다임이다. 비판사회과학의 주요한 전제는 사회가 경쟁하는 개인 및 집단 간의 끊임없는 갈등과 투쟁의 결과라는 것이다. 마르크스주의(Marxism)에서 이러한 갈등과 투쟁은 가진 자와 가지지 못한 자 사이의 '계급갈등'으로 표현된다. 비판사회과학의 대표적인 것이 부르주아와 프롤레타리아로 구분되는 노동계급에서의 갈등을 다루는 마르크스주의와, 남성과 여성 사이의 불평등과 갈등에 초점을 두는 페미니즘이다. 비판사회과학은 기본적으로 사회적으로 억압받는 계층에 주목하고 연구를 통해서 억압받는 집단의 역량을 강화(empower)하는 것을 목적으로 한다. 비판사회과학에 기반을 둔 연구는 질적인(qualitative) 특성과 더불어 행동(action)을 강조하는 참여행동연구(participatory action research) 등의 형태로 나타난다.

위에서 살펴본 세 가지 패러다임을 적용하여 '새로운 미국의 복지개혁 정책을 어떻게 연구할 것인가?'에 대해서 살펴보면 다음과 같다. 우선, 실증주의에서는 '새로운 미국의 복지개혁 정책이 빈곤율을 줄이는 데 효과적인가?'라는 연구 질문을 세우고 실제 AFDC(Aid to Families with Dependent Children)라는 공공부조제도가 복지개혁 이후로 TANF(Temporary Assistance to Needy Families)로 바뀌게 되면서 빈곤율이 어떻게 변했는지, 그리고 빈곤으로 탈피한 사람들의 비율은 어느 정도인지를 객관적으로 측정하여 정책의 효과성을 살펴볼 수 있을 것이다.

다음으로 해석주의 패러다임에 기초하여 미국의 복지개혁 정책이 시행된 후 실제 복지수급자의 삶이 어떻게 변화했는가를 살펴볼 수 있다. 이를 위해서 복지수급자를 만나서 보다 심층적이고 질적인 인터뷰를 실시하여, 복지수급자와 그 가족의 삶이 어떻게 달라졌는지를 경청하고 기록한다. 실제 TANF는 노동을 조건으로 임시적으로 제공되는 공공부조제도이기 때문에 이 제도가 여성 빈곤가구와 그들의 자녀 양육에 미치는 부분을 질적 인터뷰를 통해서 살펴볼 수 있다.

마지막으로 비판사회과학 패러다임을 토대로 '새로운 복지개혁 정책이 정말 가난한 사람들의 삶을 개선하는 데 도움이 되는가? 아니면 여전히 이들을 억압하는 기제로 작용하는가?'에 대한 연구 질문을 생각해 볼 수 있다. 비판사회과학은 연구를 통해서 억압받는 사람들의 역량을 강화하는 것이 주된 목적이므로 새로운 복지개혁 정책 이후 빈곤층을 위한 법률이 어떻게 변경되었는지, 지역 및 주정부 기관이 가난한 사람들의 삶의 질을 개선할 수 있는 서비스와 프로그램을 실제로 개발하고 실행했는지에 초점을 두고 살펴볼 수 있다. 만약 억압받는 사람들의 생활이 개선되지 않았다면 연구자는 실행연구(action research)를 통하여 이들의 삶을 긍정적으로 변화시키는 것을 연구의 목적으로 한다.

3) 과학적 방법론 : 귀납법(Induction)과 연역법(Deduction)

과학적 방법론은 크게 귀납법과 연역법으로 구분해 볼 수 있다. 우선 귀납적 방법론은 관찰 가능한 구체적인 현상으로부터 시작하여 일반적인 패턴을 발견하는 방법이다. 사실 과학의 시작은 귀납적이라고 할 수 있다. 처음부터 이론이 존재하는 것이 아니라 현상에 대한 지속적인 관찰과 자료의 수집을 통해서 특정한 법칙을 발견하게 되고 이것이 이론으로 발전하게 되기 때문이다. 귀납적 방법이 사람을 대상으로 하는 사회과학에 활용되는 경우도 연구대상이 되는 개개인을 깊이 있게 관찰하고 인터뷰하여 공통된 주제를 발견하고 해석하여 인간행동과 심리에 대한 이론으로 발전되는 것이다.

이와는 반대로 연역적 방법론은 일반적인 명제로부터 출발하여 구체적인 질문에 대한 답을 찾는 과정이라 할 수 있다. 여기서 일반적인 명제는 앞서 살펴본 패러다임, 이론과 같이 보편적이고 포괄적인 특징을 가지고 있고 이를 통해서 보다 구체적인 연구가설을 세우는 것이 연역적인 접근방법이다. 오늘날의 많은 과학적 현상들은 직접적으로 경험하고 관찰할 수 없는 선험적 지식의 형태를 띠는 경우가 많다. 따라서 연구자는 이론에 근거해서 연구가설을 세우고 이를 실증적으로 검정하는 방법을 사용한다. 여기서 연구가설은 연구자가 세우는 현상 혹은 현상들 사이의 관계에 대한 잠정적인 결론에 해당한다.

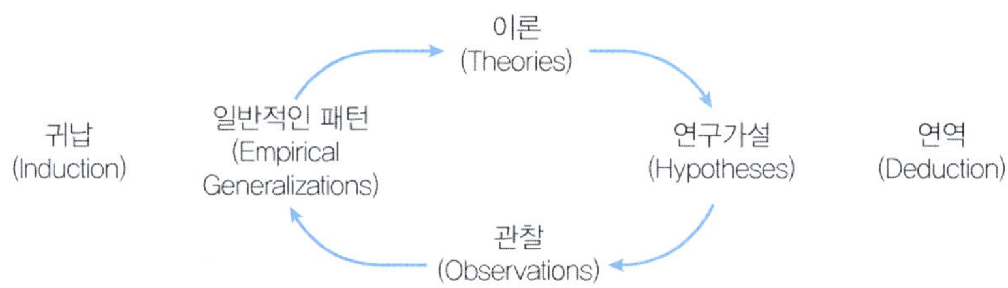

그림 1-2 과학의 원리

출처 : Wallace, W. L.(1971). The logic of science in sociology. NY : Routledge.

과학적 방법론에서 귀납법과 연역법은 분절되어 존재하는 것이 아니라 순환적 관계를 가진다(그림 1-2 참조). 즉, 구체적인 관찰들(observations)로부터 일반화된 패턴(empirical generalizations)을 발견하고 이를 이론들(theories)로 발전시키는 귀납적 방법과 귀납적 방법을 통해서 정립된 이론들을 연구가설들(hypotheses)을 세워서 실증적으로 검정하는 연역적 방법론은 밀접하게 연결된다고 할 수 있다. 일반적으로 질적인 연구는 귀납적 방법을, 양적인 연구는 연역적 방법을 채택하기 때문에 질적인 연구와 양적인 연구 역시 분리되어 있는 것이 아니라 긴밀히 연결되어 상호 보완하는 작용을 한다. 이러한 순환적 관계를 통해서 과학이 발전하는 것이다.

4) 연구의 단계

본 저서는 양적연구방법론을 다루고 있기 때문에 여기서는 양적연구방법론의 연구과정을 중심으로 살펴본다. 우선 양적연구의 시작은 연구문제의 설정이다. 사회과학에서 연구문제는 연구자가 관심을 가지고 있는 사회문제에서 시작할 수 있다. 예를 들면, 노인빈곤과 건강에 관심을 가지고 있는 연구자는 '빈곤한 노인들의 건강상태는 부유한 노인들의 건강상태와 비교해서 어떠한가?'라는 연구문제를 세워볼 수 있다. 둘째, 자료의 수집이다. 자료의 수집은 포괄적으로 이루어지는데 기본적으로는 기존의 논문, 단행본을 중심으로 문헌연구가 이루어지고 이 외에도 정부간행물, 신문, 기사 등 다양한 자료가 활용될 수 있다. 가령, 노인빈곤과 건강에 대한 최신 통계를 비롯해서 이 둘의 인과관계에 대한 이론과 논문들을 포괄적으로 살펴볼 수 있다. 셋째, 문헌연구를 통한 연구모형의 구축이다. 문헌연구는 양적연구에서 연구모형을 만드는 매우 중요한 과정으로 실제로 가장 많은 시간이 투자되어야 한다. 넷째, 문헌연구를 통해서 연구모형이 만들어지면 구체적으로 연구가설을 세운다. 연구가설은 현상들 간의 관계에 대한 연구자의 잠정적 결론으로, 앞선 예를 적용해 보면 '빈곤한 노인들은 그렇지 않은 노인들에 비해 만성질환을 경험할 확률이 높을 것이다' 정도로 연구가설을 세워볼 수 있다. 다섯째, 연구가설에 대한 통계적 검정이다. 수집된 자료를 통해 다양한 통계분석기법을 통해서 분석하고 연구가설이 채택되는지 기각되는지를 판단하는 과정이다. 마지막으로 연구가설을 통해서 연구모형을 검정하여 기존의 이론을 수정하거나 새로운 대안을 제시한다. 이상의 내용을 그림으로 표현하면 다음과 같다.

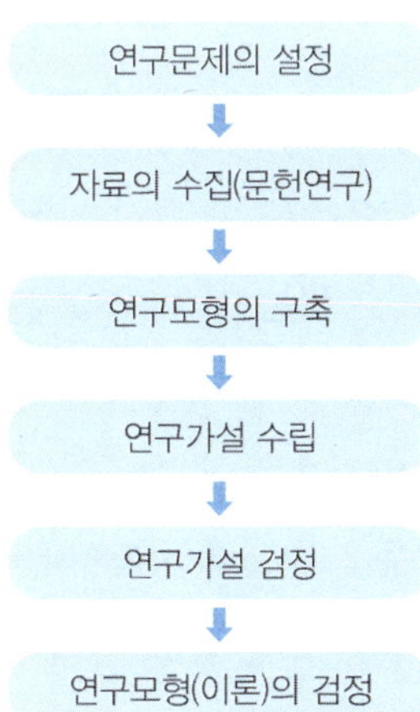

| 그림 1-3 | 연구의 단계

5) 연구논문의 작성방법

양적연구논문의 작성법은 국내외 학회지마다 약간씩의 차이는 있지만 기본적으로 연역적 접근방법으로 기술되기 때문에 공통적인 요소들을 포함하고 있다. 여기서는 Creswell(2003)의 저서 『Research design : qualitative, quantitative, and mixed methods approaches』에서 양적연구 부분을 중심으로 논문의 기본형태와 구성요소에 대해 소개하고자 한다.

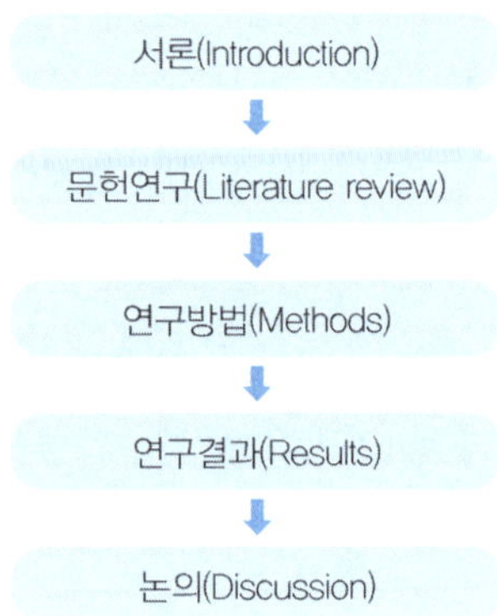

|그림 1-4| 양적연구논문의 작성단계

(1) 서론

서론은 논문을 시작하는 글로 논문 작성 시 가장 어려운 부분 가운데 하나이다. 서론은 독자의 이목을 끌 수 있는 신선한 주제이어야 하고, 그 주제에 대해 과연 연구가 필요한지에 대한 당위성을 제공해야 한다. 그러기 위해서 독자에게 주제와 관련된 배경정보를 요약적으로 잘 제공해야 한다. 이를 위해서 공신력이 있는 최신의 통계자료, 기사 등을 활용하는 것이 중요하다. 가령 노인빈곤에 관한 주제를 다룰 때는 통계청 혹은 보건복지부에서 제공하는 가장 최신의 빈곤율 통계를 사용해야 하고 빈곤과 관련된 최근의 뉴스 등을 포함하는 것이 필요하다. 서론에서 또 중요한 것은 기존 연구들과의 차별성을 강조하는 것이다. 그러기 위해서는 기존 연구들의 한계가 무엇이고 본 연구에서는 그러한 한계를 극복하기 위해서 어떻게 차별화하겠다는 내용이 포함되어야 한다. 일반적으로 서론의 마지막은 연구의 목적을 구체적으로 서술하는 것으로 마무리된다.

(2) 문헌연구

문헌연구의 주된 목적은 연구의 이론적 근거를 제공하고 독자들에게 연구주제와 관련된 기존의 다른 연구들의 결과를 공유하는 것이다. 문헌연구에서는 최신의 연구들을 반영하고 기존 연구들의 한계를 비판적으로 분석하는 것이 필요하다. 또 문헌연구에서 중요한 것은 기존 연구들을 주요 변수들 간의 관계를 중심으로 요약하고 설명해야 한다는 것이다. 예를 들어, 노년기 소득수준이 우울에 미치는 영향에서 신체건강의 매개효과를 살펴보는 연구를 한다면 문헌연구는 주요변수들인 소득, 우울, 신체건강 사이의 관계에 대한 이론적 근거를 충분히 제시하여야 한다. 특히 매개효과의 경우 명확한 이론적 근거를 갖지 못한 상태에서 사용하는 것은 부적절한 방법이다. 문헌연구의 마지막 부분에서는 기존의 이론과 선행연구들을 토대로 연구모형(research model)을 만드는 것이 중요하다.

(3) 연구방법

양적연구에서 연구방법은 연구설계의 전반적인 과정을 포괄한다. 가령, 단일집단 사전사후 비교와 같이 전체적인 연구설계를 진행하고 다음으로 연구에 사용할 표본(sample)에 대해 기술한다. 대부분의 양적연구는 표본을 사용하는 추리통계의 형태로 진행되기 때문에 표본수집과정에서 누구를(who), 언제(when), 어떻게(how), 어디서(where), 무엇(what)을 조사하는지를 구체적으로 설명하여야 한다.

다음으로 독립변수, 종속변수와 같은 주요 변수에 대한 소개는 개념적 정의(conceptual definition)와 조작적 정의(operational definition)를 명확히 기술하여야 한다. 예를 들어, CES-D 우울감 척도와 같이 표준화된 측정도구를 사용하는 경우 지난 일주일 동안 당신의 상태('먹고 싶지 않고 식욕이 없다', '모든 일들이 힘들게 느껴졌다' 등)에 대한 20가지 질문에 대해서 4점 척도(1-극히 드물다, 2-가끔 있었다,

3-종종 있었다, 4-대부분 그랬다)로 측정 가능하고 점수가 높을수록 우울수준이 높은 것으로 해석할 수 있다.

마지막으로 자료분석에 사용될 통계방법에 대해 설명한다. 주요 변수의 속성에 따라 사용할 수 있는 통계분석방법이 달라지기 때문에 여기에 대한 명확한 설명이 필요하고 통계분석을 위해서 사용하는 통계 소프트웨어도 같이 소개할 필요가 있다.

(4) 연구결과

통계분석이 완료되면 연구결과를 크게 기술통계와 추리통계 부분으로 구분하여 기술한다. 기술통계에 대한 부분은 표본의 인구사회학적 특성(가령, 성별, 연령, 교육수준, 종교, 가족관계 등)에 대한 내용이다. 추리통계 부분은 연구가설의 검정과 관련된다. 가령 '빈곤한 노인들은 그렇지 않은 노인들에 비해 만성질환을 경험할 확률이 높을 것이다'라는 연구가설을 표본자료를 토대로 실증적으로 검정하고 가설의 채택 여부를 통계적 유의도와 함께 설명한다.

(5) 논의

연구결과 기술까지 완료되면 논문의 마지막 단계는 논의하기이다. 논의에서 가장 중요한 것은 연구결과의 의미를 중심으로 기술하는 것이다. 간혹 이전 단계의 연구결과를 논의에서 중복해서 기술하는 경우가 있는데 이는 바람직하지 않다. 좋은 논의는 주요 연구결과를 의미중심으로 요약적으로 제시하면서 이러한 결과들이 선행연구들에서 나온 결과들과 유사한지 아니면 차이가 있는지를 중심으로 기술되어야 한다. 특히 기존 연구들과 다른 결과들이 나온 경우는 '왜' 그런지를 명확히 설명하여야 한다.

학문분야마다 차이는 있지만 논의 후에는 연구가 가지는 함의를 서술한다. 사회복지학의 경우 연구결과가 가지는 사회복지정책, 실천, 그리고 서비스 차원의 함의를 서술한다. 여기서 중요한 것은 함의도 연구결과에 기반을 두어야 한다는 것이다. 연구결과와 상관없는 일반적인 함의를 적는다면 독자들에게 연구의 설득력을 떨어뜨리게 할 수 있다. 논의의 마지막 부분이자 글의 마지막은 일반적으로 연구의 한계를 서술하고 향후 연구를 위한 제언을 제시한다.

2. 통계의 기초

1) 통계의 개념 및 목적

통계(statistics)란 국가(state)의 여러 가지 현상을 정확하게 기술하는 것이라는 의미를 가지고 있다. 통계학의 시초는 17세기 중반 영국의 John Graunt가 매주 자신이 담당하고 있는 교구(local parish)에서 발생하는 출생, 사망, 세례 등의 데이터를 수집하고 처리하는 것에서부터 시작되었다(이희연·노승철, 2013). 이러한 시작에서 알 수 있듯이 통계라는 것은 출생, 사망과 같이 무언가 의미 있는 결과를 얻기 위해 수와 같이 셀 수 있는(count) 자료를 사용하여 현상을 기술, 분석 그리고 해석하는 과학적 방법이라고 할 수 있다.

통계는 자연현상 혹은 사회현상을 이해하고자 하는 목적을 달성하기 위한 수단(tool)으로 다양한 측정도구를 사용하여 현상을 수량화(quantification)하고, 수량화된 양적자료(quantitative data)를 통해서 다양한 현상을 의미 있게 해석하고 이를 바탕으로 합리적인 의사결정을 하게 도와준다. 여기서 중요한 것은 통계는 그 자체로서가 목적이 아니라 목적을 이루기 위한 주요한 수단이자 방법이라는 것이다.

수단으로서의 통계학은 다양한 분야에서 활용된다. 가령 고용률, 취업률, 국내총생산 등 다양한 경제지표를 활용하여 경제현상을 설명하는 경제학, 감염성 질환의 발생률, 만성질환 실태, 병원 이용률과 같은 자료를 사용하는 보건학, 우울, 불인, 자존감, 행복 등을 실험과 관찰을 통해서 측정하여 자료로 사용하는 심리학, 그리고 빈곤율, 기초생활수급자 실태, 국민연금 임금대체율 등과 같은 자료를 사용하는 사회복지학 등 다양한 학문분야에서 통계가 활용된다.

통계는 학문분야뿐만 아니라 우리의 일상생활 속에서도 직간접적으로 많이 활용된다. 가령, 대통령 선거를 앞두고 각 언론사마다 조사해서 발표하는 대선후보들의 지지도, 국회의원 선거 후 치러지는 출구조사, 그리고 우리가 상품을 구매하거나 서비스를 받고 평가하는 고객만족도 조사 등도 일종의 생활 속 통계의 모습이다. 물론 어떠한 대상을 뽑아서 어떻게 조사하느냐에 따라 결과의 신뢰도에는 차이가 있을 수 있다. 이는 앞으로 통계학의 표본과 모집단의 관계를 통해서 살펴볼 것이다.

통계의 목적은 현상을 분석하고 이해하는 도구로서의 기능을 충실히 수행하는 것이다. 따라서 학문분야에 따라 차이는 있지만 일반적으로 통계는 수집된 자료를 분석하고 해석하는 데 주로 이용된다. 다음 그림에서 볼 수 있듯이 사회과학 연구에서 연구주제를 설정하고 연구가설을 세우는 것은 이론에 근거하여 이루어진다. 다음 단계로 조사설계와 자료수집은 조사방법론에서 배운 내용을 토대로 이루어진다. 자료가 수집된 후 자료의 입력, 분석, 그리고 해석의 단계에서 통계학이 주로 사용된다. 특히 변수의 속성에 따라 통계분석방법이 달라지기 때문에 그 통계학적 의미에 대해 정확하게 해석하기 위해서는 통계학적 지식이 필수적이다. 마지막으로 분석결과에 대한 보고서 혹은 논문을 작성하게 된다.

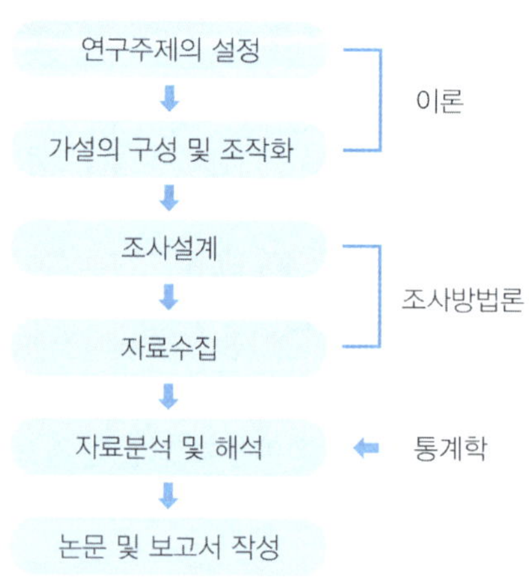

| 그림 1-5 | 양적연구단계에서의 통계학

2) 모집단과 표본

모집단(Population)은 특정 연구에서 연구대상이 되는 모든 개체의 집합을 의미한다. 모집단의 구체적인 범위는 연구의 목적에 따라 정해지는데, 가령 연구자가 한국인의 복지인식에 대한 연구를 한다면 한국인 전체가 모집단이 되겠지만 대학생들의 복지인식에 대한 연구를 한다면 대학생이 모집단이 된다.

일반적으로 연구의 대상이 되는 모집단은 규모가 크기 때문에 전체 모집단을 조사하는 것은 막대한 시간과 비용 그리고 에너지가 필요하다. 따라서 이러한 시간과 비용 그리고 에너지를 최대한 줄이면서 모집단을 대표할 수 있는 대상을 추출하게 되는데 이렇게 추출된 대상을 표본(sample)이라고 말한다. 여기서 중요한 점은 표본 추출 시 연구대상이 되는 모집단을 가장 잘 대표할 수 있어야 한다는 것이다. 모집단을 가장 잘 대표할 수 있는 표본을 추출하려면 몇 가지 조건이 있는데, 첫째, 모집단의 모든 조사대상이 표본으로 추출될 동등한 기회 혹은 확률을 가져야 한다는 것이다. 이를 위해서 무작위 추출(random selection)이 필수적이다. 둘째, 모집단을 대표하기 위해서는 표본의 크기가 일정 규모 이상이 되어야 한다. 마지막으로 이질적 모집단보다는 동질적 모집단의 경우에 표본이 모집단을 보다 잘 대표할 수 있다. 가령, 한국인 전체를 대상으로 복지인식을 조사하는 경우와 대학생 집단을 대상으로 복지인식을 조사하는 경우 후자의 경우에 추출된 표본이 모집단을 좀 더 잘 대표할 수 있다는 것이다.

3) 통계의 유형 : 기술통계학과 추리통계학

(1) 기술통계학(descriptive statistics)

기술통계학은 수집된 자료를 의미 있는 형태로 정리하여 기술하는 것으로 연구대상의 인구사회학직 특성을 제시할 때 많이 활용된다. 예를 들어, 1,000명의 성인을 대상으로 복지인식에 대한 설문조사를 했을 때 1,000명에 대한 성별, 종교, 교육수준, 소득수준, 결혼 여부, 가족형태 등에 대해서 빈도, 퍼센트,

평균, 표준편차 등과 같은 집중치와 분산치를 제시하는 것이 기술통계의 형태가 된다.

(2) 추리통계학(inferential statistics)

추리통계학은 모집단에서 추출한 표본을 분석하여 표본의 통계치(statistics)로 모집단의 모수(parameter)를 추론하는 방법이다. 추리통계학은 표본을 대상으로 하기 때문에 자료수집에 따른 시간과 비용을 줄일 수 있고, 대표성 있는 표본을 추출한다면 모집단의 특성을 어느 정도 정확하게 예측하는 것이 가능하다. 예를 들어, 한국 성인 남녀의 교육수준에 유의미한 차이가 있는지를 검정하기 위하여 전국에서 1,000명의 성인 남녀를 무작위 추출하여 성별에 따른 평균 교육수준의 차이를 비교하여 통계적으로 유의미한 차이가 있다면 한국 성인 남녀의 교육수준에는 유의미한 차이가 있다고 추론하는 것이다.

4) 통계의 한계

통계학을 공부하고 이용하는 연구자는 통계학의 유용성과 더불어 통계학이 가지는 한계를 인지하는 것이 중요하다. 통계학이 가지는 주요 한계점은 다음과 같다(채구묵, 2014).

첫째, 다양한 정치 · 경제 · 사회 · 문화적 요인들이 결합된 사회현상을 몇 가지 수량화가 가능한 개념들에 의해 분석하는 경우 피상적인 연구가 되기 쉽다. 가령, 한국인의 사교육에 대한 연구를 할 때 단순히 소득 대비 사교육에 투자되는 비용만으로 살펴보는 것은 한계가 있다. 실제 사교육으로 인한 교육의 불평등이 지속적으로 심화되는 상황은 한국사회의 정치, 경제, 사회, 심리, 문화적 요인들에 대한 깊이 있는 분석을 필요로 하기 때문이다.

둘째, 통계학은 양적 측정이 가능한 개념에 한해 분석할 수 있다. 하지만 이는 실증주의자들의 주장으로 우리가 경험하는 대부분의 현상들은 정확하게 양적으로 측정하는 것이 어렵다. 가령 삶의 질, 행복, 사회자본 등의 추상적 관념들은 측정도구 혹은 대체지표 등을 통해서 측정은 하지만 그것이 완벽하게 그 관념을 설명한다고 주장하기 어렵다.

셋째, 수집된 기초자료에 따라 분석의 결과가 달라질 수 있다. 다시 말해 연구자가 수집하는 자료의 정확성과 질에 따라 결과에 대한 신뢰도가 달라질 수 있다는 것이다. 특히 개인 연구자가 임의로 표본을 선정하여 자료를 수집할 경우에 자료의 질이 낮아질 가능성은 항상 존재한다.

마지막으로 사용하는 통계기법 및 자료의 조작에 의해 분석결과가 달라질 수 있다. 이 역시 연구자의 역량과 선호에 따라서 동일한 자료라도 분석 시 사용하는 통계기법이 달라질 수 있고 그에 따라 결과도 다르게 나올 수 있다는 것이다. 연구자는 이러한 통계학이 가지는 한계를 충분히 인식하고 이를 보완할 수 있는 질적연구 혹은 혼합연구 등에 대해 열려 있는 자세를 가지는 것이 매우 중요하다.

02
CHAPTER

자료분석을 위한 준비

1. SPSS와 jamovi 프로그램 설치
2. 자료의 입력
3. 자료의 변환

CHAPTER 02

자료분석을 위한 준비

1. SPSS와 jamovi 프로그램 설치

SPSS 통계 프로그램은 많은 대학과 연구기관에서 네트워크 라이센스를 구입하여 사용되고 있기 때문에 대학 및 연구기관에 소속된 학생, 연구원, 교수 등은 네트워크 라이센스를 통해서 프로그램을 다운로드할 수 있다. 하지만 개별적으로 SPSS를 구매하고자 하는 경우에는 IBM SPSS 사이트(https://www.ibm.com/kr-ko/products/spss-statistics/pricing)를 통해서 가능하다.

SPSS와 달리 jamovi 프로그램은 R을 기반으로 하는 무료 오픈 통계 프로그램으로 기관에 소속되어 있지 않은 경우에도 개별적으로 다운로드해서 사용할 수 있다는 장점이 있다. jamovi 프로그램은 64비트 프로그램에서 작동하므로 64비트 PC 및 노트북에서 설치하면 된다. 자세한 설치방법은 jamovi 사이트(http://www.jamovi.org/)에 접속하여 확인할 수 있다.

여기서는 무료 소프트웨어인 jamovi를 설치하는 방법을 살펴본다. 우선 jamovi 사이트에 접속하여 오른쪽 위의 [download]를 클릭한다.

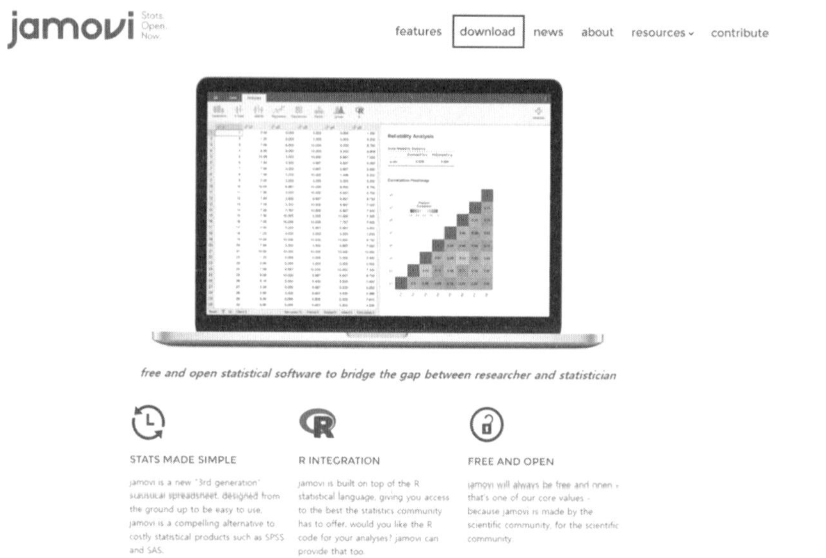

[download]를 클릭하면 다음과 같이 두 가지 설치 옵션이 나오는데 대다수의 사용자들은 첫 번째인 [2.2.5 solid Recommended for Most Users]를 선택하면 된다.

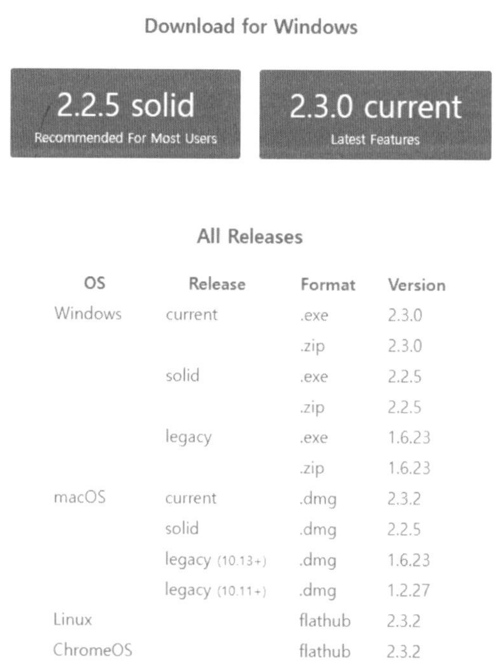

다음으로 설정[Setup] 창에서 설치[Install]를 누르고,

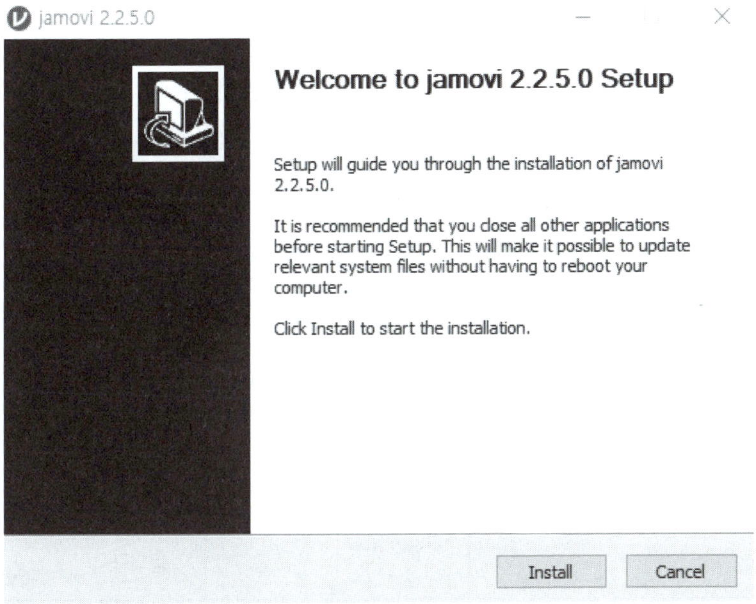

완료[Finish]를 누르면 설치가 간단히 완료된다.

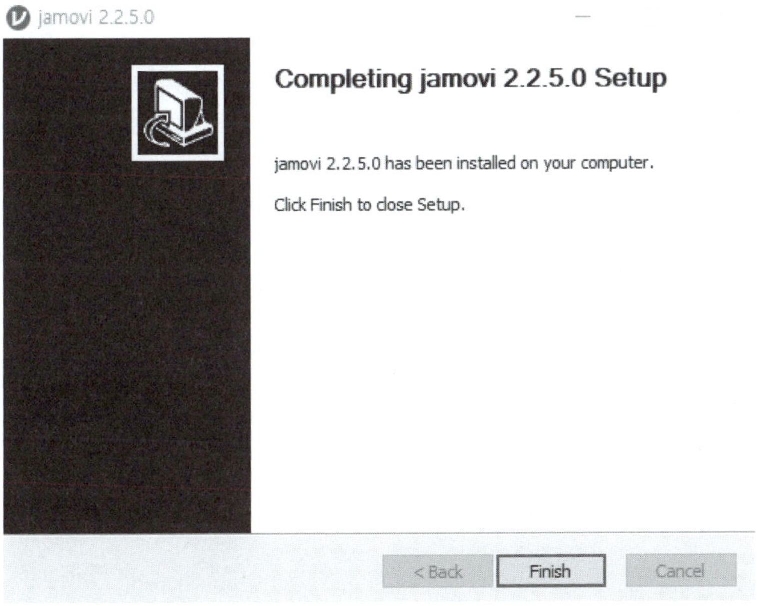

2. 자료의 입력

자료분석을 위해서는 수집된 자료를 정확히 입력하는 것이 매우 중요하다. 일반적으로 설문지를 통해 수집된 자료를 입력하기 위해서는 각 문항에 해당하는 것을 변수화하고 이를 체계적으로 입력하는 코딩체계(coding scheme)를 만드는 것이 중요하다. 코딩체계를 요약적으로 정리해놓은 것이 코드북(code book)이라고 할 수 있는데, 코드북을 통해서 설문지의 각 문항들이 어떻게 입력되는지 확인할 수 있다.

이번 절에서는 SPSS와 jamovi를 이용하여 수집된 자료를 입력하는 방법을 살펴보기로 한다. 자료입력 실습을 위해서 통계학에 대한 인식을 묻는 간단한 설문조사 자료의 예를 들면 다음과 같다.

	매우 동의하지 않음	동의하지 않음	보통	동의함	매우 동의함
통계학은 일상생활에 도움이 된다.	1	2	3	4	5
통계학은 내가 하는 일에 유용하다.	1	2	3	4	5
통계학은 사회현상을 이해하는 데 도움이 된다.	1	2	3	4	5
통계학은 이해하기 어렵다.	1	2	3	4	5
통계학은 신뢰하기 어렵다.	1	2	3	4	5

성별 : 남성( ), 여성( )
최종 학력 : 초등학교 졸업 이하( ), 중학교 졸업( ), 고등학교 졸업( ), 대학교 졸업 이상( )
연령 : ______
월 평균 소득 : ______(만 원)

1) 데이터 코딩 및 코드북 작성

데이터 코딩을 위해서는 설문지 문항들을 변수화하여 각 변수에 대한 이름과 코딩방식을 정해야 한다. 위의 예에서 통계학에 대한 인식은 총 5문항으로 측정되었고, 각 문항은 5점 척도로 측정되었다. 여기서 통계학에 대한 인식 첫 번째 문항부터 다섯 번째 문항을 각각 통계1에서 통계5로 명명하고, 5점 척도의 경우는 '1－매우 동의하지 않음'에서 '5－매우 동의함'의 순서로 번호를 매긴다.

다음으로 성별은 남성 1, 여성 2로, 최종 학력은 초등학교 졸업 이하는 1, 중학교 졸업은 2, 고등학교 졸업은 3, 대학교 졸업 이상은 4로 코드를 부여한다. 연령과 월 평균 소득은 응답자의 실제 연령과 월 평균 소득 자료가 직접 입력되므로 따로 코드를 부여하지 않는다.

〈코드북〉

구분	변수명	코드
통계학은 일상생활에 도움이 된다.	통계1	1–매우 동의하지 않음 2–동의하지 않음 3–보통 4–동의함 5–매우 동의함
통계학은 내가 하는 일에 유용하다.	통계2	
통계학은 사회현상을 이해하는 데 도움이 된다.	통계3	
통계학은 이해하기 어렵다.	통계4	
통계학은 신뢰하기 어렵다.	통계5	
성별	성별	1–남성, 2–여성
최종 학력	학력	1–초등학교 졸업 이하 2–중학교 졸업 3–고등학교 졸업 4–대학교 졸업 이상
연령	연령	원 자료(raw data) 입력
월 평균 소득(단위 : 만 원)	소득	원 자료(raw data) 입력

2) 데이터 입력하기

설문에 응답한 5명의 결과가 다음과 같을 때 SPSS와 jamovi 프로그램을 통해서 데이터를 입력하는 방법을 살펴보기로 한다.

이름	통계1	통계2	통계3	통계4	통계5	성별	학력	연령	소득
민지	4	3	4	3	3	2	3	34	250
철수	5	3	4	4	4	1	3	32	200
진석	4	2	5	4	2	1	4	40	350
미주	3	1	4	3	1	2	4	45	380
민석	3	4	3	5	2	1	2	50	300

(1) SPSS로 입력하기

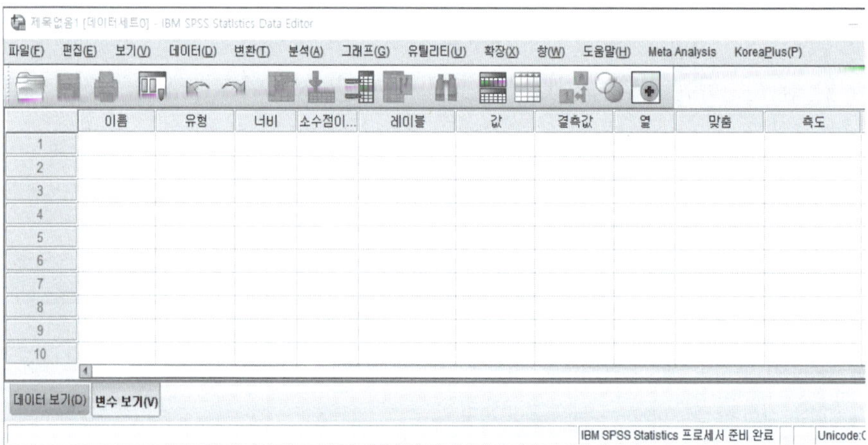

SPSS 초기 빈 화면에서 변수보기를 선택한 후 변수명을 직접 입력한다. 입력하면 다음과 같은 화면이 된다.

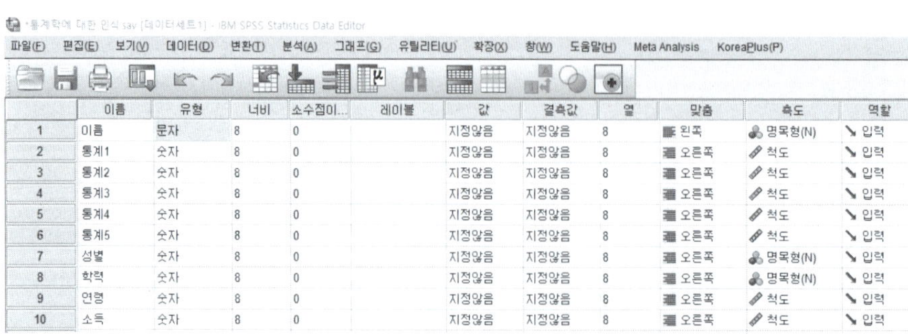

코드북을 참고하여 각 변수에 대한 값을 정의하고 레이블에 변수에 대한 설명을 추가적으로 기입한다. 가령, 통계학에 대한 인식은 다음과 같이 5점 척도에 해당하는 값이 정의된다.

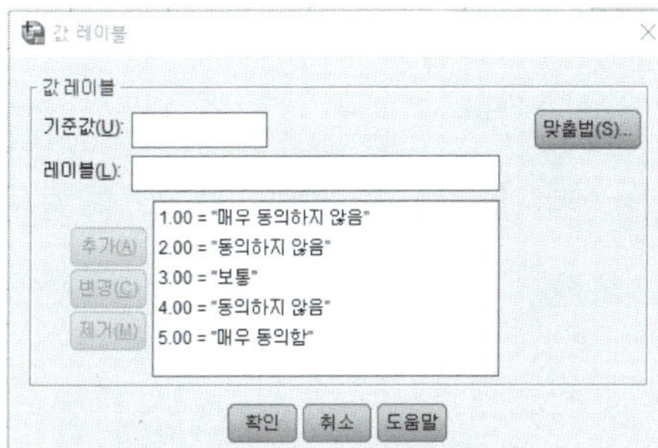

레이블과 더불어 소수점 설정의 경우 '0'으로 설정하면 소수점이 표기되지 않는다. 이 외에도 데이터에 결측값이 있는 경우에는 '-99', '-999'와 같은 임의의 숫자를 결측값으로 지정하여 설정할 수 있다. 현재의 예시에서는 결측값이 없으므로 설정할 필요는 없다.

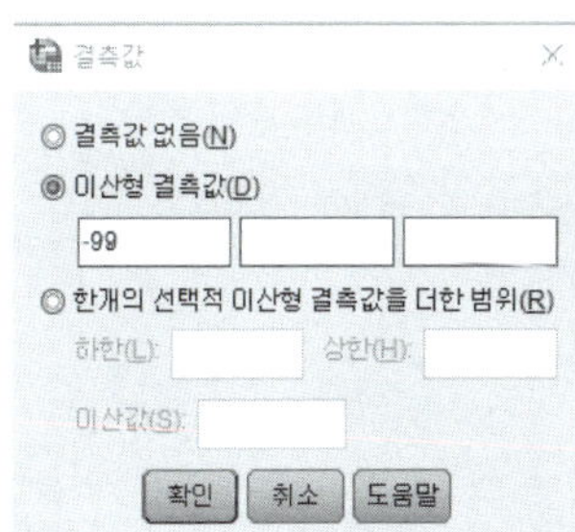

데이터 입력을 위하여 데이터 보기 화면으로 전환하면 다음과 같다. 그림과 같이 총 10개의 변수가 생성되어 열(column)에 표시되었다. 행(row)은 실제 케이스를 나타낸다. 참고로 이름을 입력하기 위해서는 변수 유형을 '문자'로 변경하여 실제 대상자 이름을 입력할 수 있다.

해당 변수에 케이스별로 데이터를 입력하면 완료된다. 위의 예시에서는 5명에 대한 자료이므로 입력하면 다음과 같다.

	이름	통계1	통계2	통계3	통계4	통계5	성별	학력	연령	소득
1	민지	4	3	4	3	3	2	3	34	250
2	철수	5	3	4	4	4	1	3	32	200
3	진석	4	2	5	4	2	1	4	40	350
4	미주	3	1	4	3	1	2	4	45	380
5	민석	3	4	3	5	2	1	2	50	300

(2) jamovi로 입력하기

jamovi 프로그램을 실행하면 다음과 같이 빈 화면이 나타난다. 빈 화면의 좌측은 자료를 직접 입력하거나 편집할 수 있는 스프레드시트이고 우측은 통계분석 출력결과가 제시되는 창이다.

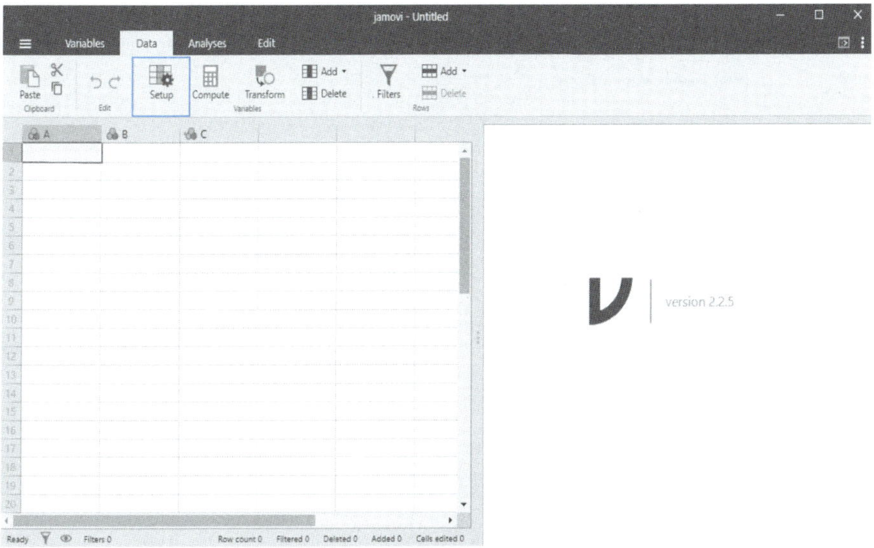

SPSS와 마찬가지로 각 행(row)은 케이스를 의미하고, 각 열(column)은 변수에 해당한다.

자료입력을 위해서 Data를 클릭한 후 Setup을 클릭하면 다음과 같이 data variable 편집창이 제공된다. 참고로 별도의 변수 이름을 지정하지 않으면 자동으로 변수 이름이 알파벳으로 생성된다. Setup을 클릭하지 않고 해당 알파벳 셀을 더블 클릭해도 data variable 편집창이 나타난다.

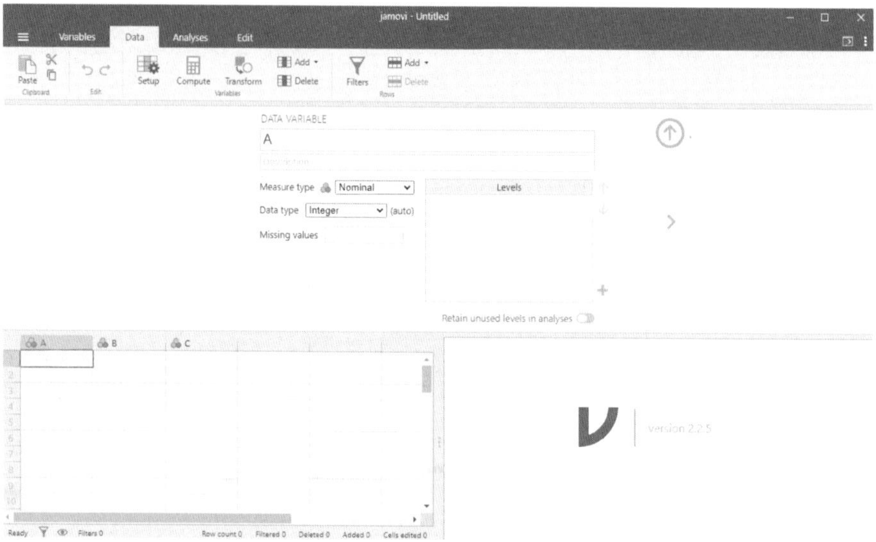

Data variable 편집창에서는 변수 이름과 속성 등을 지정할 수 있다. 위 그림에서 위 화살표를 클릭하면 data variable 편집창이 사라지고, 오른쪽 화살표를 클릭하면 다음 변수 이름 및 속성을 지정할 수 있다.

jamovi 2.2.5 버전부터는 Variables 메뉴가 추가되어 여기서도 변수 이름과 속성 등을 수정할 수 있다.

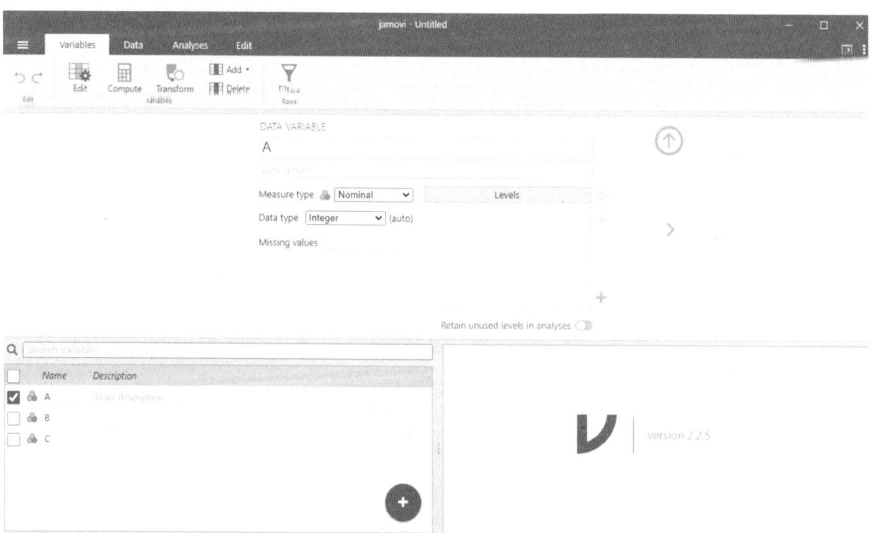

그렇다면 앞서 살펴본 통계학에 대한 인식 데이터를 jamovi 프로그램에 입력하는 것을 실습해 보자. 우선 변수설정을 위해서 Setup을 클릭한 후 첫 번째 변수인 '통계1'에 대한 설정을 한다. A가 통계1로 변경되었음을 확인할 수 있다. "Measure type"은 변수의 속성에 맞춰서 설정하면 되는데, 통계1 변수의 경우 5점 서열척도로 측정되었기 때문에 "Ordinal"로 설정할 수 있다.

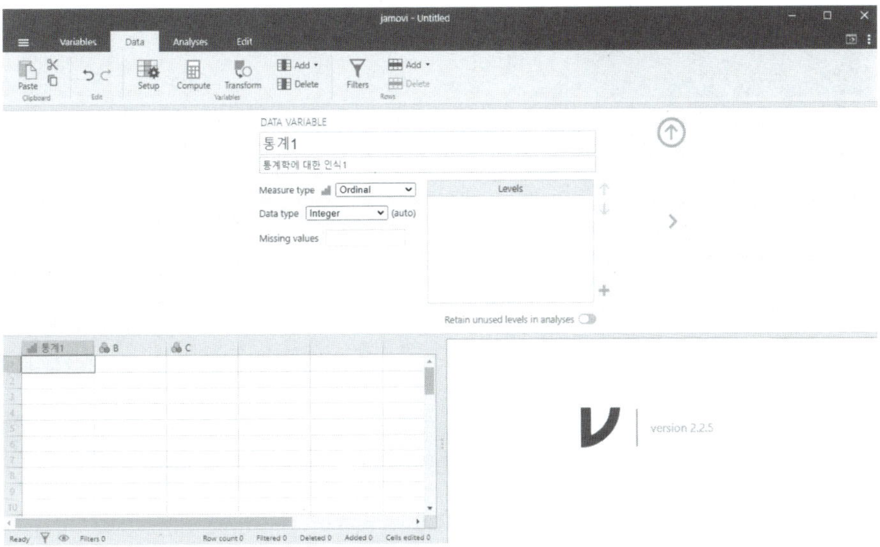

모든 변수에 대한 설정이 완료되고 데이터까지 입력하면 다음과 같은 화면이 나타난다.

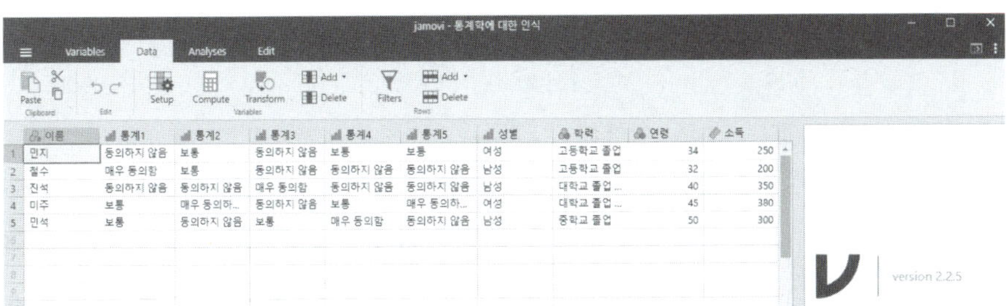

3) 데이터 저장하기 및 불러오기

자료입력이 완료되면 SPSS와 jamovi 파일 형태로 저장할 수 있다. 우선 SPSS의 경우 .sav 확장자를 가진 파일(통계학에 대한 인식.sav)로 저장되고, jamovi의 경우 .omv라는 확장자를 가진 파일의 형태(통계학에 대한 인식.omv)로 저장된다.

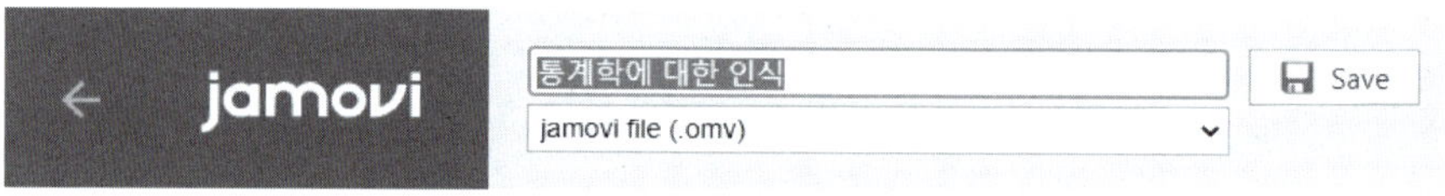

SPSS와 jamovi 프로그램은 상호 간의 호환성이 좋아 SPSS 데이터를 jamovi로 불러오기가 가능하나. jamovi에서 Open 탭을 클릭한 후 SPSS 데이터 파일(가령, 통계학에 대한 인식.sav)을 선택하면 jamovi 프로그램으로 바로 불러올 수 있다. 다만, 유의할 사항은 SPSS 프로그램에 불러오고자 하는 데이터 파일이 열려있는 경우 불러오기가 되지 않기 때문에 SPSS 데이터를 종료한 후에 jamovi로 불러와야 한다는 것이다. jamovi의 경우 SPSS 데이터 이외에도 Open 탭을 클릭하여 Stata, SAS, Excel(.csv) 등 다양한 파일을 불러올 수 있다는 장점이 있다. 그리고 다양한 형태의 데이터 파일을 불러온 후 Save(as)를 클릭하여 jamovi 파일(.omv)로 저장하거나 Export를 클릭하여 .pdf, .csv, .sav 등 다양한 형태의 파일로 저장이 가능하다.

3. 자료의 변환

데이터 입력이 완료되면 분석을 위한 사전 준비로 자료의 변환 및 재코딩 등 데이터 정리(data cleaning) 과정이 필수적으로 필요하다. 이번 절에서는 실제 데이터 분석에 많이 활용되는 자료의 변환방법으로 케이스 선택, 코딩 변경, 변수 계산 그리고 파일 합치기 기능을 중심으로 살펴보고자 한다.

1) 케이스 선택

자료분석 과정에서 연구자가 원하는 대상을 선택할 때 사용할 수 있는 방법으로, 가령 전체 대상자 가운데 20대 청년을 대상으로 연구하고 싶다고 할 경우 20~29세에 해당하는 대상자를 선택하는 방법이다. 간단한 예시로 앞서 사용한 통계학에 대한 인식 자료에서 남성(1로 코딩됨)을 선택하는 방법에 대해서 살펴보기로 한다.

(1) SPSS

SPSS를 활용하는 경우 [데이터] → [케이스 선택]을 클릭하면 다음과 같은 창을 확인할 수 있다.

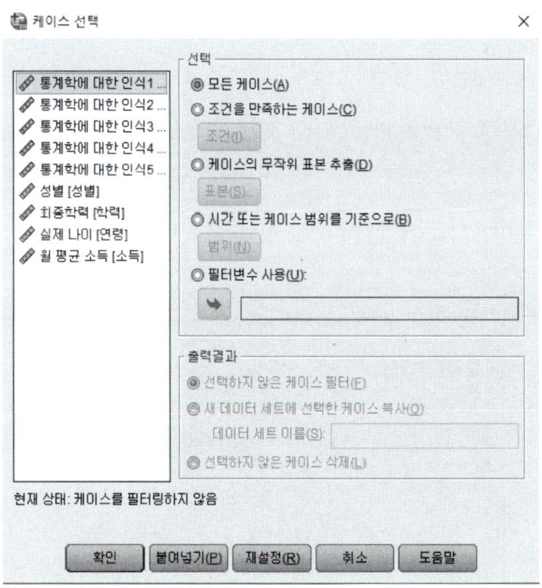

이 창에서 [조건을 만족하는 케이스]를 선택한 후 조건식을 다음과 같이 설정한다. 여기서 "성별 = 1"은 "1"로 코딩된 남성을 의미한다.

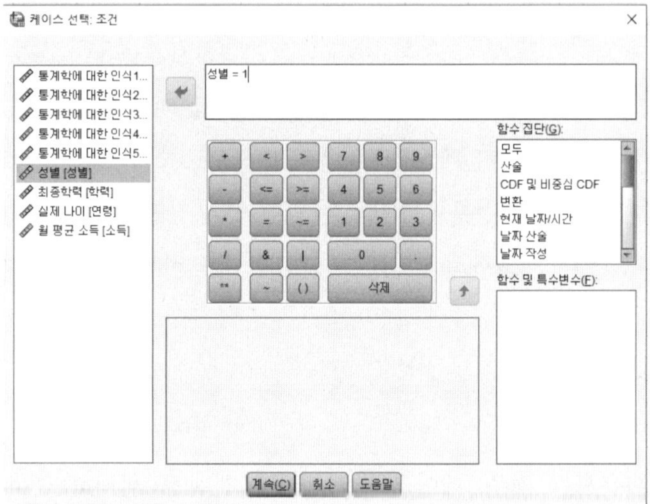

조건식 설정 후 계속을 누르면 다음 그림과 같이 [조건을 만족하는 케이스(C)]가 설정되고, 출력결과는 [선택하지 않은 케이스 필터(F)]가 선택되어 조건을 만족하지 못하는, 즉 여성인 경우 선택되지 않는다. 출력결과의 설정을 [새 데이터 세트에 선택한 케이스 복사(O)]를 선택하면 조건을 만족하는 남성들만으로 구성된 새로운 데이터가 저장되고, [선택하지 않은 케이스 삭제(L)]를 선택하면 조건에 해당하지 않는 여성들이 데이터에서 삭제된다.

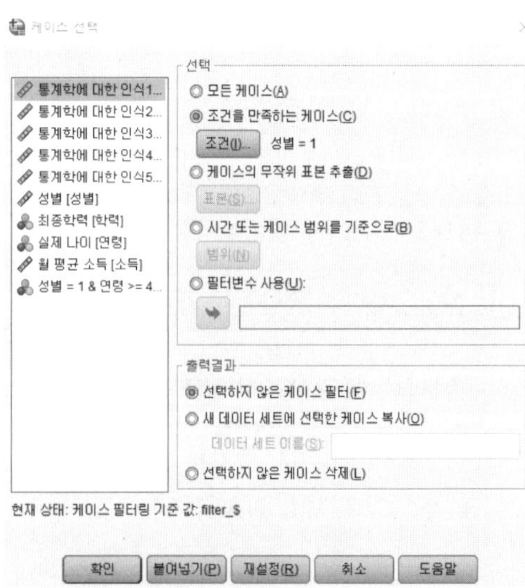

연속형 변수인 연령의 경우는 범위를 지정하여 케이스를 선택할 수 있다. 가령 40대 이상에 해당하는 대상자를 선택하고 싶은 경우에는 [조건을 만족하는 케이스(C)]를 클릭한 후 "연령>=40"으로 설정하면 된다. 또한 두 가지 조건을 동시에 설정할 수도 있는데, 가령 남성이면서 40대 이상인 대상자를 선택하고자 할 때는 다음과 같이 조건식을 설정할 수 있다.

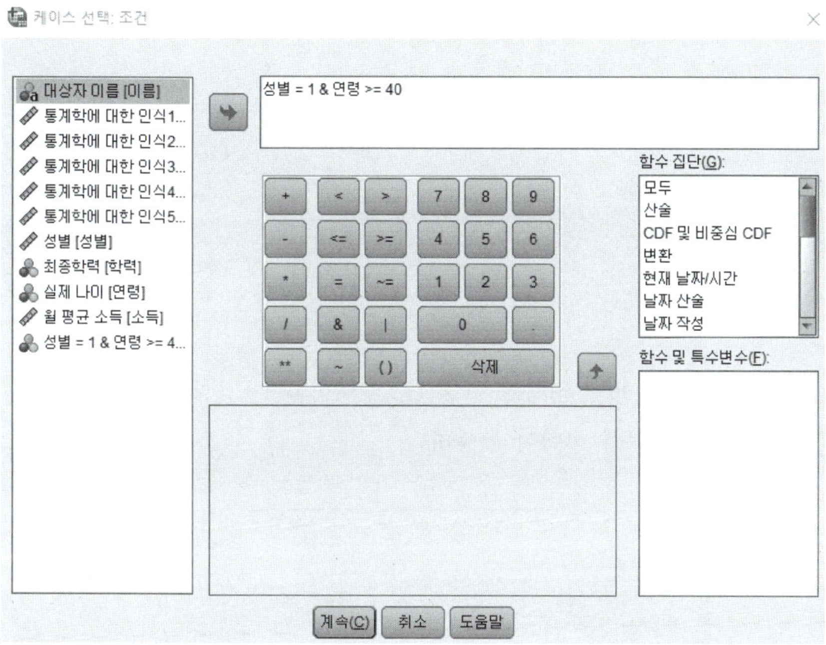

(2) jamovi

jamovi를 활용하여 케이스 선택을 하는 방법에 대해서 살펴보기로 하자. 동일한 데이터를 활용하여 [Filters]에서 조건을 설정한다. [Filters]를 클릭하면 f_x = 이라는 함수식이 보이는데 여기에 조건식을 설정한다. 가령, 남성(1)을 선택하고자 하는 경우는 f_x = 성별==1이라고 설정하면 된다. 여기서 주의할 것은 = 기호가 두 번 사용된다는 점이다. jamovi의 경우는 다음 그림에서와 같이 필터를 통해서 선택된 변수는 녹색 체크(✓)로 선택되지 않는 케이스는 빨간색 엑스(×)로 표현된다는 것을 알 수 있다.

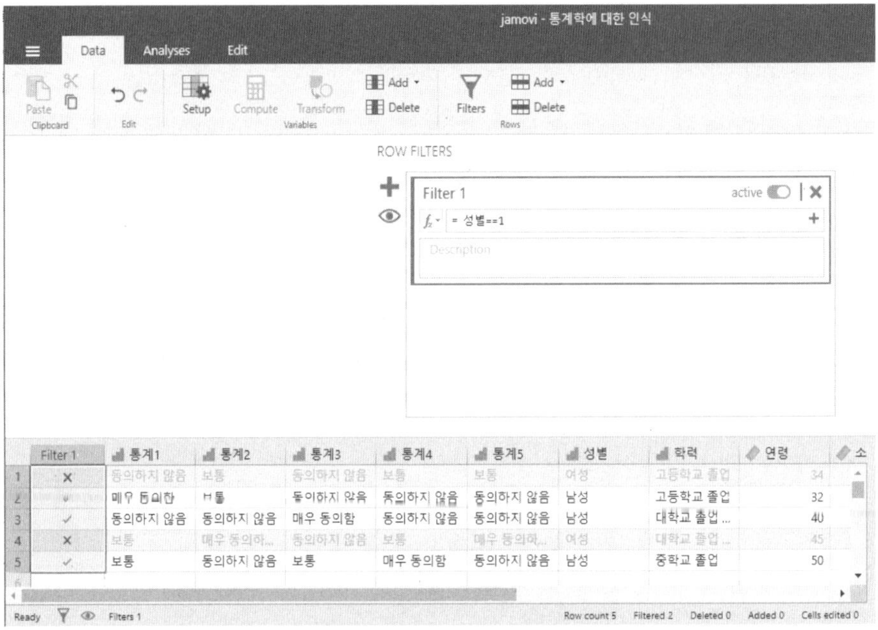

여기서 남성이면서 40대 이상인 대상자를 선택하고자 한다면 '+'를 클릭해서 조건을 추가하여 케이스 선택이 가능하다.

2) 코딩 변경

설문지 문항을 데이터에 입력한 후 이를 평균 혹은 총합 점수 등으로 활용할 때 데이터에 입력된 그대로 사용하는 경우 점수 해석에 문제가 생기는 경우가 있다. 그 이유는 설문지 문항에서 동일한 개념을 측정하는 문항들이 긍정 혹은 부정 진술의 형태가 혼용되어 사용되는 경우가 많기 때문이다. 통계학에 대한 인식을 묻는 문항들의 예시에서 보듯이 "통계학은 일상생활에 도움이 된다(긍정)", "통계학은 신뢰하기 어렵다(부정)"와 같이 긍정적인 문항들과 부정적인 문항들이 혼합되어 통계학에 대한 인식을 측정하고 있다는 것을 알 수 있다. 이러한 경우에 통계학에 대한 평균적인 인식을 구하기 위해서는 부정형의 문항을 역으로 코딩(reverse coding)하여 일관된 해석이 가능하게끔 정리하여야 한다.

(1) SPSS

SPSS에서 역 코딩을 하는 방법을 살펴보면 다음과 같다. 우선 [변환]에서 [다른 변수로 코딩변경]을 선택한 후 역으로 코딩할 변수명(R통계4)을 지정해 준다.

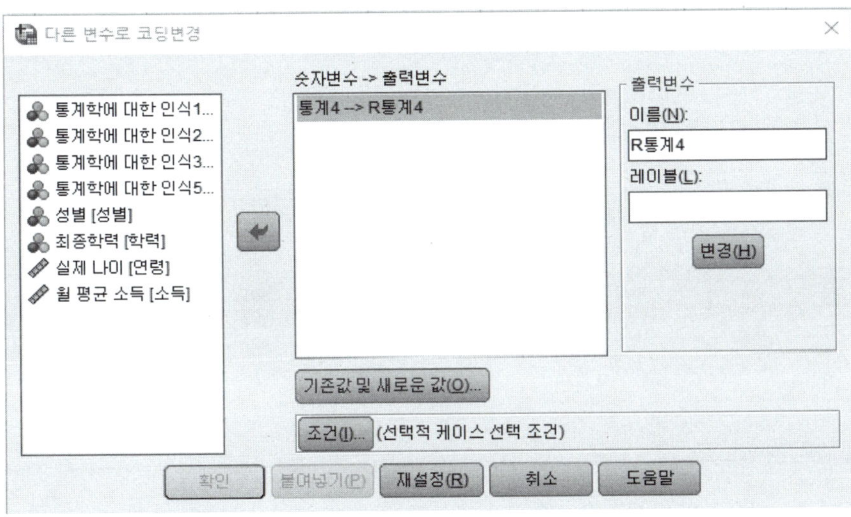

그 다음 [기존값 및 새로운 값]을 클릭하여 기존값과 새로운 값으로 역으로 입력하여 준다. 즉, 원래 '1'인 기존값은 역으로 '5'인 새로운 값으로 코딩되는 것이다. 반대로 기존값 '5'는 새로운 값 '1'로 코딩이 변경된다. 5점 척도에 대한 역 코딩이 완료되고 [계속] 그리고 [확인]을 누르면 기존 데이터에 새로운 변수인 'R통계4'가 생성됨을 알 수 있다. 이상의 과정을 '통계5' 변수에도 동일하게 적용하여 역 코딩을 완료하면 변수계산을 위한 준비가 된 상태라고 말할 수 있다.

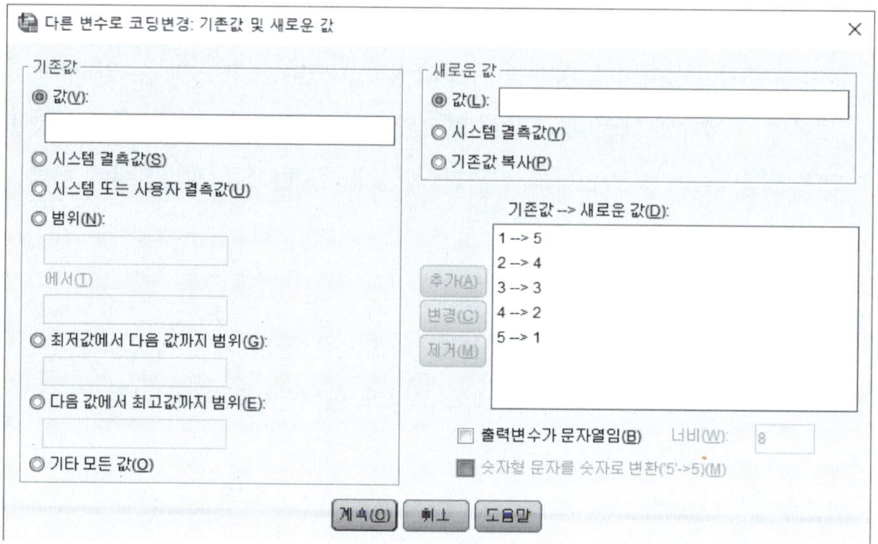

역으로 코딩된 자료의 일부를 보면 다음과 같다.

통계4	통계5	성별	학력	연령	소득	R통계4	R통계5
3	3	2	3	34	250	3	3
4	4	1	3	32	200	2	2
4	2	1	4	40	350	2	4
3	1	2	4	45	380	3	5
5	2	1	2	50	300	1	4

(2) jamovi

SPSS 프로그램에서와 마찬가지로 jamovi 프로그램에서 '통계4', '통계5'에 대한 문항을 역으로 재코딩하는 방법을 살펴보면 다음과 같다.

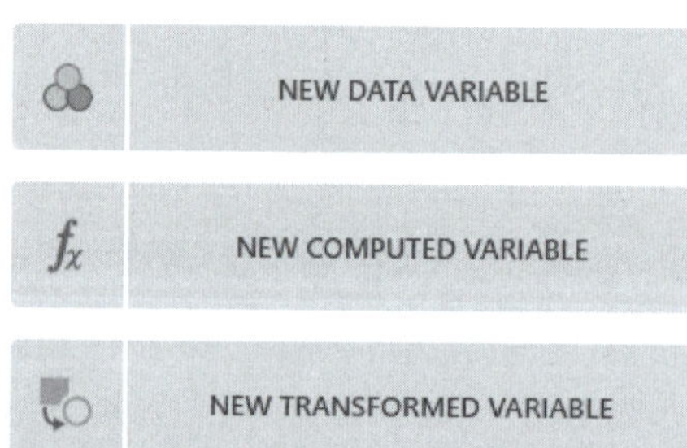

우선 역 코딩을 위해 새롭게 변수를 지정하기 위해서는 [New transformed variable]을 선택한다. 새롭게 코딩되는 변수 이름을 'R통계4'로 설정한다. 그리고 [source variable]은 원래 변수인 '통계4'를 선택한다. 다음으로 [using transform]에서 [create new transform]을 선택하고 [add recode condition]을 클릭하여 조건을 다음과 같이 설정한다. 즉, '1'인 기존값은 역으로 '5'인 새로운 값이 되고, '2'는 '4'로 '3'은 '3', '4'는 '2', 그리고 '5'는 '1'로 재코딩이 이루어진다.

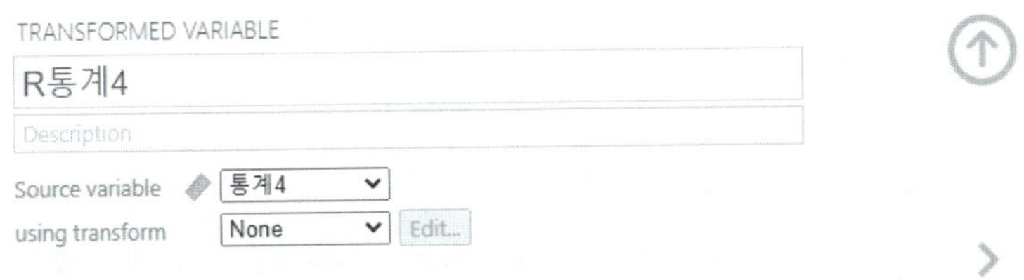

이러한 과정을 '통계5' 변수에도 동일하게 적용하여 재코딩을 하기 위해서는 [using transform]에서 'Transform1'을 선택하면 '통계4'에 적용되었던 재코딩 조건이 동일하게 적용된다. 이와 같이 재코딩을 마치고 나면 다음과 같이 새롭게 생성된 두 개의 변수들을 확인할 수 있다.

통계4	통계5	성별	학력	연령	소득	R통계4	R통계5
3	3	여성	고등학교 졸업	34	250	3	3
4	4	남성	고등학교 졸업	32	200	2	2
4	2	남성	대학교 졸업 ...	40	350	2	4
3	1	여성	대학교 졸업 ...	45	380	3	5
5	2	남성	중학교 졸업	50	300	1	4

3) 변수 계산

자료의 재코딩이 완료된 후에 변수 계산을 통해서 새로운 변수를 생성하는 경우가 있다. 가령, 11문항으로 구성된 우울척도가 있다고 하면 11문항의 우울척도의 총합 점수 혹은 평균값을 통해서 우울의 정도를 표현해야 할 경우에 변수 계산 기능을 활용할 수 있다. 여기서는 가장 흔하게 사용되는 총합점수와 평균점수를 계산하는 방법에 대해 SPSS와 jamovi 프로그램을 통해서 살펴보기로 한다.

(1) SPSS

SPSS를 활용하여 특정 변수들(가령, 통계학에 대한 인식을 측정하는 5문항들)의 총합점수를 계산하기 위해서는 메뉴에서 [변환] → [변수 계산]의 순서대로 클릭하면 다음과 같은 변수 계산 창을 볼 수 있다. 변수 계산 창에서 목표변수는 새롭게 생성되는 총합점수로, 본 예시에서는 통계인식총점으로 명명한다. 숫자표현식은 실제 변수 계산을 위한 식에 해당하는 것으로 통계학에 대한 인식 5문항을 '+'기호로 연결하면 구할 수 있다. 여기서 주의할 사항은 '통계4'와 '통계5' 문항은 역으로 코딩된 변수인 'R통계4'와 'R통계5'를 사용하여 총합점수를 구해야 통계학에 대한 인식 정도를 정확하게 해석할 수 있다.

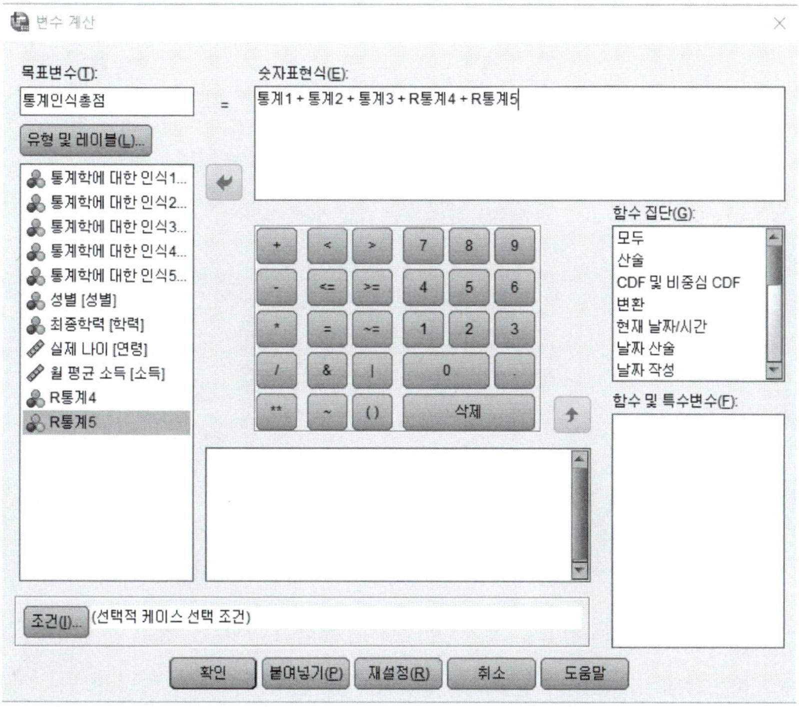

총점을 구하기 위한 다른 방법은 [함수 집단(G)]에서 [통계]를 선택하고, [함수 및 특수변수(F)]에서 [Sum]을 선택해서 위쪽 화살표를 클릭하면 숫자표현식에 표현된다. 숫자표현식에서는 SUM(통계1, 통계2, 통계3, R통계4, R통계5)로 입력하면 통계학에 대한 인식 총점이 계산된다. [Sum] 기능을 사용하면 결측치를 제외하고 총점이 계산된다는 부분이 차이점이라고 할 수 있다.

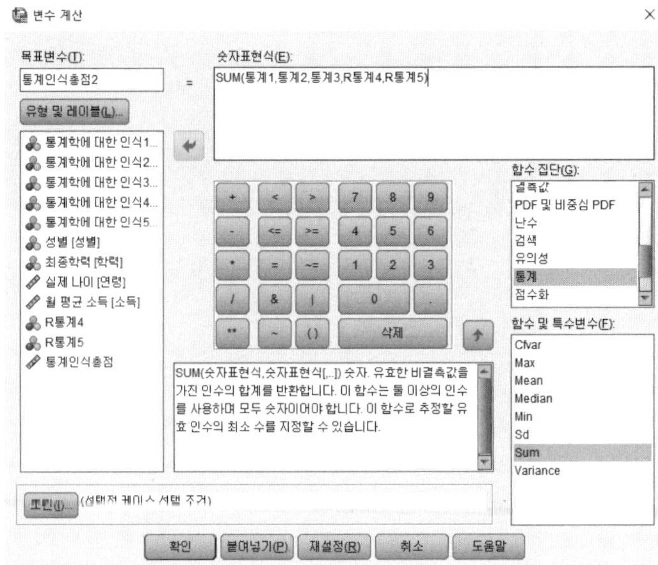

다음으로 통계학에 대한 인식 문항들의 평균값을 구하는 방법을 살펴보면 크게 두 가지 방법이 있다. 우선 첫째 방법은 목표변수에 통계인식평균으로 이름을 짓고, 숫자표현식에 계산식을 직접 입력하는 방법으로 (통계1+통계2+통계3+R통계4+R통계5)/5 식을 통해서 평균값을 계산할 수 있다.

다음으로 [함수 집단(G)]에서 [통계]를 선택하고 [Mean] 기능을 클릭하여 숫자 표현식에 이동하여 평균값을 계산할 수도 있다. 이 경우 역시 결측치를 제외하고 평균값이 계산된다.

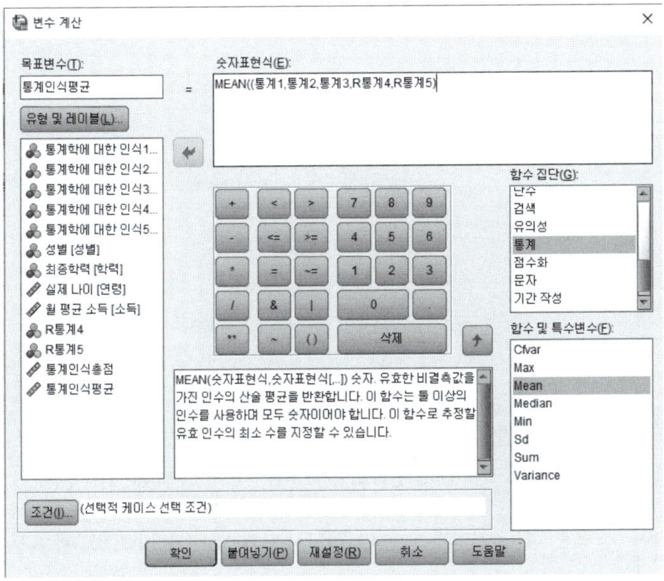

(2) jamovi

jamovi를 활용하여 변수들의 합산 혹은 평균점수를 구하는 방식은 SPSS에서 SUM과 Mean 기능을 활용하여 합산과 평균점수를 구하는 방식과 매우 유사하다. 우선 jamovi에서 합산점수를 구하기 위해서는 새로운 변수설정에서 [NEW COMPUTED VARIABLE]을 선택한다.

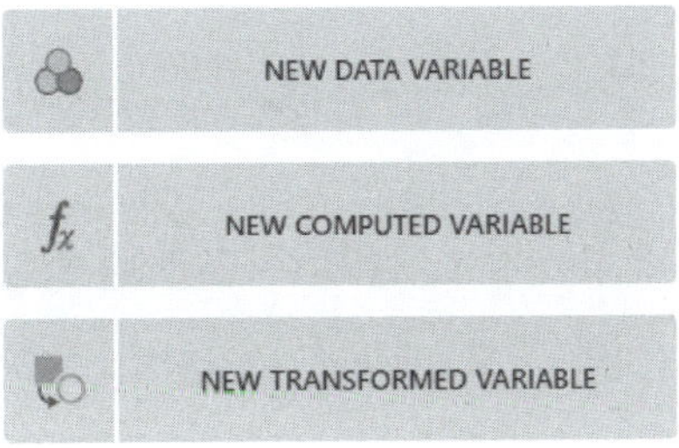

다음으로 [COMPUTED VARIABLE]에서 새로운 변수명(가령 통계인식총점)을 만든다. 다음으로 f_x 함수식 [functions]에서 [SUM]을 더블클릭하여 선택하고, variables에 해당 변수들을 다음과 같이 입력한다. 여기서 변수들 사이는 콤마(,)로 구분한다.

다음으로 통계학에 대한 인식 문항들의 평균값을 구하는 방법에 대해서 살펴보자. 합산점수 계산하는 방법과 마찬가지로 새로운 변수설정에서 [NEW COMPUTED VARIABLE]을 선택한다. 이번에는 [COMPUTED VARIABLE]에서 새로운 변수명을 통계인식평균으로 한다. 그리고 f_x 함수식 [functions]에서 [MEAN]을 더블클릭하고 variables에 해당 변수들을 다음과 같이 입력하면 통계학에 대한 인식 문항들의 평균값 변수가 새롭게 생성된다.

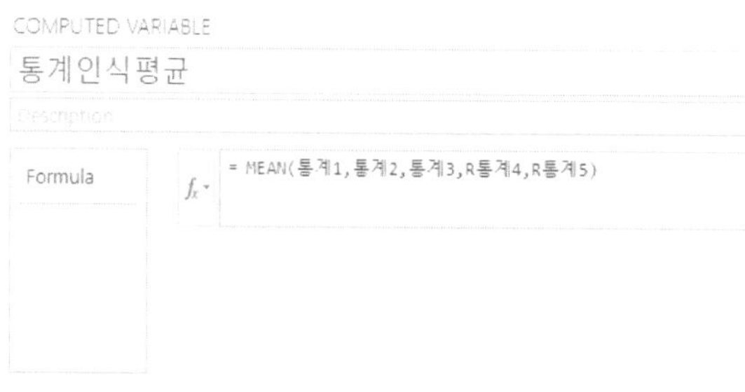

통계학에 대한 인식 문항들에서 결측값이 있을 때 평균값을 구하는 경우에는 'ignore_missing=1'을 마지막 변수 다음에 추가하면 결측값을 제외하고 평균값이 계산된다. 합산값에 대해서도 동일하므로 그 과정은 여기서 생략한다.

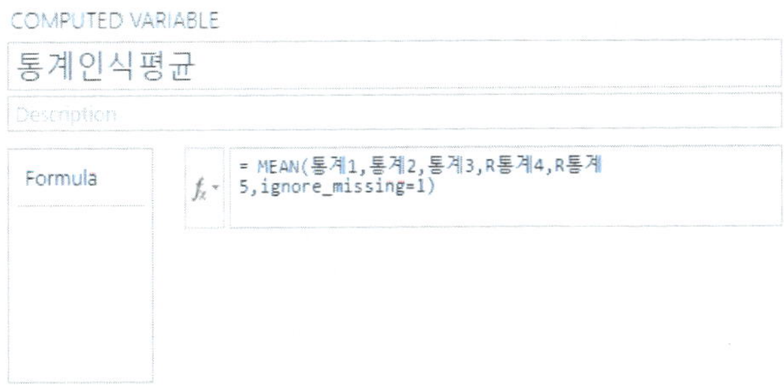

4) 파일 합치기

데이터 변환의 마지막 단계로 파일 합치기 방법에 대해서 살펴보기로 한다. 파일 합치기는 크게 변수를 합치는 경우와 케이스를 합치는 경우의 두 가지로 구분해 볼 수 있다.

(1) 변수 합치기

변수 합치기 방법은 기존의 데이터에 새로운 변수들을 추가하는 경우 사용된다. 예를 들어, 통계학에 대한 인식조사에 응답한 5명의 학생들에게 수학에 대한 인식을 다음의 4문항들로 측정했다고 가정하자.

	매우 동의하지 않음	동의하지 않음	보통	동의함	매우 동의함
수학은 일상생활에 도움이 된다.	1	2	3	4	5
수학은 내가 하는 일에 유용하다.	1	2	3	4	5
수학은 사회현상을 이해하는 데 도움이 된다.	1	2	3	4	5
수학은 이해하기 어렵다.	1	2	3	4	5

그리고 이 문항들에 입력된 자료 파일이 '수학에 대한 인식.sav'으로 저장되어 있을 때 기존의 '통계학에 대한 인식.sav' 자료에 변수들을 추가하여 통합할 수 있다.

수학1	수학2	수학3	수학4
4.00	4.00	5.00	5.00
5.00	4.00	4.00	5.00
4.00	2.00	5.00	4.00
3.00	3.00	2.00	3.00
3.00	4.00	2.00	1.00

동일한 대상들에 대한 변수들이 두 개의 다른 파일들인 '통계학에 대한 인식.sav', '수학에 대한 인식.sav'로 저장된 경우 다음의 과정을 통해서 하나의 파일로 통합할 수 있다. 두 개의 파일 모두 열려있는 상태인 경우 열려있는 데이터 세트에서 해당 파일을 선택한다. 우리 예시에서는 '통계학에 대한 인식.sav' 자료에서 [데이터] → [파일합치기] → [변수 추가]를 클릭하여 '수학에 대한 인식.sav' 파일을 선택하여 [계속]을 누르면 된다.

통계1	통계2	통계3	통계4	통계5	성별	학력	연령	소득
4	3	4	3	3	2	3	34	250
5	3	4	4	4	1	3	32	200
4	2	5	4	2	1	4	40	350
3	1	4	3	1	2	4	45	380
3	4	3	5	2	1	2	50	300

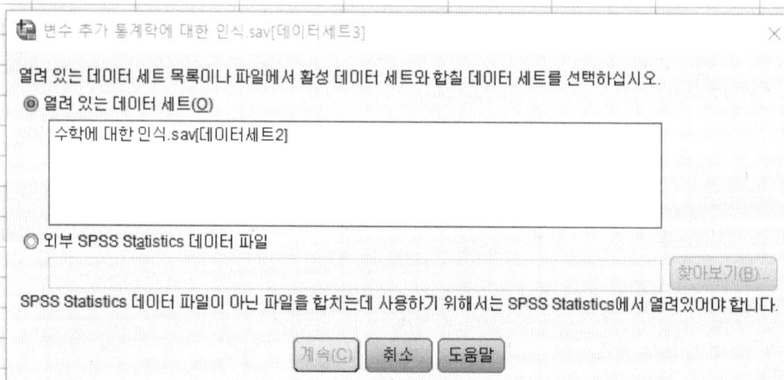

파일 순서를 기본으로 하는 일대일 합치기를 선택하고 확인을 누르면 다음과 같이 수학에 대한 인식 변수들이 추가된 데이터를 구할 수 있다. 마지막으로 이 파일을 다른 이름으로 저장(가령, 통계 및 수학인식 통합파일)하여 사용하면 된다.

통계1	통계2	통계3	통계4	통계5	성별	학력	연령	소득	수학1	수학2	수학3	수학4
4	3	4	3	3	2	3	34	250	4.00	4.00	5.00	5.00
5	3	4	4	4	1	3	32	200	5.00	4.00	4.00	5.00
4	2	5	4	2	1	4	40	350	4.00	2.00	5.00	4.00
3	1	4	3	1	2	4	45	380	3.00	3.00	2.00	3.00
3	4	3	5	2	1	2	50	300	3.00	4.00	2.00	1.00

(2) 케이스 합치기

케이스 합치기는 기존의 수집된 자료에 새로운 케이스를 추가할 때 사용하는 방법이다. 예를 들어, 기존의 통계학에 대한 인식자료에 새롭게 5명의 사람들의 인식자료를 추가하는 경우가 이에 해당한다. 케이스 합치기에서 중요한 부분은 동일한 변수명에 대해서만 케이스가 추가된다는 것이다. 예를 들어, 다음의 표처럼 5명에 대해 추가로 통계학에 대한 인식조사를 하고 '통계학에 대한 인식 케이스 추가.sav'로 저장했을 경우,

	통계1	통계2	통계3	통계4	통계5	성별	학력	연령	소득
민수	5	4	4	2	2	1	4	30	300
철민	5	5	4	1	3	1	4	35	360
진주	4	5	3	2	1	2	3	25	150
재석	4	4	3	2	2	1	3	39	250
혜진	3	3	2	4	5	2	2	45	400

기존의 '통계학에 대한 인식.sav' 파일을 열어서 [데이터] → [파일합치기] → [케이스 추가]를 클릭하면 다음과 같은 화면을 확인할 수 있다. 여기서 추가할 케이스가 있는 '통계학에 대한 인식 케이스 추가.sav' 파일을 선택하고 [계속]을 누른다.

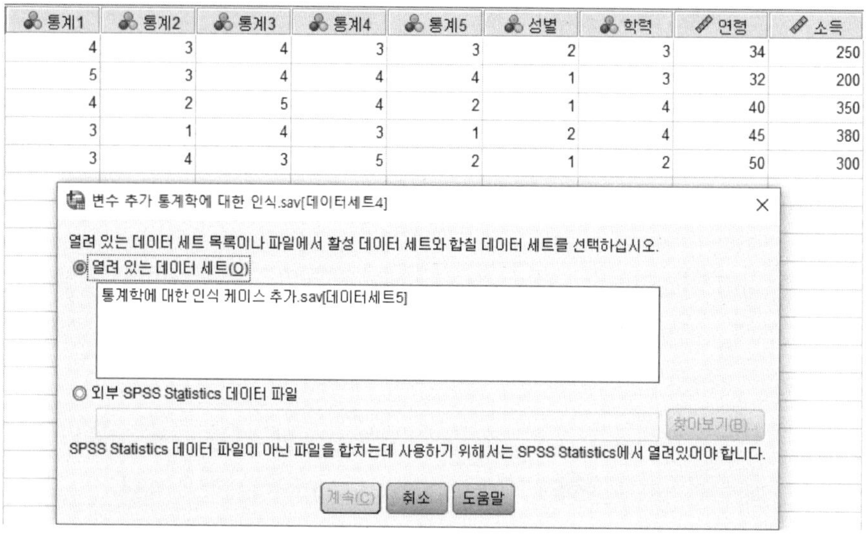

여기서 [확인]을 클릭하면 케이스가 추가된다. 새 활성 데이터 세트에 포함될 변수는 기존의 변수명과 동일함을 알 수 있다.

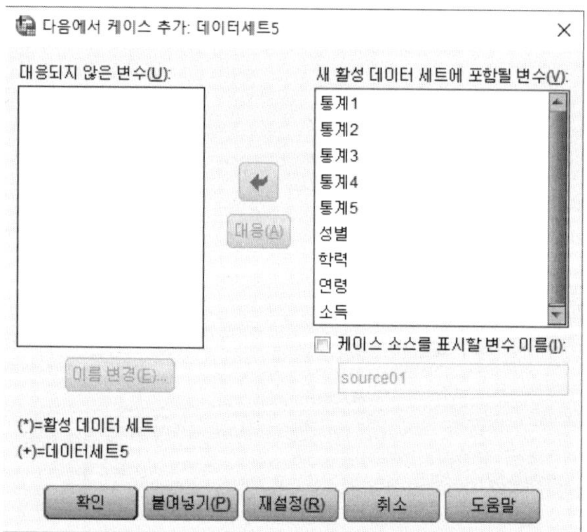

이제는 5명의 케이스가 추가된 총 10명에 대해서 통계학에 대한 인식 자료가 다음과 같이 만들어졌다는 것을 알 수 있다.

	이름	통계1	통계2	통계3	통계4	통계5	성별	학력	연령	소득
1	민지	4	3	4	3	3	2	3	34	250
2	철수	5	3	4	4	4	1	3	32	200
3	진석	4	2	5	4	2	1	4	40	350
4	미주	3	1	4	3	1	2	4	45	380
5	민석	3	4	3	5	2	1	2	50	300
6	민수	5	4	4	2	2	1	4	30	300
7	철빈	5	5	4	1	3	1	4	35	360
8	진주	4	5	3	2	1	2	3	25	150
9	재석	4	4	3	2	2	1	3	39	250
10	혜진	3	3	2	4	5	2	2	45	400

jamovi의 경우 SPSS 파일 합치기와 동일한 형태의 기능을 찾아볼 수 없다. 따라서 간단한 데이터의 경우에는 일반적으로 많이 활용하는 복사하기(Ctrl+C)와 붙여넣기(Ctrl+V)를 활용하여 변수를 추가하거나 케이스를 추가할 수 있지만 좀 더 큰 데이터의 경우에 파일 합치기는 SPSS 혹은 stata 프로그램을 활용하여 작업하고 jamovi로 불러오는 방법을 활용해 볼 수 있다.

03

CHAPTER

기술통계 분석

03 CHAPTER

기술통계 분석

기술통계분석은 수집된 자료를 의미 있는 형태로 기술하는 방법으로 대표적으로 집중치(central tendency)와 분산치(variability)를 통해서 자료의 특성을 보여준다. 본 장에서는 집중치와 분산치를 하위 유형별로 살펴보기로 한다. 또한 기술통계 자료를 요약적으로 제시하기 위하여 표와 그래프들이 활용되는데, 변수의 속성에 따라 기술통계에 사용될 수 있는 표와 그래프를 유형별로 소개하고자 한다.

1. 집중치와 분산치

1) 집중치 측정

집중치는 어떠한 자료의 특징을 대표할 수 있는 수치를 나타낸다. 가령, "올 한 해 대학수학능력 시험 응시자의 평균 점수는 어떠한가?", "대졸 신입직원들의 평균 연봉은 얼마인가?", "한국인들의 1년간 음주량은 어떠한가?" 등의 질문에서 평균 수능점수, 연봉, 그리고 1년간 음주량 등이 자료의 특징을 대표할 수 있는 하나의 수치가 될 수 있다. 일반적으로 집중치를 나타내는 데 사용되는 방법은 평균 이외에도 최빈값과 중앙값이 있다.

(1) 최빈값(mode)

최빈값은 자료의 분포에서 가장 많은 빈도를 가진 관찰값을 의미한다. 가령 15명의 클라이언트들의 나이에 대한 자료의 분포가 다음과 같다면 가장 많은 빈도를 차지하는 클라이언트의 나이는 15명 가운데 4명에 해당하는 '42'세가 최빈값이 된다.

클라이언트 나이 (N=15)
28, 31, 38, 39, **42, 42, 42, 42,** 43, 47, 51, 54, 55, 56, 60

하지만 최빈값은 복수의 형태를 가질 수도 있다. 예를 들어, 22명의 사회복지사를 대상으로 이전 사회복지 실천경험을 연 단위로 측정한 자료가 다음과 같이 최소 '0'년부터 최대 '14'년까지 분포되어 있다고 하자. 여기서는 실천경험이 '0'년이라고 응답한 사람이 5명이고, '7'년이라고 응답한 사람도 5명으로 동일하게 최다 빈도수를 보여주고 있다. 이런 경우에는 최빈값이 '0'과 '7'로 복수로 존재하게 된다.

사회복지 실천경험 (N=22)
0, 0, 0, 0, 0, 1, 2, 2, 3, 4, 5, 5, 6, **7, 7, 7, 7, 7,** 8, 9, 11, 14

최빈값은 살펴본 바와 같이 직관적으로 파악되기 때문에 쉽게 구할 수 있다는 장점을 가지고 있다. 그러나 최빈값은 가장 많은 빈도를 갖는 관찰값이므로, 가장 많은 빈도에 포함되지 않는 사례들이 자료의 분포에서 가지는 특징을 설명하지 못하는 단점을 가지고 있다. 최빈값은 카테고리별 빈도만 알면 사용할 수 있으므로, 모든 종류의 변수, 즉 명목변수, 서열변수, 등간변수, 비율변수에서 사용될 수 있다는 특징을 가지고 있다.

(2) 중앙값(median)

중앙값은 자료를 순서대로 정리해 놓았을 때 자료의 중간의 위치에 있는 사례의 관찰값을 나타낸다. 자료를 백분위수(percentile)로 표현하면 50% 지점에 위치하는 값을 의미한다. 중앙값은 총 빈도수를 알면 다음의 공식을 통해서 간단히 확인할 수 있다. 성인들의 삶의 만족도를 50점 만점으로 자유롭게 측정하는 경우(0점－전혀 만족하지 않음 ~ 50점－매우 만족함)를 예를 들어서 살펴보자.

총 빈도가 N일 때,

중앙값은 $\frac{N+1}{2}$ 번째에 위치하는 사례의 관찰값

여기서 총 빈도가 홀수(N=9)일 때,

관찰값 :	7	9	10	12	23	25	34	43	45
순위 :	1	2	3	4	5	6	7	8	9

중앙값은 $\frac{9+1}{2}$=5번째에 위치하는 사례의 관찰값으로 '23'이 된다.

다음으로 총 빈도가 짝수(N=10)일 때,

관찰값 :	7	9	10	12	23	25	34	43	45	48
순위 :	1	2	3	4	5	6	7	8	9	10

중앙값은 $\frac{10+1}{2}$ = 5.5번째에 위치하는 사례의 관찰값으로 5번째 관찰값인 '23'과 6번째 관찰값인 '25'의 평균값인 '24'가 중앙값이 된다.

중앙값은 모든 사례들을 고려한다는 점에서 최빈값보다 좀 더 정확히 자료의 특성을 보여줄 수 있다. 그러나 사례들의 빈도만 고려해서 중앙값을 구하기 때문에 극단치(outlier)에 있는 관찰값을 포함하여 자료의 특징을 보여주는 데 한계가 있다. 또 한편으로는 극단치의 영향을 덜 받기 때문에 극단치로 인한 왜곡을 피해서 자료의 특성을 보여줄 수도 있다. 중앙값은 관찰값을 순서로 배열해 놓을 수 있을 때만 구할 수 있기 때문에 서열변수, 등간변수, 비율변수에서만 사용될 수 있다. 비연속형 변수인 명목변수의 경우에는 관찰값을 순서대로 정리해 놓을 수 없기 때문에 중앙값 자체가 유의미한 의미를 갖지는 않는다.

(3) 산술평균값(mean)

평균값은 집중치 산정으로 가장 많이 사용되는 방법이다. 우리가 연구를 하는 경우나 일상생활에서 보통 평균이라고 할 때에는 이 산술평균을 의미한다. 산술평균은 모든 사례의 관찰값을 더한 다음 총 빈도로 나누어 계산한다. 산술평균값은 최빈값과 중앙값과는 달리 극단치에 영향을 받는다. 따라서 자료의 분포에서 지나치게 큰 값 혹은 작은 값이 있다면 평균이 왜곡되어 자료의 특징을 정확히 보여줄 수 없다. 가령, 저소득 가구가 많이 거주하는 지역사회에 극단적으로 부유한 가구가 포함되어 있다면 지역사회에 거주하는 가구의 평균 소득이 높게 나타날 가능성이 있다. 산술평균은 기본적으로 연속형 변수인 등간 및 비율변수에서 사용될 수 있다. 서열변수의 경우 응답 카테고리 간의 등간격성을 가정하여 산술평균을 구하는 경우가 있다. 가령, 주관적 건강상태를 '1－매우 안 좋다, 2－안 좋다, 3－보통이다, 4－좋다, 5－매우 좋다'의 5점 척도로 측정할 경우 각 카테고리 간의 간격이 일정하다고 하면 '평균이 보통이다'라고 사용할 수 있다.

지금까지 살펴본 최빈값, 중앙값, 산술평균값 사이의 관계를 자료의 분포형태에 따라서 살펴보면 다음과 같다. 자료의 분포는 크게 정규분포(symmetric distribution), 왼쪽꼬리분포(negatively skewed distribution), 오른쪽꼬리분포(positively skewed distribution)의 세 가지로 분류되는데, 분포의 형태에 따라 집중치의 위치가 달라진다. 정규분포에서는 모든 집중치가 정규분포의 한가운데 동일하게 위치하지만 왼쪽꼬리분포의 경우 좌측의 극단치에 의해 평균이 영향을 받기 때문에 평균－중앙값－최빈값의 순서가 되고, 오른쪽꼬리분포의 경우 반대로 우측의 극단치에 의해 영향을 받기 때문에 최빈값－중앙값－평균의 순서로 집중치가 자리하게 된다.

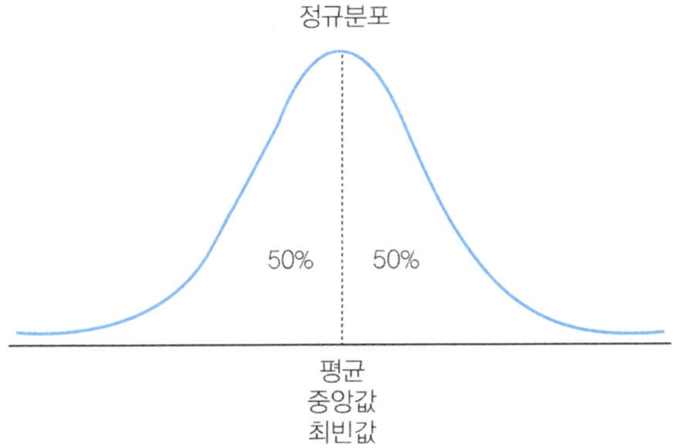

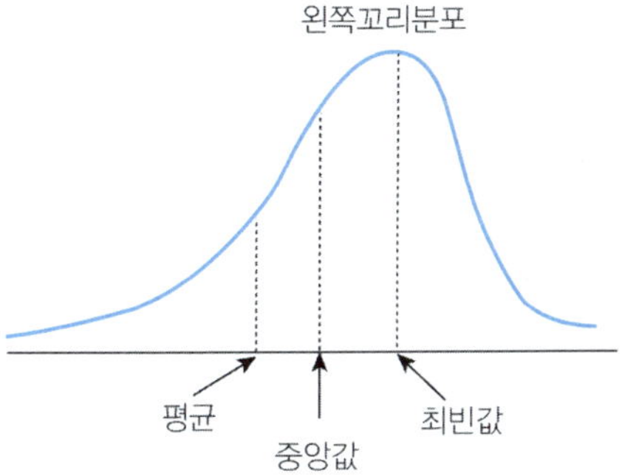

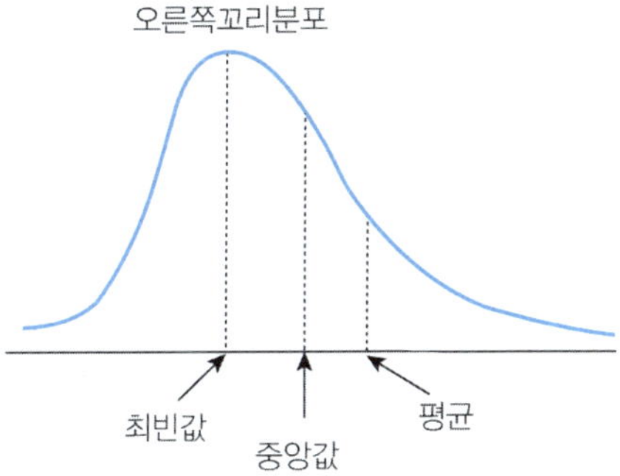

(4) SPSS와 jamovi를 통한 집중치 분석

① SPSS

직업만족도(Job satisfaction.sav) 자료를 활용하여 Age(d2) 변수의 집중치를 분석하기 위해서 다음의 순서대로 실행한다.

> 분석 → 기술통계량 → 빈도분석 → 통계량 → 평균, 중위수, 최빈값

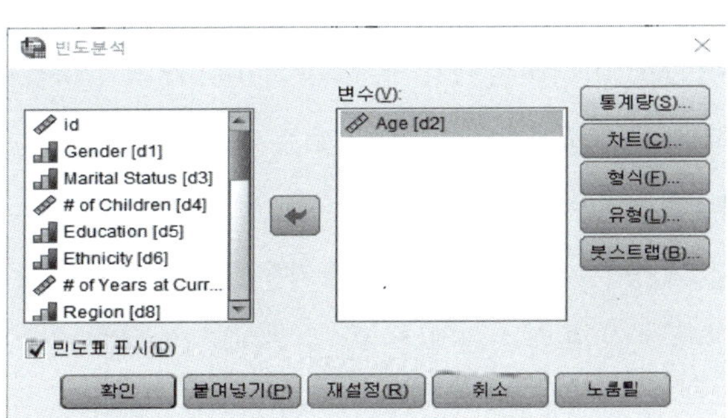

집중치인 □평균, □중위수, □최빈값을 설정하고 [계속]을 클릭한 후 빈도분석 창에서 [확인]을 눌러서 실행하면 다음과 같은 출력결과를 확인할 수 있다.

통계량

Age

N	유효	215
	결측	3
평균		35.93
중위수		34.00
최빈값		30[a]

a. 여러 최빈값이 있습니다. 가장 작은 값이 나타납니다.

연령변수인 Age의 경우 총 218케이스 가운데 3개의 결측값이 존재하고 이를 제외한 전체 평균은 35.93세인 것으로 나타났다. 연령분포의 가운데(혹은 백분위로 50분위)에 위치하는 중위수는 34세로 평균보다 약간 작은 값이다. 최빈값의 경우 30세로 전체 215명 가운데 12명으로 전체의 5.6%에 해당하는데 이는 가장 높은 빈도임을 알 수 있다. SPSS에서 “a. 여러 최빈값이 있습니다. 가장 작은 값이 나타납니다"라는 메시지가 추가적으로 제시되는데 이는 30세 이외에도 최대 빈도수인 12명에 해당하는 나이들이 존재함을 의미한다. 이 예시에서는 30세와 33세가 이에 해당하는데, 이 가운데 작은 값 30이 표에서 최빈값으로 표시되었다.

② jamovi

jamovi를 활용하여 집중치를 구하기 위해서 job satisfaction.omv 파일을 열어서 다음과 같은 순서로 실행한다.

Exploration → Descriptives → Statistics → Central Tendency → Mean, Median, Mode

우선 Descriptives 창에서 해당 변수인 연령(d2)을 선택하여 오른쪽의 [Variables] 칸으로 이동시킨다.

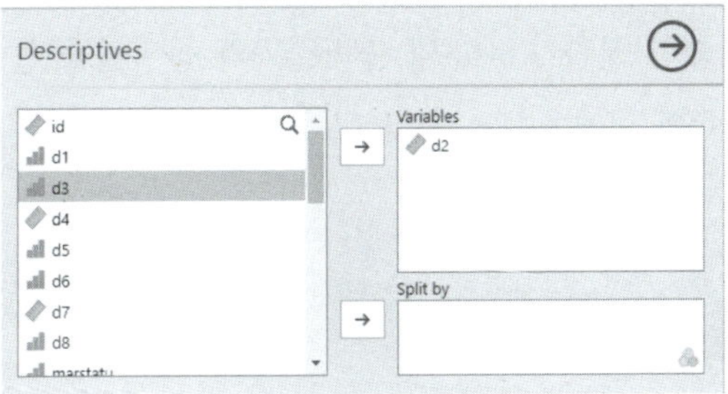

다음으로 [Statistics]를 클릭하여 [Central Tendency] 항목의 하위에 있는 ☐Mean, ☐Median, ☐Mode를 선택한다.

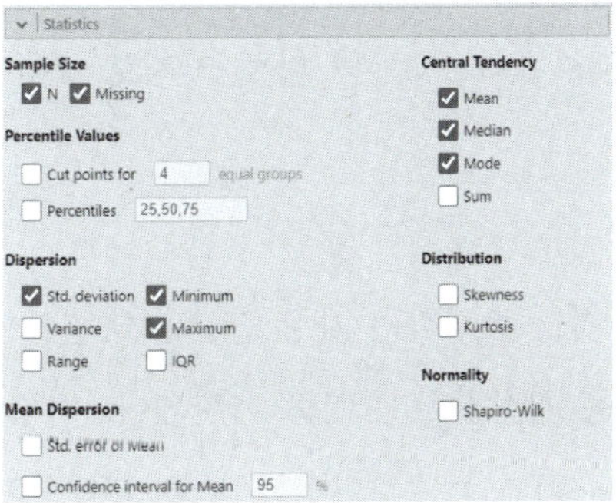

jamovi의 경우 변수 및 설정을 선택함과 동시에 오른쪽 화면에 출력결과가 바로 출력되어 표시된다. 따라서 위의 순서대로 변수를 선택하고 집중치 설정을 완료하면 다음과 같은 결과가 나타난다.

Results

Descriptives

Descriptives

	d2
N	215
Missing	3
Mean	35.9
Median	34.0
Mode	30.0 [a]
Standard deviation	9.26
Minimum	22.0
Maximum	62.0

[a] More than one mode exists, only the first is reported

연령에 대한 집중치 결과가 SPSS의 출력결과와 동일함을 알 수 있고, 특히 최빈값의 경우도 SPSS와 마찬가지로 하나 이상이 존재하는데 첫 번째 값인(30.0)만 보고된다는 것을 알 수 있다.

2) 분산치 측정

분산치는 자료의 분포를 보여주는 지표로 평균을 중심으로 개별 값들이 어느 정도 흩어져 있는지를 보여준다. 분산치 측정에 사용될 수 있는 방법은 크게 범위(range), 사분범위(interquartile range, IQR), 평균편차(mean deviation), 분산(variance), 그리고 표준편차(standard deviation) 등 다섯 가지로 분류될 수 있다.

(1) 범위와 사분범위

범위는 자료의 분산치를 측정하는 가장 간단한 방법으로 자료에 포함된 가장 큰 관찰값과 가장 작은 관찰값의 차이로 나타낸다. 가령, 성인 10명의 주관적 건강상태가 '1－매우 나쁘다, 2－나쁘다, 3－보통이다, 4－좋다, 5－매우 좋다'의

5점 척도로 다음과 같이 측정되었을 때 범위는 자료의 최대값인 5와 최소값인 1의 차이인 4가 자료의 범위가 된다. 범위는 극단치가 있을 때 자료의 가장 큰 관찰값 혹은 작은 관찰값이 극단치가 되어 자료의 분포를 과잉 추정할 가능성이 있다.

> 주관적 건강상태
> 5 4 2 4 5 5 1 3 4 3 (n=10)
> 범위 : 자료의 최대값(5) - 최소값(1) = 4

사분범위는 자료의 분포에서 제3사분위수(75th)와 제1사분위수(25th) 값 사이의 차이를 의미한다. 사분범위는 자료에서 최소값과 최대값을 배제하기 때문에 극단치에 의해 영향을 덜 받고 자료의 분포를 보여줄 수 있다. 예를 들어, 성인 10명의 삶의 만족도가 '0-전혀 만족하지 않음~50-매우 만족함'의 점수로 측정되었을 때 사분범위는 다음의 순서대로 구해진다.

관찰값 :	7	9	10	12	23	25	34	43	45	47	(n=10)
순위 :	1	2	3	4	5	6	7	8	9	10	

> 1단계 : 제1사분위수, 25% : 3 (순위) → 10 (관찰값)
> 2단계 : 제3사분위수, 75% : 7 (순위) → 34 (관찰값)
> 3단계 : 제3사분위수 - 제1사분위수, 34 - 10 = 24

여기서 사분범위 계산을 위한 순위의 선정은 다음과 같은 방식으로 할 수 있다. 우선 제1사분위 순위는 n/4으로 위의 예에서는 10/4 = 2.5순위가 된다. 다음으로 제3사분위 순위는 3n/4으로 위의 예의 경우 3×10/4 = 7.5순위가 된다. 이처럼 소수점으로 순위가 나타날 경우 소수점 처리를 위해서 제1사분위는 다음 높은 순위인 3순위로, 제3사분위는 한 단계 낮은 순위인 7순위로 하여 각 순위에 해당하는 관찰값을 구하여 사분범위를 계산한다. 범위와 마찬가지로 사분범위 역시 자료의 분포에서 큰 값에서 작은 값을 빼는 것으로 항상 양(+)의 값을 가지게 된다.

(2) 평균편차

평균편차는 자료의 분포에서 개별 관찰값들이 평균으로부터 평균적으로 얼마나 떨어져 있는지를 보여주는 값으로 개별 관찰값에서 평균값을 뺀 편차(deviation)에 절대값을 취하고 편차들을 합산한다. 다음으로 합산된 편차값을 전체 표본 수로 나누어 주게 되면 평균편차(MD : Mean Deviation) 값이 된다.

$$MD = \frac{\Sigma|X - \overline{X}|}{N}$$

X = 개별 관찰값
$\overline{X}$ = 산술 평균값
N = 총빈도

(3) 분산과 표준편차

분산은 자료에서 각각의 개별 관찰값에서 평균값을 뺀 편차를 제곱한 것을 평균으로 계산하여 구한 값으로 평균편차에 비하여 편차의 제곱을 사용하기 때문에 극한치에 비중을 두어 분산형태를 보다 민감하게 표현할 수 있다(채구묵, 2014).

$$S^2 = \frac{\Sigma(X - \overline{X})^2}{N}$$

S^2 = 분산 X = 개별 관찰값
$\overline{X}$ = 산술 평균값 N = 총빈도

분산은 편차를 제곱한 것의 평균이기 때문에 이것을 다시 원래 단위로 복원하려면 분산의 제곱근을 구하여야 하는데, 이 분산의 제곱근을 표준편차(SD : Standard Deviation)라고 한다. 반대로 표준편차를 제곱하면 분산을 구할 수 있다.

$$sd = \sqrt{\text{var}x_i} = \sqrt{\frac{\Sigma(x_i - \overline{x})^2}{n}}$$

지금까지 살펴본 평균편차, 분산, 표준편차의 계산과정을 보여주기 위해서 간단한 예를 들어보기로 한다. 7명을 대상으로 영화 평점(10점 만점)을 조사하였더니 3, 2, 4, 1, 6, 7, 5점으로 나타났다고 했을 때 평균편차, 분산, 표준편차를 구하는 방법을 살펴보면 다음과 같다.

X	$\overline{X}$	$X-\overline{X}$	$\lvert X-\overline{X}\rvert$	$(X-\overline{X})^2$
3	4	−1	1	1
2	4	−2	2	4
4	4	0	0	0
1	4	−3	3	9
6	4	2	2	4
7	4	3	3	9
5	4	1	1	1
			$\Sigma\lvert X-\overline{X}\rvert=12$	$\Sigma(X-\overline{X})^2=28$
			$N=7$	$N=7$
			$MD=12/7=1.71$	$S^2=28/7=4$
				$sd=\sqrt{4}=2$

위의 표에서 보듯이 평균편차(12/7=1.71)보다는 분산(28/7=4)의 값이 더 크게 나오는 것을 알 수 있다. 표준편차는 분산의 제곱근의 값으로 $\sqrt{4}=2$로 나타났다.

(4) SPSS와 jamovi를 통한 분산치 분석

① SPSS

미국 근로자(employee.sav) 자료를 활용하여 연봉(salary) 변수의 분산치를 분석하기 위해서 다음의 순서대로 실행한다. 우선 SPSS에서 사분위수를 포함한 분산치를 살펴보는 다음의 세 가지 방법으로 가능하다.

① 분석 → 기술통계량 → 빈도분석 → 통계량 → 사분위수, 표준화편차, 분산, 범위 체크
② 분석 → 기술통계량 → 기술통계 → 옵션 → 분산치 설정
③ 분석 → 기술통계량 → 데이터 탐색 → 종속변수에 해당변수 지정

첫 번째 방법은 [빈도분석]을 통해 사분위수를 포함하여 분산치의 주요한 지표들인 표준편차, 분산, 범위 등을 설정하는 방법이다. 빈도분석에서 'salary' 변수를 선택하고 통계량에서 □사분위수, □표준화 편차, □분산, □범위 등을 체크하여 실행한다.

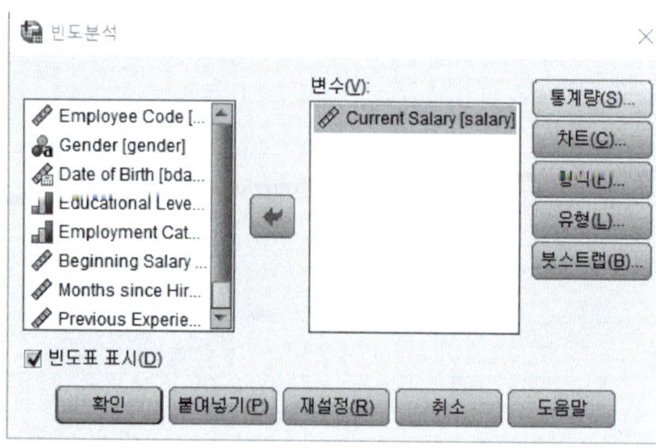

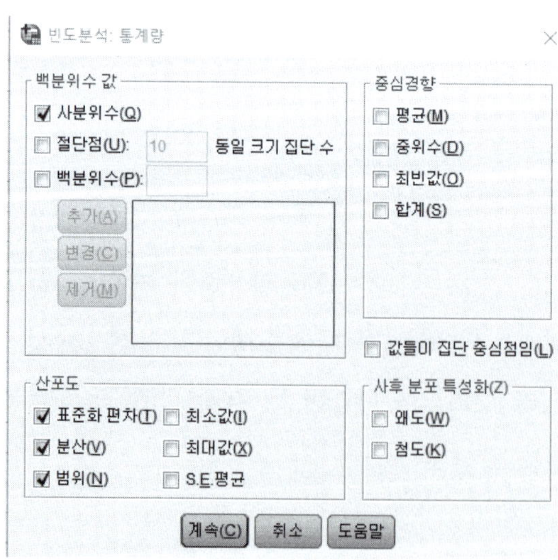

빈도분석을 실행하면 다음과 같이 주요한 분산치를 살펴볼 수 있다. "employee.sav" 자료에 포함된 474명의 근로자의 평균 연봉은 $34,419.57 (SD=17,075.661)이고, 사분범위 계산을 위한 제1사분위값(백분위수 25)은 $24,000.00이고, 제3사분위값(백분위수 75)은 $37,162.50인 것으로 나타났다. 이 외에도 분산과 범위도 표에 같이 표현된다.

통계량

Current Salary

N	유효	474
	결측	0
평균		$34,419.57
표준화 편차		$17,075.661
분산		291578214.5
범위		$119,250
백분위수	25	$24,000.00
	50	$28,875.00
	75	$37,162.50

두 번째 방법은 'salary'와 같이 연속형 변수에 대한 [기술통계] 분석이다. 기술통계에서 해당 변수를 선택한다.

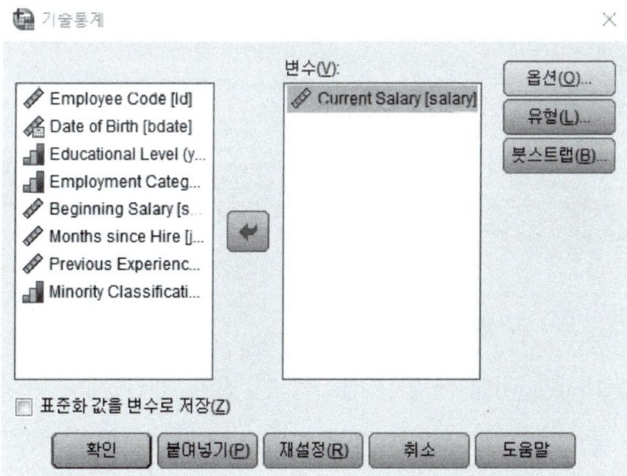

해당 변수를 선택한 후에 [옵션]을 클릭하여 분산치를 다음과 같이 설정한다. 설정 후 기술통계분석을 실행하면 기술통계량 표에 집중치인 평균을 포함하여 범위, 표준편차, 분산 등의 분산치에 대한 요약된 정보를 확인할 수 있다.

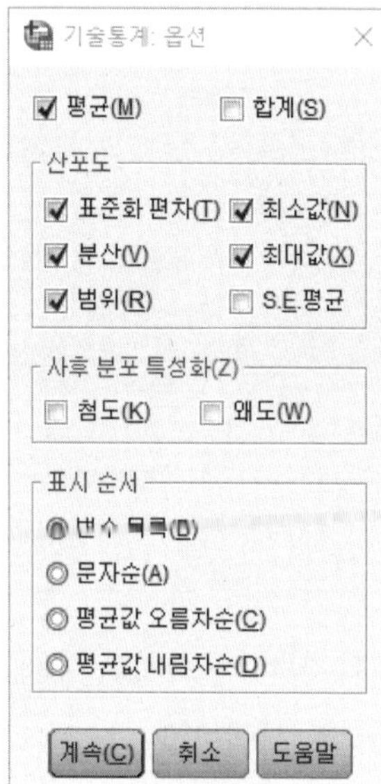

기술통계

기술통계량

	N	범위	최소값	최대값	평균	표준편차	분산
Current Salary	474	$119,250	$15,750	$135,000	$34,419.57	$17,075.661	291578214.5
유효 N(목록별)	474						

마지막 방법은 [분석] → [기술통계량] → [데이터 탐색] 기능을 활용하면 집중치와 분산치에 대한 요약된 정보를 한 번에 확인할 수 있다. 해당 변수인 'salary'를 종속변수로 이동한 후에 확인을 누르면 평균, 중위수, 분산, 표준편차, 사분위수 등 기술통계에 대한 요약된 정보를 확인할 수 있다.

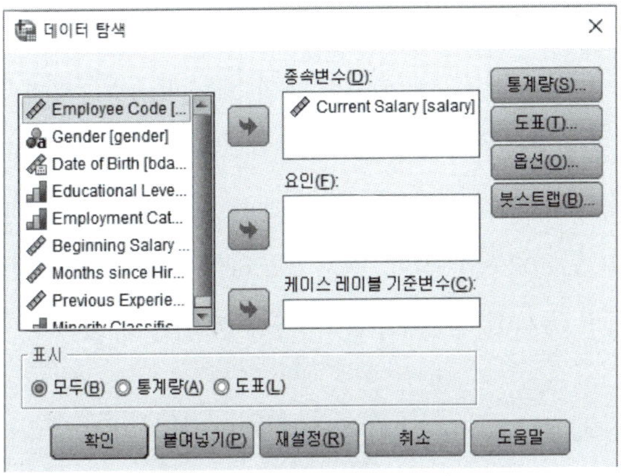

기술통계

			통계량	표준화 오류
Current Salary	평균		$34,419.57	$784.311
	평균의 95% 신뢰구간	하한	$32,878.40	
		상한	$35,960.73	
	5% 절사평균		$32,455.19	
	중위수		$28,875.00	
	분산		291578214.5	
	표준화 편차		$17,075.661	
	최소값		$15,750	
	최대값		$135,000	
	범위		$119,250	
	사분위수 범위		$13,163	
	왜도		2.125	.112
	첨도		5.378	.224

② jamovi

jamovi의 경우도 사분위수를 포함하여 분산치를 다음의 방법을 통해 확인할 수 있다.

① Exploration → Descriptives → Percentile values → Quartiles(사분위수 체크)

② Exploration → Descriptives → Dispersion → Range, Variance, Std. deviation

SPSS에서 사용된 미국 근로자 자료를 jamovi 파일(employee.omv)로 저장한 후에 다시 불러오자. [Descriptives]에서 해당 변수인 'salary'를 선택한 후에 [Statistics] 설정에서 [Percentile values]를 선택하여 □Percentiles(백분위수)를 체크하고 [Dispersion]에서 □Std. deviation(표준편차), □Variance(분산), □Range(범위), □IQR(사분범위) 등을 체크하여 분산치를 설정한다. 실행된 결과는 설정과 동시에 오른쪽 결과 창에 보여진다.

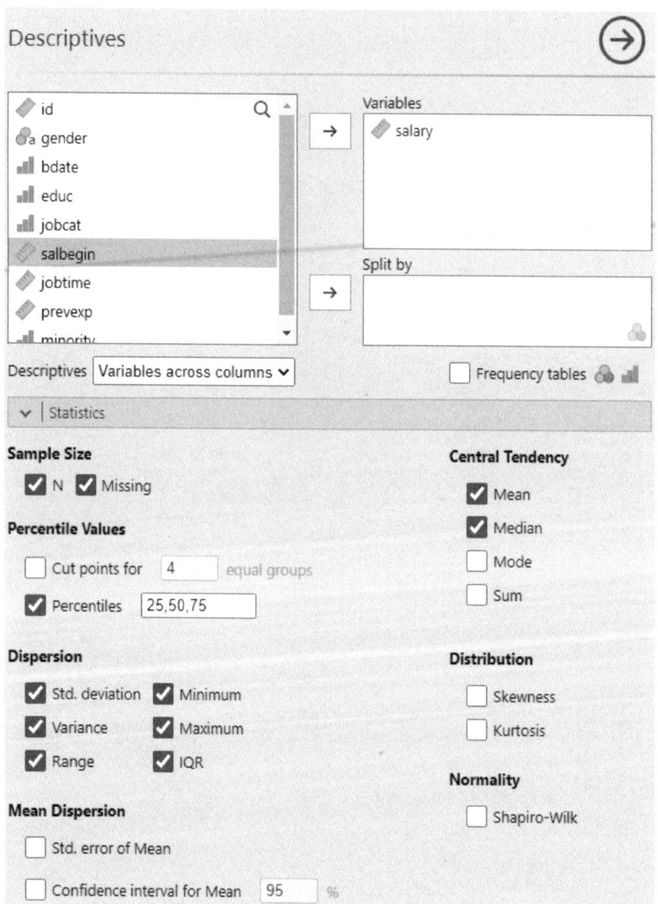

Results

Descriptives

Descriptives

	salary
N	474
Missing	0
Mean	34420
Median	28875
Standard deviation	17076
Variance	2.92e+8
IQR	12938
Range	119250
Minimum	15750
Maximum	135000
25th percentile	24000
50th percentile	28875
75th percentile	36938

2. 빈도분석과 기술통계

기술통계분석(descriptive statistics)에서는 말 그대로 자료의 성격 혹은 특징을 묘사(describe)하는 것에 목적을 둔다. 이러한 측면에서 기술통계분석에서 집중치와 분산치는 자료의 분포에서 자료를 가장 잘 대표하고 자료의 특성을 잘 묘사할 수 있는 주요 지표들에 해당한다고 할 수 있다. 일반적으로 기술통계분석은 성별, 인종 등과 같이 비연속형 변수들에 대한 특성을 보여주는 빈도분석 방법과 연령, 월 평균 연봉 등과 같이 연속형 변수들의 특성을 묘사하는 기술통계분석방법을 구분해 볼 수 있다.

1) 빈도분석

(1) SPSS를 통한 빈도분석

SPSS를 통한 빈도분석은 매우 간단하다. [메뉴] → [분석] → [기술통계량] → [빈도분석]을 선택하여 실행하면 기본적인 빈도(frequency)와 퍼센트(percentage)를 포함한 빈도표를 제공해 준다. 예를 들어, 이전에 사용한 사회복지사의 직업 만족도에 대한 자료(job satisfaction.sav)에서 사회복지사들의 성별인 Gender(d1) 변수에 대한 빈도분석을 실시하면 다음과 같다.

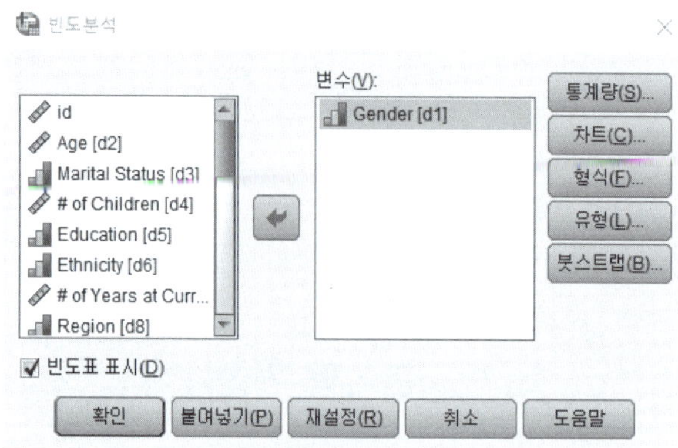

통계량

Gender

N	유효	218
	결측	0

Gender

		빈도	퍼센트	유효 퍼센트	누적 퍼센트
유효	MALE	36	16.5	16.5	16.5
	FEMALE	182	83.5	83.5	100.0
	전체	218	100.0	100.0	

빈도분석 결과 사회복지사의 성별은 전체 218명 가운데 남성(MALE)이 36명(16.5%)이고, 여성(FEMALE)이 182명(83.5%)인 것으로 나타났다. 같은 방식으로 사회복지사들의 결혼 상태(d3)에 대한 빈도분석을 실시하면 다음과 같다.

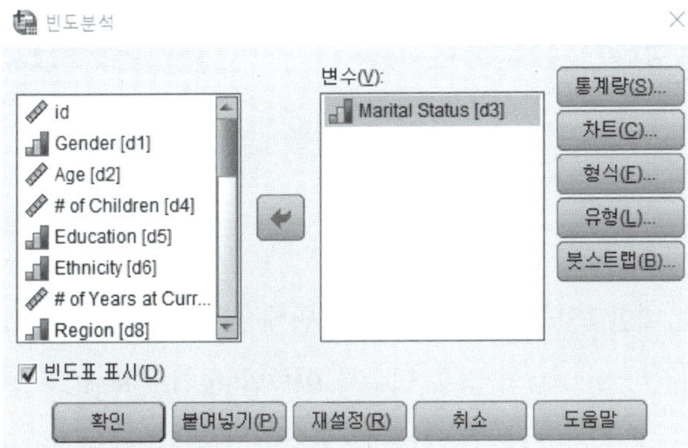

통계량

Marital Status

N	유효	218
	결측	0

Marital Status

		빈도	퍼센트	유효 퍼센트	누적 퍼센트
유효	MARRIED	141	64.7	64.7	64.7
	SINGLE	47	21.6	21.6	86.2
	DIVORCED	30	13.8	13.8	100.0
	전체	218	100.0	100.0	

사회복지사의 결혼 상태는 전체 218명 가운데 기혼(MARRIED)인 경우가 141명(64.7%), 독신(SINGLE)인 경우가 47명(21.6%), 그리고 이혼(DIVORCED)인 경우가 30명(13.8%)인 것으로 나타났다.

(2) jamovi를 통한 빈도분석

사회복지사의 직업만족도에 대한 jamovi 파일(job Satisfaction.omv)을 열어서 사회복지사의 성별(d1)과 결혼상태(d3)에 대한 빈도분석을 실시해 보자. 분석을 위해 [Analyses] 창에서 [Exploration]을 클릭한 후에 [Descriptives]를 선택한다.

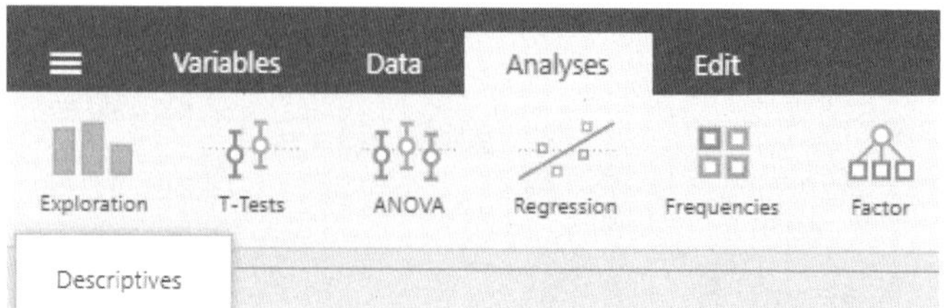

우선 성별에 대한 빈도분석을 실시하기 위해서는 해당 변수인 d1을 [Variables] 창으로 이동시킨다. jamovi의 경우 변수를 이동만 시켜도 Results 창에 평균, 중앙값, 표준편차 등과 같은 기술통계값들이 동시에 제공된다. 하지만 빈도분석표를 얻기 위해서는 □Frequency tables 박스에 다음과 같이 체크해야 빈도표가 제공된다.

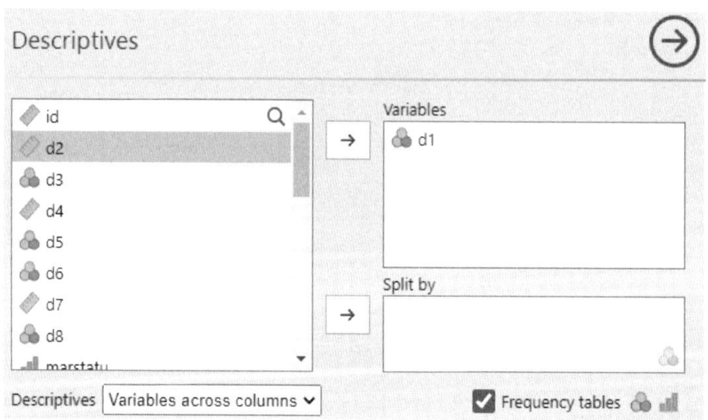

Descriptives

Descriptives

	d1
N	218
Missing	0
Mean	0.835
Median	1.00
Standard deviation	0.372
Minimum	0
Maximum	1

Frequencies

Frequencies of d1

Levels	Counts	% of Total	Cumulative %
MALE	36	16.5 %	16.5 %
FEMALE	182	83.5 %	100.0 %

분석결과는 SPSS의 결과와 동일하게 나타남을 알 수 있다. 차이점은 jamovi의 경우 변수의 속성이 비연속형 혹은 연속형 변수형태와 상관없이 Descriptives를 통해서 기술통계값을 보여준다는 점이다. 따라서 연구자가 판단하여 성별과 같이 비연속형 변수인 경우에는 크게 의미가 없는 평균, 중앙값, 표준편차 값들은 보고하지 않도록 주의할 필요가 있다. 사회복지사의 결혼 상태에 대한 빈도분석 과정과 결과는 참고로 다음과 같다. 결과는 SPSS와 동일하므로 구체적인 설명은 생략하기로 한다.

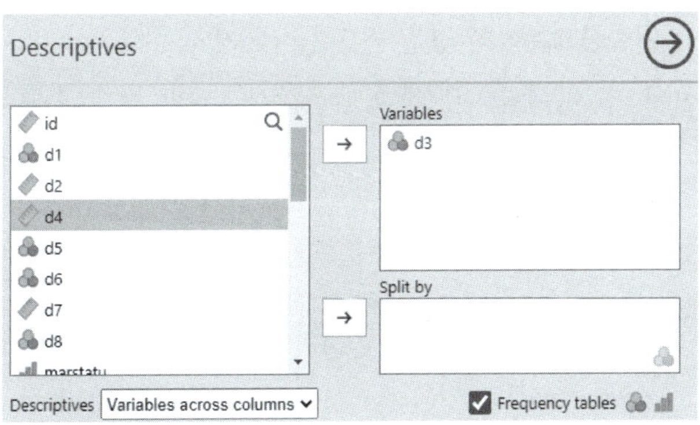

Descriptives

Descriptives

	d3
N	218
Missing	0
Mean	1.49
Median	1.00
Standard deviation	0.726
Minimum	1
Maximum	3

Frequencies

Frequencies of d3

Levels	Counts	% of Total	Cumulative %
MARRIED	141	64.7 %	64.7 %
SINGLE	47	21.6 %	86.2 %
DIVORCED	30	13.8 %	100.0 %

2) 기술통계분석

빈도분석과 유사하지만 연령, 소득과 같이 연속형 변수의 특성을 나타낼 때 주로 사용되는 방법이다. 가령 앞서 사용한 사회복지사의 직업만족도 자료(job satisfaction.sav)에서 이번에는 사회복지사의 연령과 경력에 대해서 살펴보기로 하자.

(1) SPSS를 통한 기술통계분석

SPSS를 통한 기술통계분석의 경우 빈도분석과 거의 유사하나 마지막 단계에서 빈도분석 대신에 기술통계를 선택한다. [메뉴] → [분석] → [기술통계량] → [기술통계] 단계를 거쳐서 기술통계창이 보이면 해당 변수인 Age(d2)를 선택한다.

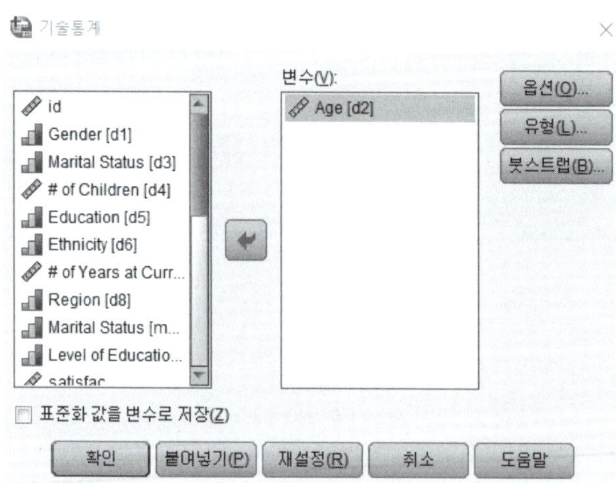

다음으로 확인을 클릭하면 다음과 같이 기본적인 기술통계량, 즉 최소값, 최대값, 평균, 표준편차가 제시된다. 사회복지사의 평균 연령은 35.93세이고 표준편차는 9.259세로 나타났으며 제일 어린 사회복지사의 나이는 22세이고 반대로 최고연령의 사회복지사는 62세인 것으로 나타났다.

기술통계량

	N	최소값	최대값	평균	표준편차
Age	215	22	62	35.93	9.259
유효 N(목록별)	215				

같은 방식으로 사회복지사의 직장경력(d7)에 대한 기술통계분석 결과를 살펴보면 다음과 같다. 사회복지사의 직장경력은 최소 1년에서 최대 35년까지로 나타났고, 평균적으로 7.97년(SD=6.818)로 나타났다.

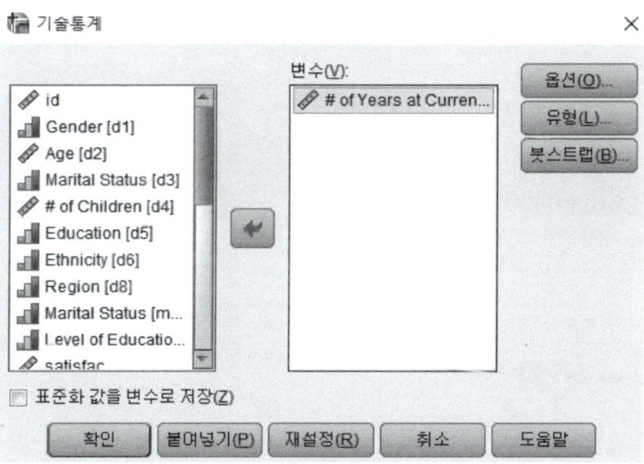

기술통계량

	N	최소값	최대값	평균	표준편차
# of Years at Current Job	210	1	35	7.97	6.818
유효 N(목록별)	210				

(2) jamovi를 통한 기술통계분석

jamovi의 경우 직업만족도(job satisfaction.omv) 파일을 열어서 [Analyses] → [Exploration] → [Descriptives]의 순서로 클릭하여 기술통계분석에 사용될 변수를 선택한다. jamovi의 경우 SPSS처럼 빈도분석과 기술통계분석 방법이 구분되어 있지 않고 [Descriptives] 기능을 함께 사용한다. 다만, 변수의 속성(연속형, 비연속형)에 따라서 연구자가 의미 있게 해석하는 것이 중요하다. 기술통계분석은 변수를 하나씩 설정해도 되지만 동시에 여러 개의 변수들을 설정하여 한꺼번에 기술통계분석을 실시할 수도 있다. 예를 들어, 사회복지사의 연령(d2)과 직장경력(d7)에 대한 기술통계분석을 하기 위해서는 다음과 같이 설정한다.

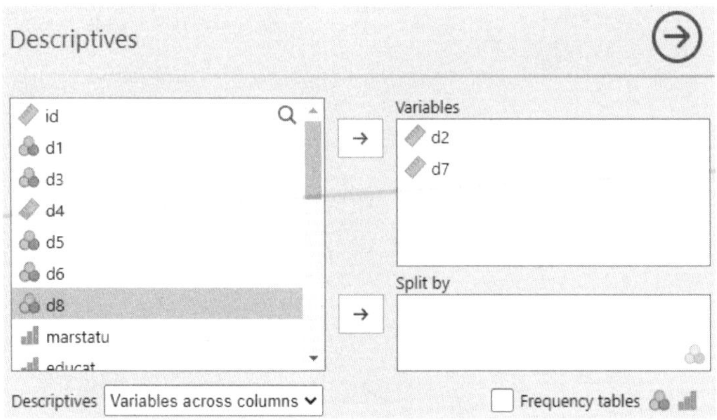

추가적으로 'Variables across columns'를 선택하면 기술통계 분석결과가 세로(열)의 형태로 제시되고, 'Variables across rows'를 선택하면 분석결과가 가로(행)의 형태로 제시된다.

Descriptives

Descriptives

	d2	d7
N	215	210
Missing	3	8
Mean	35.9	7.97
Median	34.0	6.00
Standard deviation	9.26	6.82
Minimum	22.0	1.00
Maximum	62.0	35.0

Descriptives

Descriptives

	N	Missing	Mean	Median	SD	Minimum	Maximum
d2	215	3	35.93	34.00	9.26	22.00	62.0
d7	210	8	7.97	6.00	6.82	1.00	35.0

jamovi의 경우 기술통계분석을 실시하면 총 표본수, 결측케이스 수, 평균, 중앙값, 표준편차, 최소값 그리고 최대값에 대한 정보를 제공해 준다. 사회복지사의 연령(d2)과 직장경력(d7)에 대한 기술통계분석 결과는 SPSS 결과와 동일함을 알 수 있다.

3) 그래프 그리기

지금까지 살펴본 기술통계분석 결과를 시각화해서 표현하는 방법을 살펴보기로 하자. 빈도분석과 기술통계분석은 표로 필요한 정보를 제공해 주지만 때로는 그래프와 같이 시각화된 자료를 활용하여 자료의 특성을 요약적으로 보여주는 것이 효율적일 수 있다. 여기서는 변수의 속성에 따라서 사용할 수 있는 그래프의 형태와 그래프를 그리는 방법을 SPSS와 jamovi 프로그램을 통해서 살펴본다.

(1) SPSS를 통한 그래프 그리기

사회복지사의 직업만족도 자료(job satisfaction.sav)를 활용하여 사회복지사의 성별(d1)과 결혼상태(d3)에 대한 그래프를 그려보자. 우선 그래프를 그리기에 앞서 성별과 결혼상태와 같이 비연속형 변수들의 경우 사용할 수 있는 그래프의 형태를 파악하여야 한다. 일반적으로는 막대그래프(bar graph)와 원 도표(pie chart)가 많이 사용된다. SPSS에서 그래프를 그리기 위해서는 [그래프] → [차트 작성기]를 선택한다.

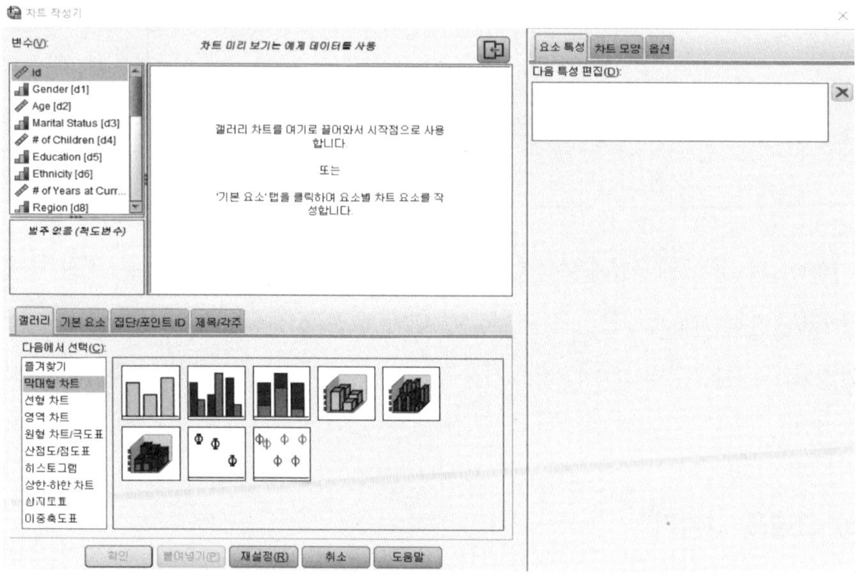

다음으로 [갤러리]에서 그래프(차트)의 유형을 선택한다. 사회복지사의 성별의 경우는 비연속형 명목변수로 [막대형 차트]를 선택하고 첫 번째 기본형태의 막대 그래프를 선택한다. 그러면 다음 그림과 같이 단순 막대도표가 차트작성기에 표시된다.

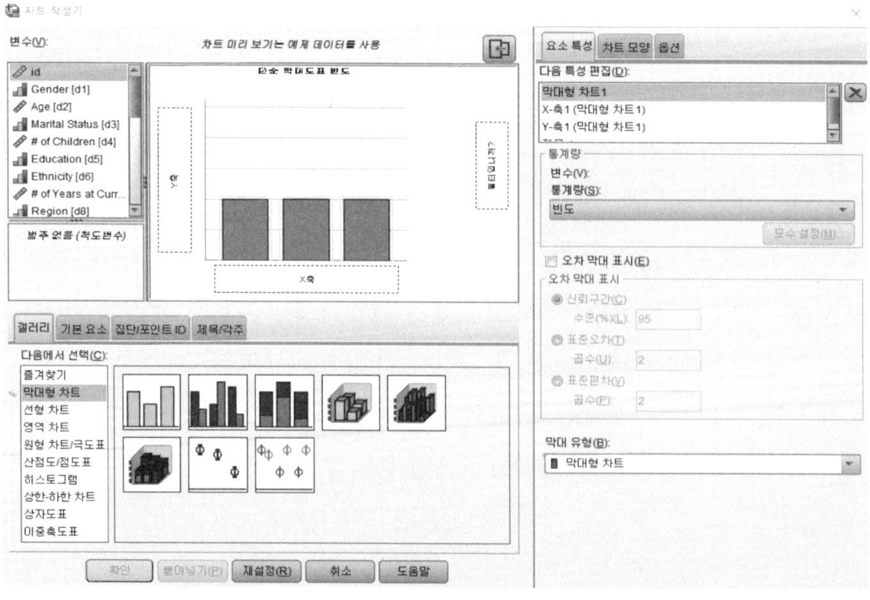

다음으로 선택된 막대도표의 X축에 해당 변수인 Gender(d1)를 마우스로 드래그를 해서 이동시키면 자동적으로 그래프가 생성된다.

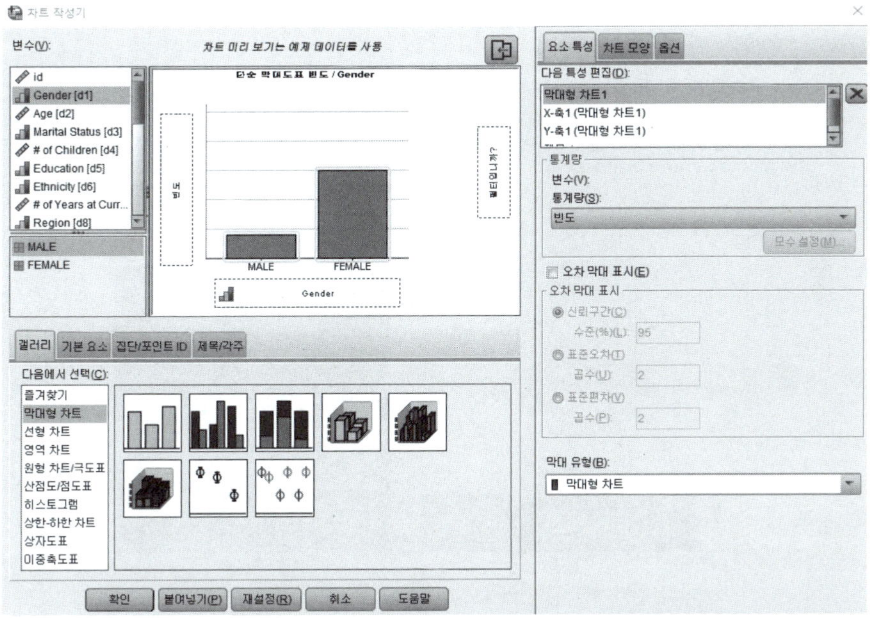

여기서 확인을 누르면 다음과 같은 단순 막대도표를 그릴 수 있다. 여기서 SPSS 출력결과를 한글파일로 복사해서 가져오는 경우에는 [다른 이름으로 복사 → [이미지]를 선택하여 복사하고 붙여넣기를 하여야 정상적으로 가져올 수 있다.

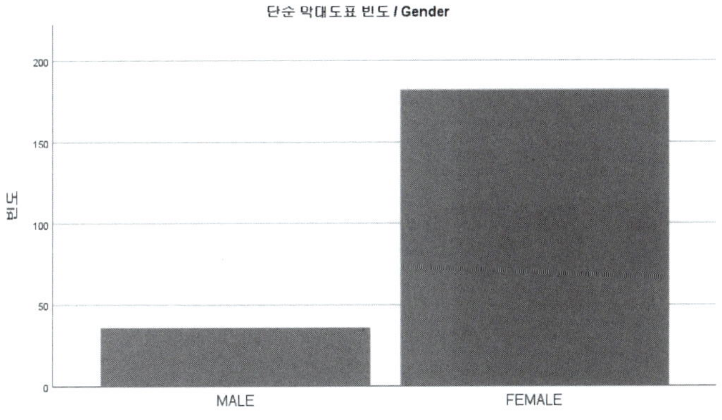

SPSS 출력결과에서 위의 그래프를 더블 클릭하면 다음과 같은 도표 편집기 화면이 나타난다. 도표 편집기 메뉴에 파란색 네모로 표시된 [데이터 레이블] 버튼을 클릭하여 빈도 혹은 퍼센트를 그래프에 삽입할 수 있다.

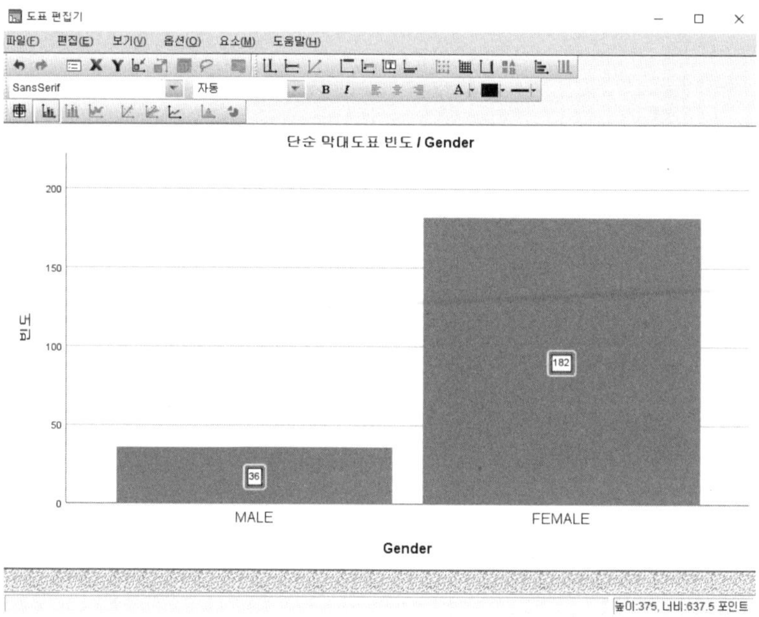

비연속형 변수의 경우 막대그래프 이외에 원형 차트도 활용해 볼 수 있다. 가령, 사회복지사의 결혼상태에 대해서 원형 차트를 활용해서 그래프를 그려보자. 우선, 갤러리에서 원형 차트를 선택해서 마우스로 드래그하여 차트 작성기 위쪽으로 이동시키면 다음과 같은 화면을 볼 수 있다.

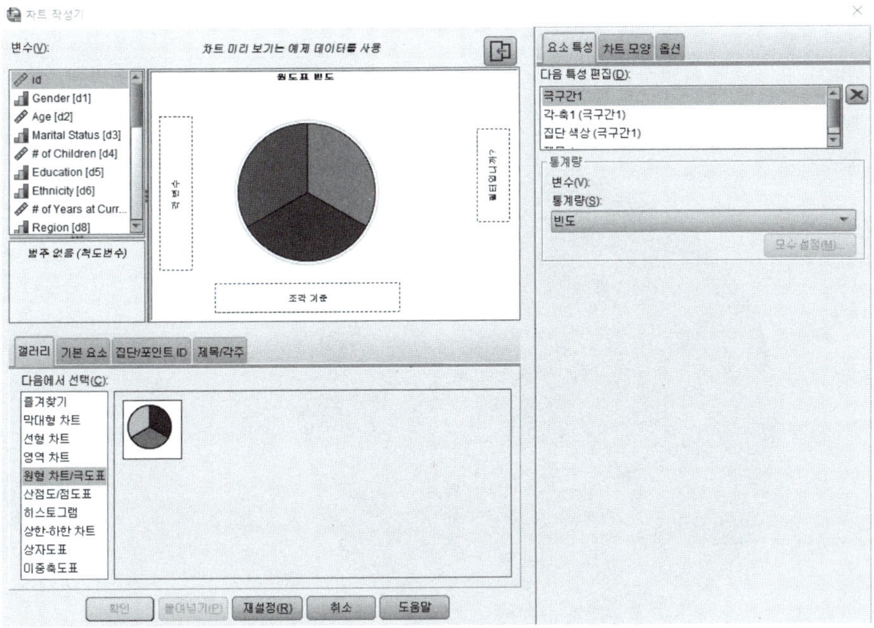

여기서 해당 변수인 Marital status(d3) 변수를 선택해서 [조각 기준] 칸으로 마우스로 드래그해서 이동시키고 확인을 누르면 다음과 같은 원형 차트가 생성된다.

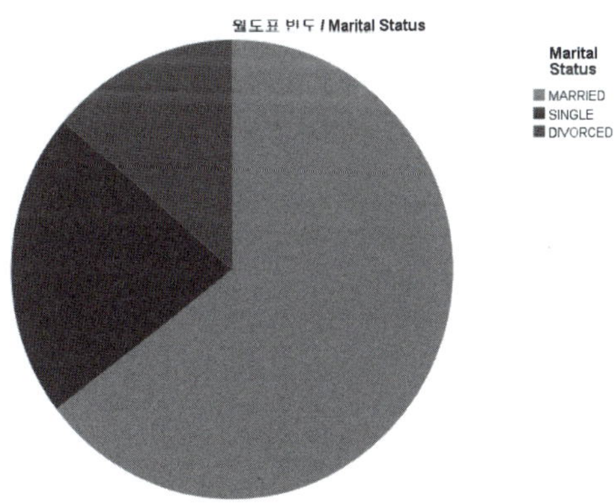

SPSS 출력결과에서 그래프를 선택하여 더블 클릭하면 다음과 같은 도표 편집기 창이 새롭게 열린다. [도표 편집기]의 [데이터 레이블] 기능을 활용해서 비연속형 변수에 대한 세부정보들, 가령 빈도 혹은 퍼센트 등을 그래프에 삽입할 수 있다.

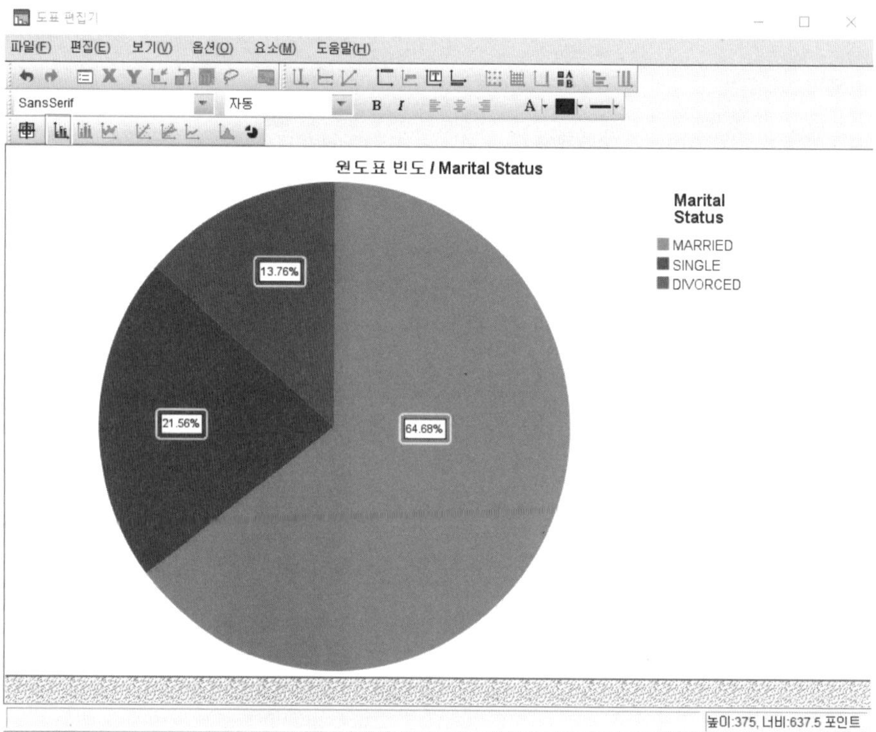

지금까지 비연속형 변수의 그래프를 살펴봤다면 이제부터는 연령, 소득과 같이 연속형 변수에 사용할 수 있는 그래프를 살펴보기로 한다. SPSS의 [차트 작성기]에서 연속형 변수에 대한 그래프로 활용할 수 있는 대표적인 것은 [히스토그램]이다. [갤러리]에서 [히스토그램]을 선택하고 히스토그램 종류 가운데서 파란색으로 표시된 단순 히스토그램을 선택한 다음 마우스로 드래그하여 차트 작성기의 상단의 화면으로 이동시키면 다음과 같다.

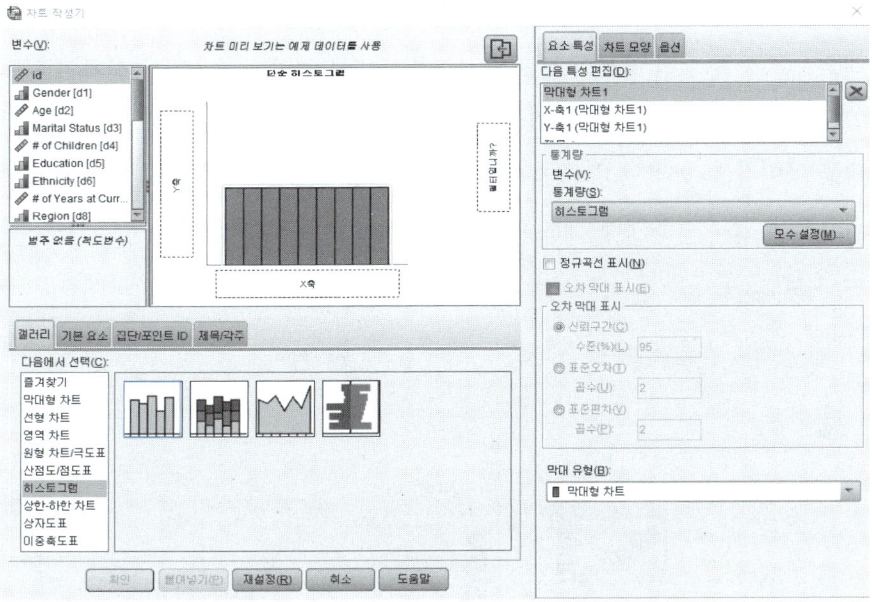

X축에 연속형 변수인 사회복지사의 Age(d2) 변수를 마우스로 드래그하여 이동시킨다.

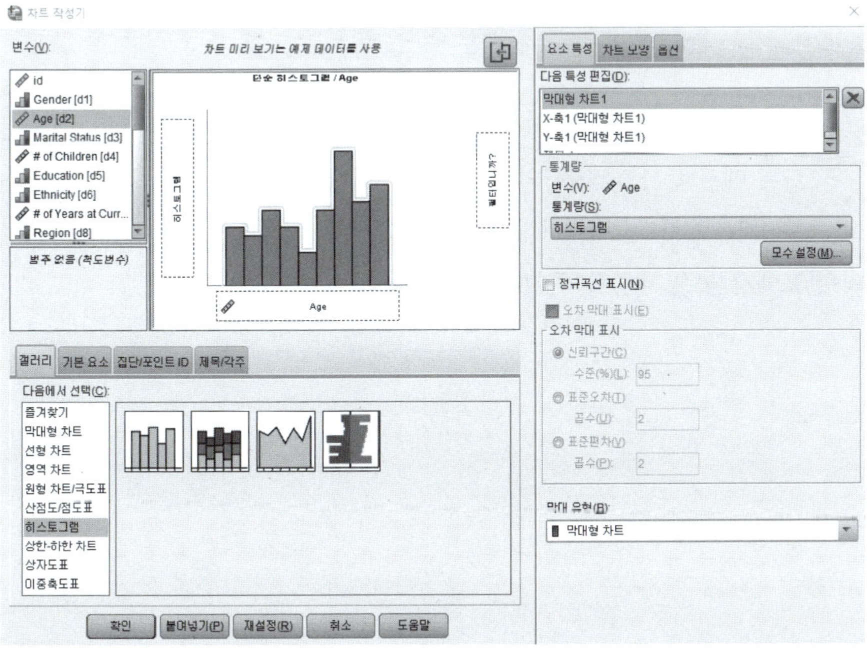

다음으로 확인을 누르면 다음과 같은 히스토그램을 구할 수 있다. 히스토그램은 연속형 변수의 자료의 분포를 보여주고, 대표적인 집중치와 분산치의 지표인 평균과 표준편차를 같이 제공해 준다. 사회복지사의 연령 분포를 살펴보면 평균 나이가 35.93세이고 표준편차는 9.259세인 것으로 나타났다. 그리고 전체적으로 보면 20~30대에 해당하는 사회복지사가 많이 분포하고 있는 것을 볼 수 있다.

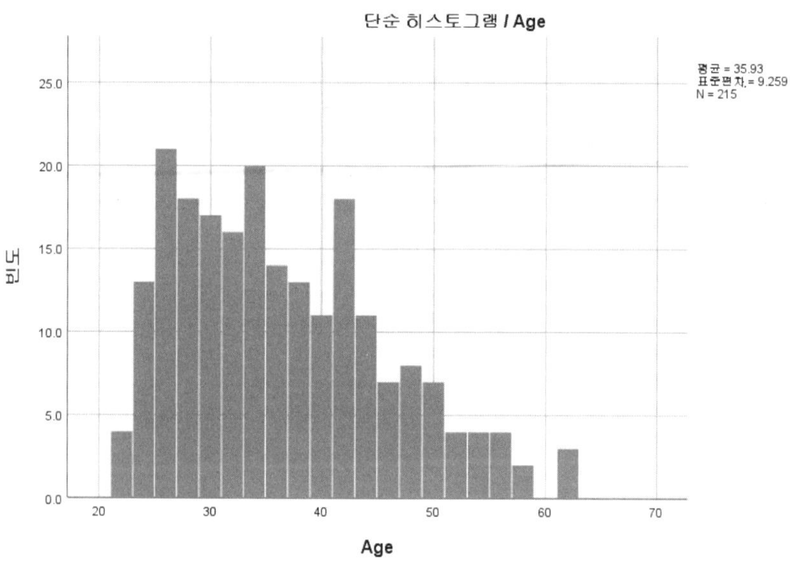

또 다른 예시로 사회복지사의 현 직장에서의 경력을 살펴보면 평균 7.97년이고 표준편차는 6.818년으로 나타났으며, 10년 이하의 경력인 사회복지사가 자료의 분포에서 높은 비중을 차지하고 있음을 알 수 있다.

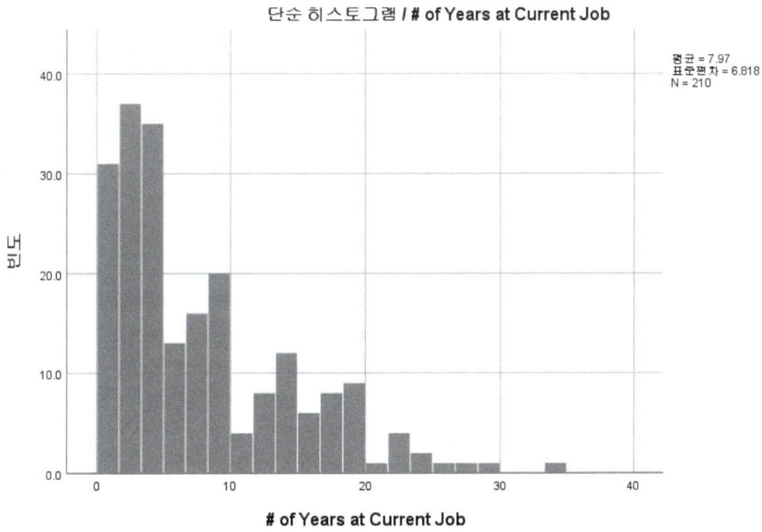

추가적으로 연속형 변수의 자료분포를 보여주는 그래프로 상자도표(box plot)가 있다. 상자도표는 자료의 분포에서 주요 집중치와 분산치를 하나의 그래프에 보여주는데 사회복지사의 연령과 직장경력에 대한 상자도표를 구하는 과정을 살펴보면 다음과 같다. 우선 [차트 작성기]에서 [상자도표]를 선택하고, 상자도표 가운데 세일 첫 번째로 보이는 기본형 [1차원 상자도표]를 선택하여 다음과 같이 마우스로 드래그하여 위치시킨다.

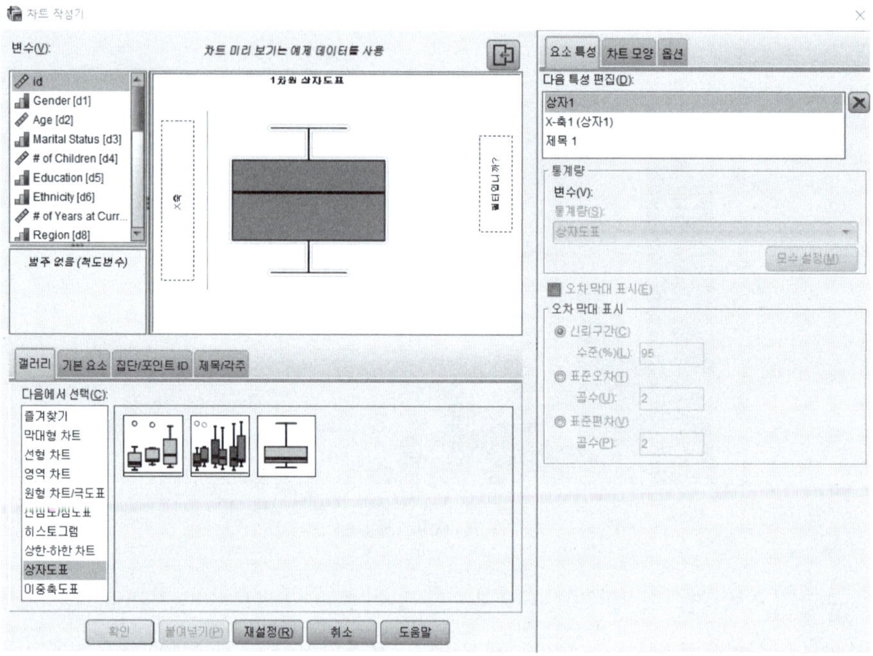

다음으로 X축에 해당 변수를 이동시키면 되는데, 위의 예시에서는 Age(d2) 변수를 이동시키면 된다. 상자도표에서 가운데 네모 상자는 자료의 분포에서 사분범위(제1사분위값에서 제3사분위값)를 보여주고 상자 가운데 선은 중앙값을 표현해준다. 위와 아래 양끝 쪽에 표시된 선은 휘스커(Whisker)를 나타내는데, 위쪽 선은 제3사분위수에 1.5×사분범위값(IQR)을 더한 값을 나타내고 아래쪽 선은 제1사분위수에서 1.5×사분범위값(IQR)을 뺀 값을 나타낸다. 위와 아래 양 끝 쪽에 표시된 휘스커 값을 초과하는 값은 자료의 분포에서 극단값(outlier)에 해당된다고 할 수 있다. 다음 예시에서 사회복지사의 직장경력(# of years at current job)에 대한 상자도표를 살펴보면 케이스 2, 49, 207번에 해당하는 사회복지사의 경력이 25년 이상 된 경우로 자료의 분포에서 극단값으로 표시됨을 알 수 있다.

제1사분위수 − 1.5 × 사분범위값 ≤ Whisker ≤ 제3사분위수 + 1.5 × 사분범위값

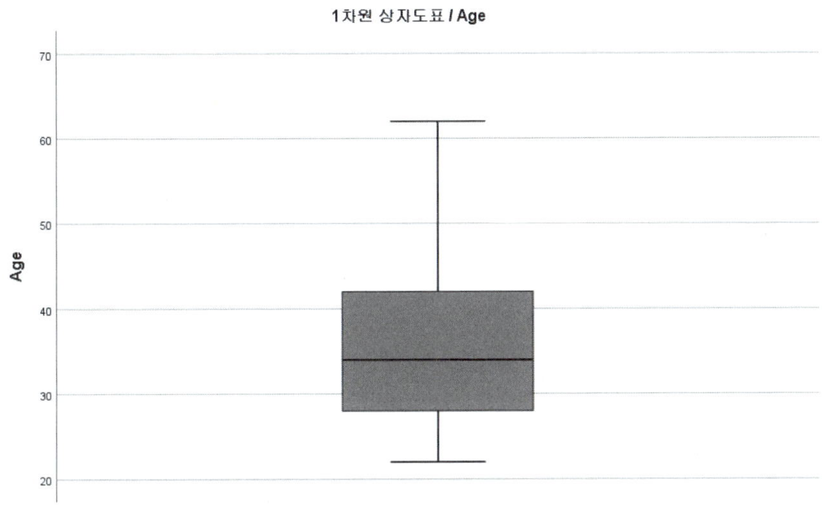

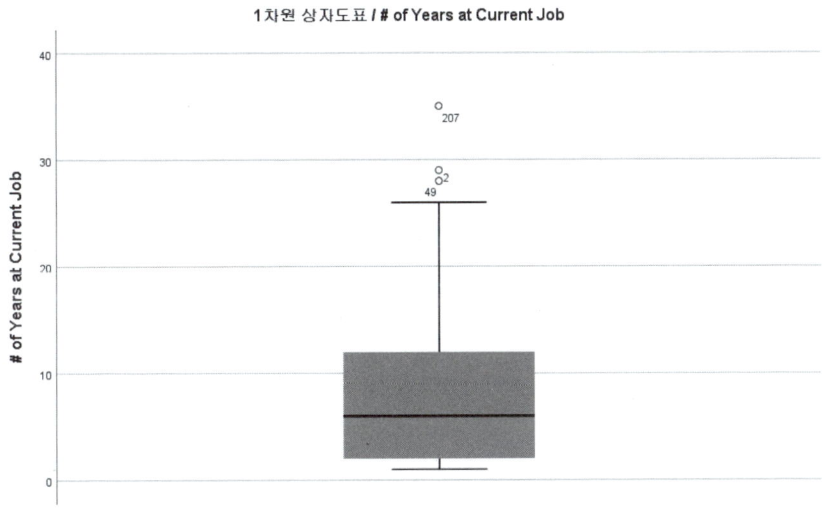

(2) jamovi를 통한 그래프 그리기

jamovi를 통한 그래프 그리기는 매우 간단하다. 앞에서 살펴본 기술통계분석 과정에서 [Plots] 옵션을 추가하는 것으로 다양한 형태의 그래프를 그릴 수 있다. 예를 들어, 사회복지사의 직업만족도 자료(job satisfaction.omv)에서 성별(d1), 결혼상태(d3)와 같이 비연속형 변수의 경우는 SPSS와 마찬가지로 막대 도표(□Bar plot)를 활용하면 된다.

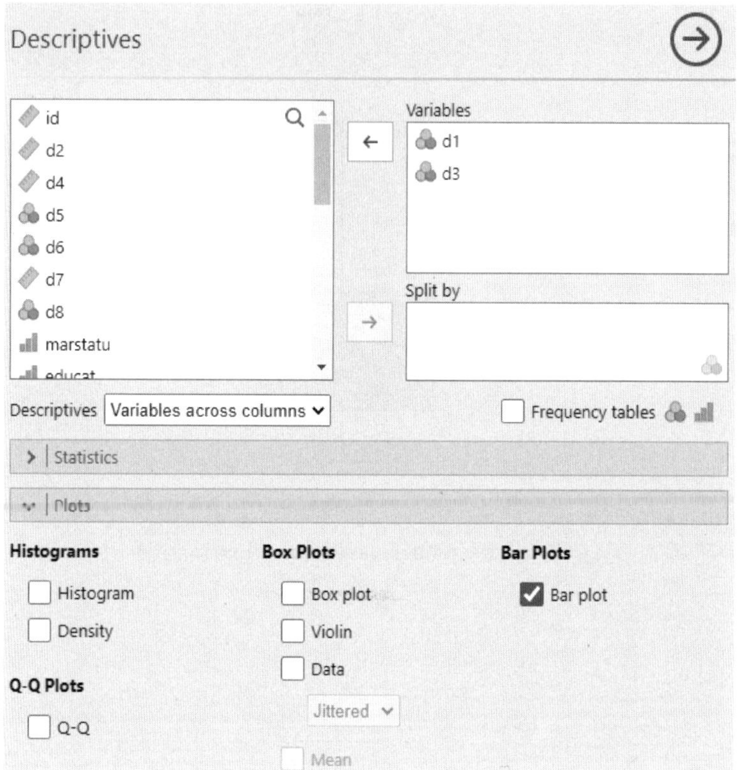

jamovi에서는 설정과 동시에 그래프가 우측의 분석결과 창에 자동 생성된다.

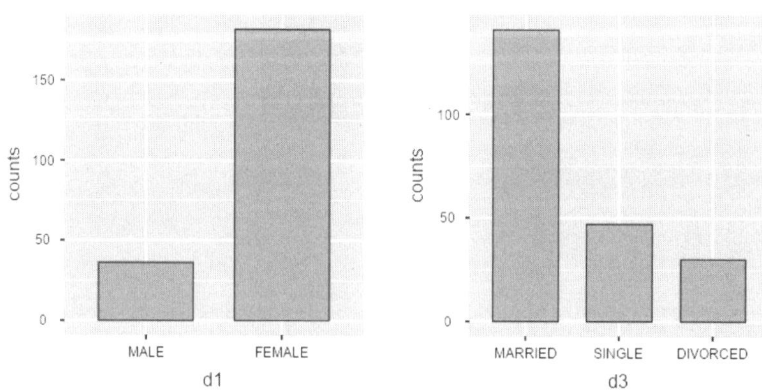

다음으로 연속형 변수인 사회복지사의 연령(d2)과 현 직장에서의 경력(d7)을 그래프로 표현하기 위해서는 [Histogram]을 선택한다.

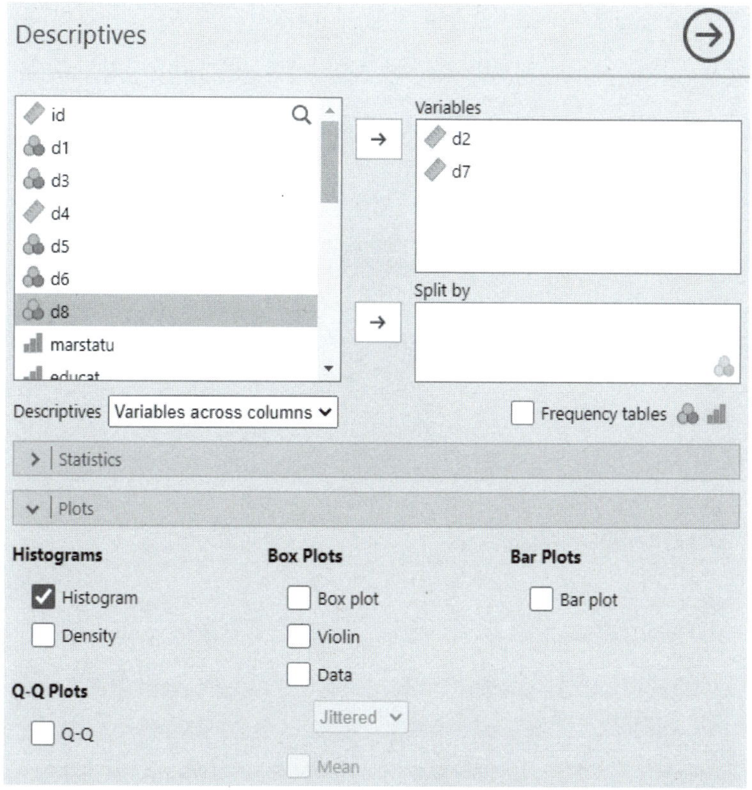

역시나 설정과 동시에 히스토그램이 우측 결과창에 다음과 같이 출력된다.

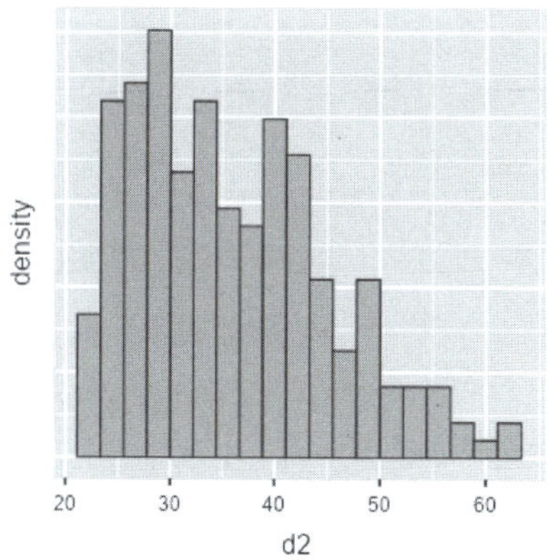

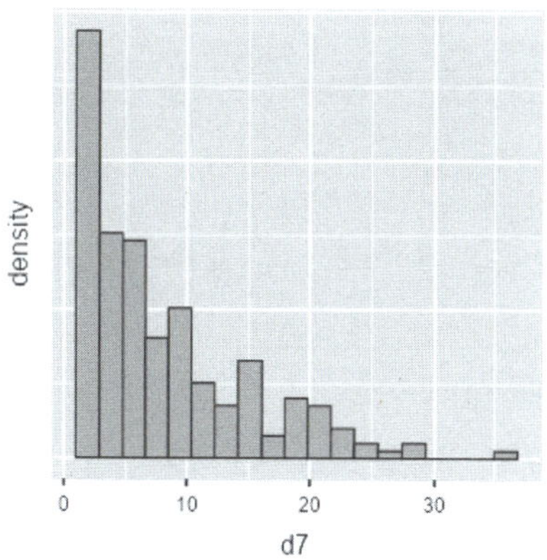

마지막으로 jamovi에서도 연속형 변수에 대해서 상자도표를 그릴 수 있다. [Plots]에서 □Box plot에 체크만 해주면 해당 변수들에 대한 상자도표가 자동으로 생성된다. 사회복지사의 연령(d2)과 직장경력(d7)에 대한 상자도표를 구하는 과정은 다음과 같다.

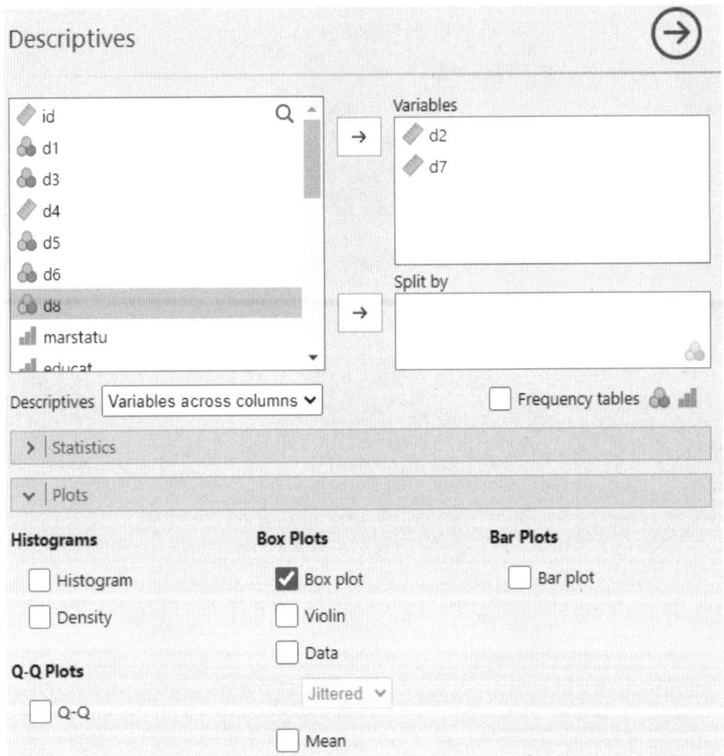

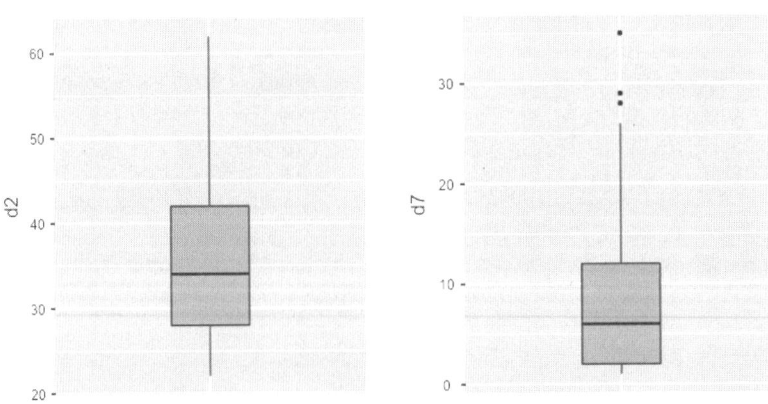

04
CHAPTER

추리통계의 기초

1. 정규분포의 이해
2. 추리통계학의 기초

CHAPTER 04

추리통계의 기초

1. 정규분포의 이해

1) 자료의 분포형태

자료의 분포형태는 크게 이산확률분포(discrete probability distribution)와 연속확률분포(continuous probability distribution)로 분류할 수 있다. 이산확률분포는 변수가 취할 수 있는 경우의 수가 유한하게 정해져 있는 것으로 경우의 수에 해당하는 확률값을 쉽게 구할 수 있다. 가령, 동전을 두 개를 동시에 던졌을 때 나올 수 있는 경우의 수는 둘 다 앞면이 나올 확률, 둘 다 앞면이 나오지 않을 확률, 그리고 앞면이 한 번만 나오는 확률의 세 가지이다. 각 경우에 해당하는 확률값은 다음과 같이 계산된다.

경우의 수		확률(%)
동전 2개 모두 앞면이 나올 확률	$\frac{1}{2}$(앞면) × $\frac{1}{2}$(앞면) = $\frac{1}{4}$	0.25(25%)
동전 2개 모두 앞면이 나오지 않을 확률	$\frac{1}{2}$(뒷면) × $\frac{1}{2}$(뒷면) = $\frac{1}{4}$	0.25(25%)
동전 2개 중 하나만 앞면이 나올 확률	$\frac{1}{2}$(앞면) × $\frac{1}{2}$(뒷면) = $\frac{1}{4}$ $\frac{1}{2}$(뒷면) × $\frac{1}{2}$(앞면) = $\frac{1}{4}$ $\frac{1}{4} + \frac{1}{4} = \frac{1}{2}$	0.50(50%)

연속확률분포는 이산확률분포와는 달리 변수가 취할 수 있는 경우의 수가 무한히 존재하고 그에 해당하는 확률값들 역시 무한히 존재할 수 있다. 기본적으로 키와 몸무게와 같이 연속형 변수의 경우 변수가 취할 수 있는 값이 무한히 존재할 수 있다. 가령, 몸무게의 경우 70.52, 70.81, 71.32, 71.34, 72.12…… 등 소수점 단위로 미세하게 구분하였을 때 변수가 취할 수 있는 경우의 수는 무한하고 그에 해당하는 확률도 무한히 존재하게 된다. 연속확률분포에서의 확률의 계산은 확률밀도함수의 면적으로 계산된다. 예를 들어, 다음 그림의 연속확률분포 곡선의 아래 면적이 1(100%)이라고 하면 몸무게 70(a)에서 80(b) 사이의 면적에 해당하는 확률로 다음의 공식을 통해서 계산된다.

$$p(a \le x \le b) = \int_a^b f(x)dx$$

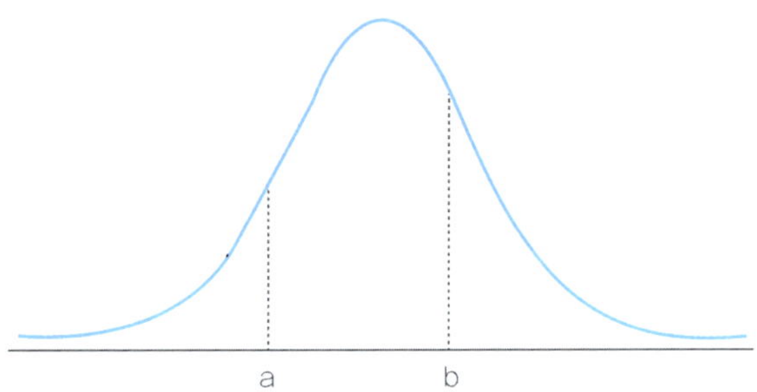

2) 정규분포(Symmetrical Distribution)

정규분포는 연속확률분포의 가장 대표적인 형태로 가운데 평균을 중심으로 좌우가 대칭을 이루는 종 모양의 분포이다. 좌우가 완전히 대칭을 이루기 때문에 자료의 가운데에 집중치인 평균, 중앙값, 최빈값이 위치한다. 정규분포 곡선 아래의 면적이 100%라고 했을 때 가운데를 중심으로 좌, 우가 자료의 50%를 각각 차지하게 된다.

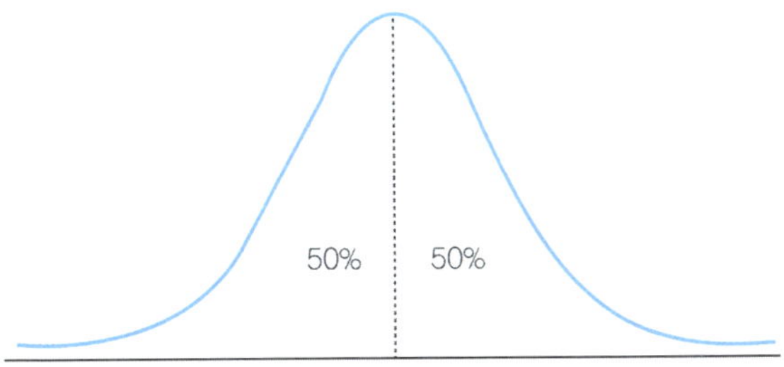

분포의 비대칭성을 측정하는 왜도(skewness)는 정규분포의 경우 '0'으로 나타나는데 '0'을 기준으로 (+)값이 커질수록 오른쪽꼬리분포의 형태를 띠고, (−)값이 커질수록 왼쪽꼬리분포의 형태를 띠게 된다. 다음으로 개별 관찰값들이 자료의 중심부 주변으로 얼마나 밀집되어 있는지를 측정하는 첨도(kurtosis)의 경우도 정규분포는 '0'의 값을 가지고 (+)의 경우 정규분포보다 좀 더 뾰족한 형태로, (−)의 경우는 정규분포보다 좀 더 완만한 형태의 곡선을 가지게 된다.

3) 표준정규분포

표준정규분포는 표준점수(z scorcs)들의 확률분포를 의미한다. 여기서 표준점수는 원 자료의 측정단위와 상관없이 자료의 분포에서 각 사례의 관찰값과 평균값을 표준편차로 나누어 표준화시킨 값을 나타낸다. 표준점수를 구하는 공식은 다음과 같다.

$$z = \frac{X-\mu}{\sigma}$$

X : 개별 사례의 관찰값
μ : 모집단의 평균
σ : 모집단의 표준편차

예를 들어, 우리나라 성인 남성의 평균 몸무게가 80kg이고, 표준편차가 2kg이라고 한다면 몸무게가 86kg인 사람의 표준점수(z)는 3이 된다.

$$z = \frac{86 - 80}{2} = 3$$

이처럼 모든 관찰값들에 대해서 z값을 구하게 되면 평균(μ)이 '0', 그리고 표준편차(σ) '1'의 형태의 표준화된 정규분포의 형태를 가지게 되는데 이를 표준정규분포(standard normal distribution)라고 한다.

표준정규분포는 정규분포와 마찬가지로 종 모양의 좌우 대칭의 형태를 하고 있으며 집중치인 평균, 중위값, 최빈값 모두 자료의 가운데에 위치하게 된다. 가운데 평균을 중심으로 ±3 표준편차 안에 대다수의 자료가 포함된다. 구체적으로 살펴보면 다음과 같다.

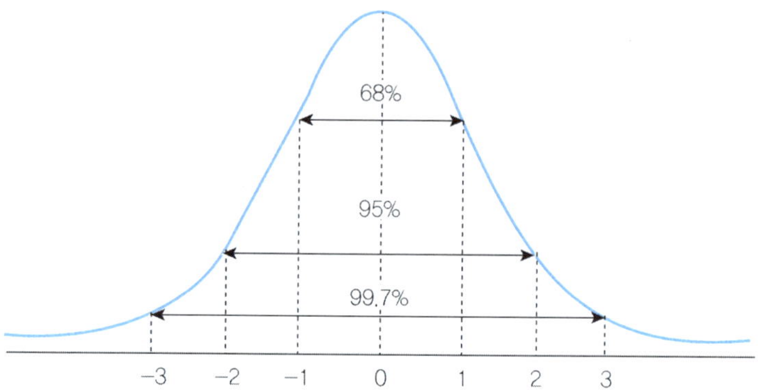

① 전체 관찰값의 68%에 해당하는 값들은 표준편차 ±1에 해당
② 전체 관찰값의 95%에 해당하는 값들은 표준편차 ±2에 해당
③ 전체 관찰값의 99.7%에 해당하는 값들은 표준편차 ±3에 해당

표준정규분포의 특징은 원 자료의 정규분포의 형태가 상이하더라도 이를 표준화시켰을 때는 평균(μ) = 0, 그리고 표준편차(σ) = 1을 갖는 표준정규분포의 형태로 표현할 수 있고, 평균으로부터 표준편차 1 사이의 넓이가 자료의 분포에서 차지하는 확률은 동일하다는 특징을 가진다.

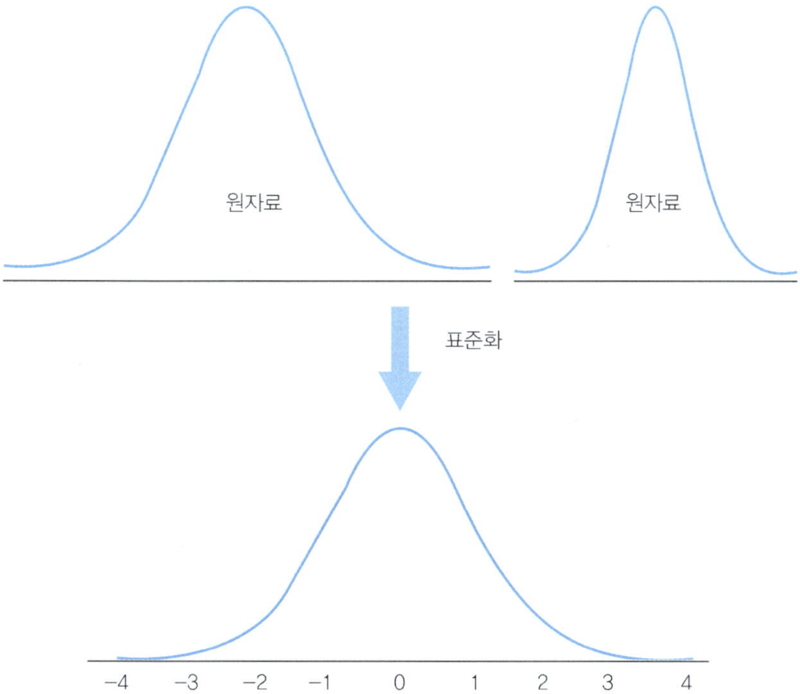

4) 표준정규분포에서의 확률계산

위에서 살펴본 표준정규분포의 특징을 활용하여 각 사례의 관찰값이 표준정규분포에서 자리하는 위치를 파악하고 이를 통해서 확률값을 계산해 보자. 예를 들어, 모집단의 통계시험 성적 평균이 70이고 표준편차가 10일 때, 100점에 해당하는 표준점수는 다음과 같다.

$$z = \frac{100-70}{10} = 3$$

이것은 통계시험에서 100점을 받은 학생이 평균(70점)으로부터 표준편차 3만큼 우측(+)으로 떨어져 있다는 것을 의미한다. 반면에 평균보다 낮은 50점을 받은 학생의 표준점수는 다음과 같이 계산된다. 즉, 50점을 받은 학생은 평균으로 표준편차 2만큼 좌측(−)으로 떨어져 있음을 알 수 있다.

$$z = \frac{50 - 70}{10} = -2$$

위의 예시를 그림으로 나타내면 다음과 같다.

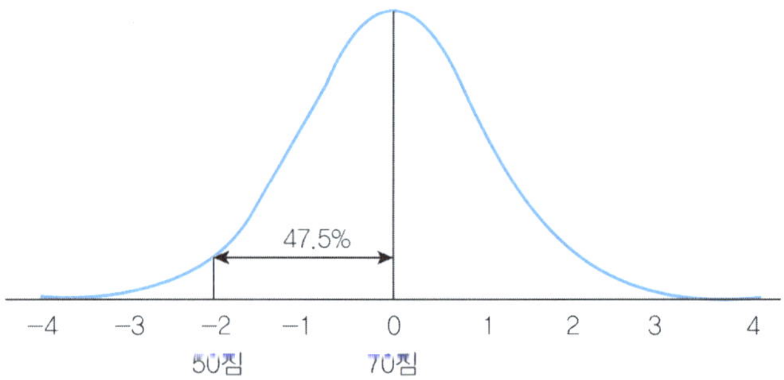

여기서 앞서 언급한 표준정규분포의 특징을 이용한다면 특정 점수들 구간의 범위에 해당하는 확률값을 계산할 수 있다. 가령, 자료의 관찰값 95%에 해당하는 값들은 표준편차 ±2에 포함되기 때문에 통계시험 점수를 50점에서 70점까지 받을 확률값은 z값으로 환산했을 때 −2 표준편차에서 0까지에 해당하는 확률로 95%의 절반에 해당하는 47.5%가 된다.

(1) SPSS를 이용하여 표준점수 z를 구하는 방법

분석 → 기술통계량 → 기술통계 → 변수선택 → '표준화 값을 변수로 저장' 체크

미국 근로자 자료(employee.sav)에서 현재 연봉(salary)에 대한 표준점수를 구하는 방법을 살펴보면 위의 박스에 소개된 과정을 통해 연봉변수를 선택한 후에 □표준화 값을 변수로 저장에 체크하면 된다.

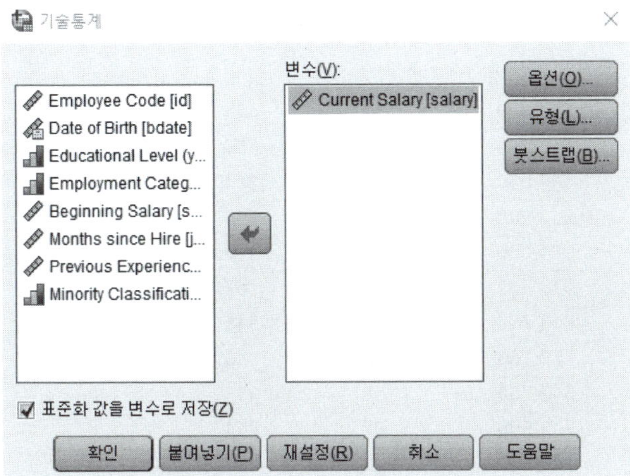

여기서 확인을 누르면 기술통계량에 대한 정보와 함께 연봉에 대한 표준점수가 새로운 변수명(Zsalary)으로 데이터에 생성됨을 확인할 수 있다.

기술통계량

	N	최소값	최대값	평균	표준편차
Current Salary	474	$15,750	$135,000	$34,419.57	$17,075.661
유효 N(목록별)	474				

다음 표의 표준점수에 대한 해석은 표준정규분포에서의 평균값인 '0'을 기준으로 +인 경우는 평균($34,419.57)보다 연봉이 높은 사람들을 나타내고 −인 경우에는 평균보다 연봉이 낮은 사람들을 나타낸다. 표준점수의 절대값의 크기는 평균으로부터 얼마나 떨어져 있는지 그 정도를 나타내는데, 가령 표준정규분포에서 표준점수 값이 4라고 하면 평균에서 4 표준편차만큼 떨어져 있다는 것을 의미한다. 예를 들어, 첫 번째 케이스의 경우 실제 연봉이 $57,000인데, 이를 표준점수로 환산하면 1.32238이 된다. 이는 표준정규분포에서 평균값 '0'(실제 평균은 $34,419.57)으로부터 대략 1.32 표준편차 떨어져 있다는 것을 의미한다. 표준점수 값은 원 자료의 측정단위(가령 달러, 엔화, 원화)와 상관없이 표준정규분포상에 '0'의 평균과 '1'의 표준편차 단위로 표현하기 때문에 개별 케이스의 자료 분포에서의 위치를 가운데 평균 '0'을 중심으로 간단히 그리고 직관적으로 파악할 수 있다는 장점이 있다.

salary	salbegin	jobtime	prevexp	minority	Zsalary
$57,000	$27,000	98	144	0	1.32238
$40,200	$18,750	98	36	0	.33852
$21,450	$12,000	98	381	0	-.75954
$21,900	$13,200	98	190	0	-.73318
$45,000	$21,000	98	138	0	.61962
$32,100	$13,500	98	67	0	-.13584
$36,000	$18,750	98	114	0	.09255
$21,900	$9,750	98	0	0	-.73318
$27,900	$12,750	98	115	0	-.38180
$24,000	$13,500	98	244	0	-.61020
$30,300	$16,500	98	143	0	-.24125
$28,350	$12,000	98	26	1	-.35545
$27,750	$14,250	98	34	1	-.39059
$35,100	$16,800	98	137	1	.03985
$27,300	$13,500	97	66	0	-.41694
$40,800	$15,000	97	24	0	.37366
$46,000	$14,250	97	48	0	.67818
$103,750	$27,510	97	70	0	4.06019
$42,300	$14,250	97	103	0	.46150
$26,250	$11,550	97	48	0	-.47843
$38,850	$15,000	97	17	0	.25946
$21,750	$12,750	97	315	1	-.74197
$24,000	$11,100	97	75	1	-.61020
$16,950	$9,000	97	124	1	-1.02307
$21,150	$9,000	97	171	1	-.77710
$31,050	$12,600	96	14	0	-.19733
$60,375	$27,480	96	96	0	1.52003
$32,550	$14,250	96	43	0	-.10949
$135,000	$79,980	96	199	0	5.89028
$31,200	$14,250	96	54	0	-.18855

(2) jamovi를 이용하여 표준점수 z를 구하는 방법

동일한 미국 근로자 자료를 jamovi 파일(employee.omv)로 불러와서 연봉(salary) 변수에 대한 표준점수를 구해보자. jamovi에서 표준점수를 구하기 위해서는 [Compute] 기능을 사용하는데 구체적인 절차는 다음과 같다. 결과에 대한 해석은 SPSS와 동일하기 때문에 여기서는 생략하기로 한다.

Data → Setup → New Computed variable → 변수이름 설정(가령, Zsalary) → function에서 z 선택 → z(원 변수 입력), 가령 Z(salary)

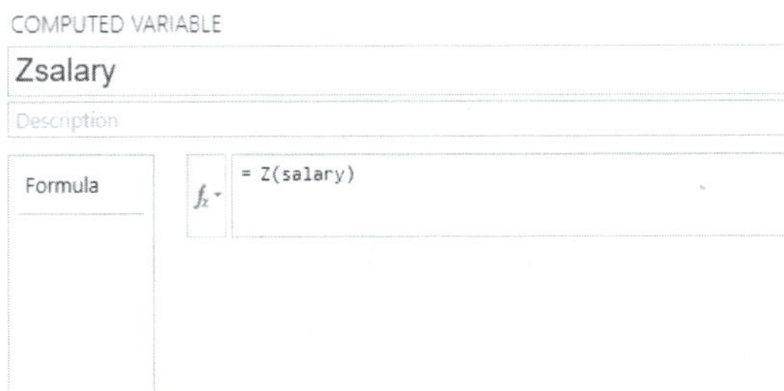

salary	sal...	job...	pre...	min...	Zsalary
57000	27000	98	144	No	1.322
40200	18750	98	36	No	0.339
21450	12000	98	381	No	-0.760
21900	13200	98	190	No	-0.733
45000	21000	98	138	No	0.620
32100	13500	98	67	No	-0.136
36000	18750	98	114	No	0.093
21900	9750	98	0	No	-0.733
27900	12750	98	115	No	-0.382
24000	13500	98	244	No	-0.610
30300	16500	98	143	No	-0.241
28350	12000	98	26	Yes	-0.355
27750	14250	98	34	Yes	-0.391
35100	16800	98	137	Yes	0.040
27300	13500	97	66	No	-0.417
40800	15000	97	24	No	0.374
46000	14250	97	48	No	0.678
103750	27510	97	70	No	4.060
42300	14250	97	103	No	0.462
26250	11550	97	48	No	-0.478
38850	15000	97	17	No	0.259
21750	12750	97	315	Yes	-0.742
24000	11100	97	75	Yes	-0.610
16950	9000	97	124	Yes	-1.023
21150	9000	97	171	Yes	-0.777
31050	12600	96	14	No	-0.197
60375	27480	96	96	No	1.520
32550	14250	96	43	No	-0.109
135000	79980	96	199	No	5.890
31200	14250	96	54	No	-0.189

2. 추리통계학의 기초

1) 추리통계의 개념

추리통계학은 연구대상인 모집단을 대표할 수 있는 표본을 조사하여 이를 토대로 연구대상의 특성에 대한 내용을 추론하는 통계기법이다. 이 추론의 과정에서 표본의 특성인 통계치(statistics)를 통해서 모집단의 특성인 모수(parameter)를 추정하는 것이다.

추리통계학은 크게 두 가지 형태로 나누어 볼 수 있는데, 우선, 모집단의 단일변수의 특성을 표본의 통계치를 통해서 추론하는 방법이다. 예를 들어, 우리나라 비정규직 근로자의 평균 소득(모집단의 모수)을 추론하기 위하여 비정규직 근로자 1,000명을 표본으로 선택한 다음 이들의 평균 소득(표본의 통계치)을 측정하고 95%의 신뢰수준을 가지고 전체 비정규직 근로자의 소득을 추정하는 방법이다.

다음으로 추리통계의 가장 기본적인 형태인 두 개 이상의 변수 간의 관계를 검정하는 가설검정기법에 사용된다. 다시 말해 모집단에서 추출한 표본을 분석하여 모집단의 특성을 나타내는 변수 간의 관계를 검정하는 데 사용하는 것이다. 가령, 우리나라 비정규직 근로자의 평균 소득이 남성과 여성 사이에 차이가 있는지를 조사하기 위하여 비정규직 근로자 남성 500명과 여성 500명을 무작위로 추출한 다음에 이들의 평균 소득에 유의미한 차이가 있는지를 살펴보는 것이다. 만약 표본 통계치를 통해서 살펴본 결과 95% 신뢰수준에서 성별에 따라 비정규직 근로자의 평균 소득에 유의미한 차이가 발견된다면 우리나라 전체 비정규직 근로자의 평균 소득에서도 성별에 따른 차이가 있을 것이라고 추론할 수 있다.

2) 추리통계에서의 표본오차(Sampling Error)

모집단과 표본의 관계에서 모집단을 대표할 수 있는 표본을 무작위 추출과 같은 정교한 방법으로 추출한다고 하여도 표본이 모집단과 완벽히 동일한 특성을 갖기는 어렵다. 이러한 차이가 발생하는 이유는 표본오차가 존재하기 때문이다. 간단히 말해서 모집단의 특성과 표본의 특성에서의 차이가 표본오차가 되는 것이다.

이러한 표본오차로 인하여 표본을 통해서 모집단의 특성을 추론하는 데 한계가 있는데, 이를 극복하고 좀 더 일반화하기 위해서는 표본평균들 분포를 활용하는 방법이 있다. 다시 말해 모집단에서 표본을 추출하는 과정을 1회가 아닌 여러 번 반복하여 추출된 표본평균들의 평균을 구하는 것이다. 예를 들어, 전국의 초등학생들의 하루 평균 모바일 게임 시간을 조사하기 위하여 500명의 표본을 추출한 다음 살펴보니 하루 평균 55분 정도였다. 연구대상인 초등학생들의 평균 모바일 게임 시간이 60분이라고 가정하면 처음 추출한 500명의 표본의 평균인 55분과는 5분 차이가 나는 것이다. 하지만 또 다른 500명의 무작위 표본을 추출하여 하루 평균 모바일 게임시간을 살펴보니 62분으로 2분 차이가 났다. 500명씩 100번 정도 반복해서 추출된 표본평균들의 평균값을 살펴보니 59.98분으로 모집단의 평균과 유사하게 나타나는 것을 확인할 수 있었다. 아마 500명의 표본을 100회 이상으로 무작위 추출한다면 표본평균들의 평균은 모집단의 평균과 같아지게 될 것이다.

통계학에서는 모집단의 분포형태와 관계없이 표본의 크기(최소 30 이상)가 크면 무한히 반복 추출된 표본평균들의 분포는 정규분포 형태를 갖게 되며, 표본평균들의 평균은 모집단의 평균과 같고 표본평균들의 표준편차는 모집단의 표준편차를 표본 수의 제곱근으로 나눈 값과 같게 되는데 이를 중심극한정리(central limit theorem)라고 한다(채구묵, 2014).

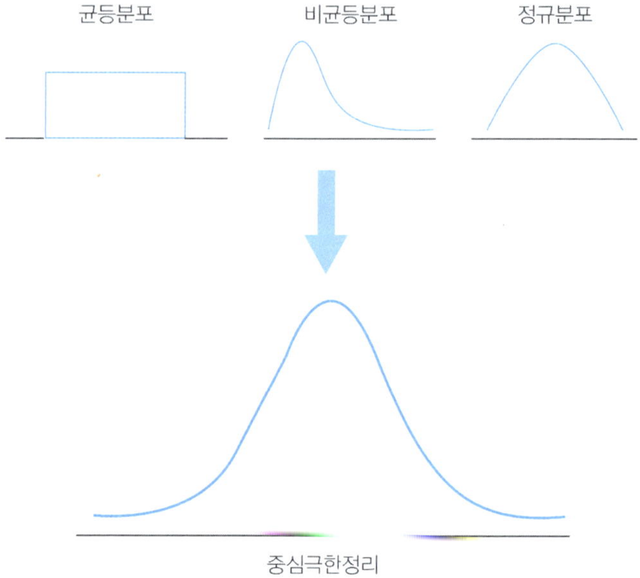

| 그림 4-1 | 모집단의 분포형태와 중심극한정리

위의 그림에서 보듯이 모집단의 자료 분포의 형태와 상관없이 최소 표본이 30명 이상이 되고 이를 무한히 반복측정하게 되면 표본평균들의 분포는 정규분포의 형태를 가지고 표본평균들의 평균은 모집단의 평균과 같게 된다. 하지만 그림에서와 같이 표본평균들의 표준편차는 모집단의 표준편차보다는 작게 나타나는데 이는 표본평균들의 분포가 정규분포를 이루고 있어 평균으로부터 각 관찰값까지 떨어진 정도가 모집단의 경우보다는 작다는 것을 의미한다.

3) 추리통계에서의 신뢰구간(Confidence Interval)

추리통계에서는 표본의 통계치로부터 모집단의 특성을 추론하는데 표본오차로 인해서 이를 명확하게 하나의 값으로 추정하는 것이 어렵다. 따라서 표본의 통계치, 가령 평균으로부터 모집단의 평균을 추정하고자 할 때는 특정한 값이 아니라 모집단의 평균을 포함할 수 있는 범위(range)인 신뢰구간(confidence interval)을 사용한다. 신뢰구간과 함께 많이 사용되는 표현이 신뢰수준(confidence level)이 있다. 신뢰수준은 모집단의 실제 모수값, 가령 평균값이 신뢰구간 안에 포함될 확률(probability)을 의미한다. 따라서 사회과학에서 많이 활용되는 95% 신뢰수준의 의미는 표본의 통계치를 통해서 살펴본 결과 모집단의 모수값(특성)이 95% 신뢰구간 안에 포함될 확률이 95%라는 의미이다. 100%에서 95% 신뢰수준을 제외한 나머지 5%는 표본오차가 된다. 신뢰구간을 구하는 공식은 다음과 같다.

$$CI_{95\%} = \overline{X} \pm Z_{0.05} \times SE$$

$\overline{X}$ = 표본평균
Z = 95% 신뢰수준(5% 유의수준)에서의 Z값
SE = 표준오차
$Z_{0.05} \times SE$ = 표본오차(sampling error)

위의 공식에서 보듯이 표본오차의 값은 95% 신뢰수준에서의 z값(1.96) 혹은 99% 신뢰수준에서의 z값(2.58)과 표준오차의 곱으로 그 크기가 정해진다. 따라서 표준오차의 값을 구하면 표본오차의 값을 간단히 구할 수 있다.

여기서 표준오차(standard error)는 모집단의 표준편차를 표본의 제곱근으로 나누어 구할 수 있는데, 일반적으로 표본크기가 커지면 표준오차는 줄어드는 형태로 나타난다. 표준오차와 표본수의 관계는 다음의 공식을 통해시 쉽게 확인할 수 있다. 표본크기와 표본오차 사이의 관계는 일반적으로 표본수가 증가할수록 표본오차(margin of error)가 줄어들어 모집단의 특성을 보다 더 잘 대표할 수 있게 된다.

$$SE = \frac{sd(\text{population})}{\sqrt{n(\text{sample})}}$$

모집단의 자료분포에서 표준편차가 200이라고 가정할 때 표본수의 변화(n=25에서 n=100으로 증가하는 경우)에 따른 표준오차의 차이를 살펴보면 다음과 같다.

$$SE = \frac{200}{\sqrt{25}}(=40) \quad \text{vs.} \quad SE = \frac{200}{\sqrt{100}}(=20)$$

신뢰구간을 구하는 과정을 예시를 통해서 살펴보면 다음과 같다. 사회서비스 기관을 이용하는 2,000명의 클라이언트를 연구의 모집단으로 하여 사회복지서비스에 대한 이들의 만족도를 조사한다고 가정하자. 우선 모집단으로부터 200명의 클라이언트를 표본으로 무작위 추출하여 사회복지서비스에 대한 만족도 평균점수를 살펴보니 평균이 40($\overline{X}$ = 40)이고 표본의 표준오차 값이 0.5(SE = 0.5)였다. 이 경우 표본의 통계치를 통해서 95% 신뢰수준으로 연구 모집단인 2,000명의 클라이언트의 서비스에 대한 평균 만족도 점수를 신뢰구간을 통해서 확인할 수 있다. 신뢰구간의 범위를 구하기 위해서는 하한값과 상한값을 구해야 한다.

하한값(Lower limit) :

$$CI_{95\%} = \overline{X} - Z_{0.05} \times SE = 40 - 1.96 \times 0.5 = 39.02$$

상한값(Upper limit) :

$$CI_{95\%} = \overline{X} + Z_{0.05} \times SE = 40 + 1.96 \times 0.5 = 40.98$$

신뢰구간은 하한값과 상한값의 범위이므로,

$$39.02 \leq CI_{95\%} \leq 40.98$$

95% 신뢰수준에서 신뢰구간의 해석은 다음과 같다. "200명의 표본에 대한 클라이언트 서비스 만족도 점수에 기초하여, 우리는 95% 확신을 갖고 모집단의 클라이언트의 서비스 만족도 점수가 39.02에서 40.98 사이에 있다고 할 수 있다."

이번에는 똑같은 200명의 표본에 대해서 99% 신뢰구간(1% 유의수준)을 구한다면 다음과 같다.

하한값(Lower limit) :

$$CI_{99\%} = \overline{X} - Z_{0.01} \times SE = 40 - 2.58 \times 0.5 = 38.71$$

상한값(Upper limit) :

$$CI_{99\%} = \overline{X} + Z_{0.01} \times SE = 40 + 2.58 \times 0.5 = 41.29$$

신뢰구간은 하한값과 상한값의 범위이므로,

$$38.71 \leq CI_{99\%} \leq 41.29$$

99% 신뢰구간에 대한 해석도 유사하다. 즉, "200명의 표본에 대한 클라이언트 서비스 만족도 점수에 기초하여, 우리는 99% 확신을 갖고 모집단의 클라이언트의 서비스 만족도 점수가 38.71에서 41.29 사이에 있다고 할 수 있다." 여기서 신뢰수준을 95%에서 99%로 하면 신뢰구간이 더 넓어져 모집단의 평균을 포함시킬 확률이 커진다는 것을 확인할 수 있다.

4) 추리통계에서의 가설검정

추리통계에서의 가설검정은 연구대상인 모집단의 특성에 대해 연구자가 가설을 설정하고, 가설의 검정을 위해 모집단으로부터 표본을 추출하여 모집단의 특성을 나타내는 변수들 간의 관계를 검정하게 된다. 예를 들어, 연구자가 한국의 성인 2,000만 명에 대해 남녀 간에 우울감에 차이가 있는지를 조사할 경우 모집단을 대표할 수 있는 성인 표본 2,000명을 추출하여 성별에 따른 우울감의 차이를 검정할 수 있다.

(1) 가설의 형태

가설은 크게 영가설(null hypothesis)과 연구가설(research hypothesis)의 2종류로 분류된다. 우선 영가설은 귀무가설이라고도 하는데, 두 개 이상의 모집단 또는 변수 간에 차이가 없다 혹은 독립변수가 종속변수에 영향을 미치지 않는다고 가정한다. 가령, 성인 남성과 여성의 우울감에는 차이가 없다 혹은 동일하다고 가정한다. 또 다른 예로 소득수준(독립변수)은 우울감(종속변수)에 영향을 미치지 않는다고 가정하는 것도 영가설의 형태이다.

$$H_0 : \mu_1 = \mu_2$$

H_0: 영가설

μ_1: 첫 번째 모집단의 평균(예 성인 남성의 평균 우울점수)

μ_2: 두 번째 모집단의 평균(예 성인 여성의 평균 우울점수)

다음으로 연구가설은 영가설과 반대의 형태로 가설을 설정하는 것으로 종종 대립가설(alternative hypothesis)이라고도 불린다. 즉, 두 개 이상의 모집단 또는 변수 간에 차이가 있다 또는 독립변수가 종속변수에 영향을 미친다고 가정한다. 위의 예시를 통해서 연구가설을 세우면 성인 남성과 여성의 우울감은 같지 않다 혹은 유의미한 차이가 있다고 가정한다. 또 다른 예의 경우 소득수준은 우울감에 유의미한 영향을 미친다고 가정하는 것이 연구가설의 형태이다. 따라서 연구가설의 검정은 영가설의 기각과 채택 여부에 따라 결정되는데, 영가설이 기각되었을 때 연구가설에서의 변수들 간의 관계를 주장할 수 있다.

$$H_1 : \mu_1 \neq \mu_2$$

H_1: 연구가설

μ_1: 첫 번째 모집단의 평균(예 성인 남성의 평균 우울점수)

μ_2: 두 번째 모집단의 평균(예 성인 여성의 평균 우울점수)

연구가설은 연구자가 변수들 간의 관계의 방향을 사전에 설정하느냐 혹은 하지 않느냐에 따라서 단측검정(one-tailed test)과 양측검정(two-tailed test)의 형태로도 분류될 수 있다. 예를 들어, 연구자가 기존의 이론과 선행연구들을 검토해 보니 남성보다는 여성의 우울수준이 평균적으로 높다는 근거를 발견했다면 연구가설의 형태는 '성인 여성의 우울수준은 남성보다는 높을 것'이라는 단측검정의 형태로 가설을 세울 수 있다. 하지만 기존 이론과 선행연구들을 통해서 살펴보니 성별에 따른 우울감의 차이는 있으나 방향성이 명확하지 않다면 '성별에 따라서 우울감에는 유의미한 차이가 있을 것'이라는 양측검정의 형태로 가설을 세울 수 있다.

(2) 유의수준(significance level)과 임계치(critical value)

가설검정은 영가설의 기각을 통해서 연구가설을 증명하는 형태로 이루어지는데, 그렇다면 영가설의 기각 여부는 무엇을 기준으로 할 수 있는가라는 질문을 할 수 있다. 다시 말해 표본에서 변수들 간의 관계가 어느 정도 차이가 있을 때 모집단에서도 그 변수들 간의 차이가 있다고 할 수 있는가 그리고 그 차이가 통계적으로 유의미한 차이인가 아니면 단순히 표본오차로 인해 나타난 결과인가를 구분할 수 있는 기준이 필요하다.

여기서 변수들 간의 차이가 없다는 영가설을 기각하고 두 변수들 간의 관계가 유의미한 차이가 나는지 여부를 결정하는 기준이 되는 값을 유의수준(significance level)이라고 하며 알파(alpha, α)로 표시한다. 다시 말해 가설에서 변수들 간의 관계들이 실제적 차이가 아니라 우연히 혹은 표본오차에 의해서 발생될 확률인지 아닌지를 판단하는 기준점이다(Weinbach & Grinnell, 2004).

일반적으로 사회과학에서는 유의수준을 5%(α = 0.05)로 설정하는데 이것은 가설검정에서 용납될 수 있는 오류의 정도를 5% 미만으로 한다는 것을 의미한다. 유의수준은 1(100%) − 신뢰수준으로도 표현되는데 95% 신뢰수준인 경우에 100% −95%로 유의수준은 5%를 의미한다. 통계분석에서 통계적 유의도의 검정은 통계분석 시 나온 p-value(실제 오류 값)를 유의수준, α(허용된 오류 값)와 비교하여 결정하게 되는데 결정방식은 다음과 같다.

① p값이 유의수준(α)보다 작은 경우, 영가설을 기각함(가령, 95% 신뢰수준에서 $p<.05$).
② p값이 유의수준(α)보다 큰 경우, 영가설을 기각하지 못함(가령, 95% 신뢰수준에서 $p>.05$).

한편 주어진 유의수준에서 영가설의 채택과 기각에 관련된 결정을 할 때 기준이 되는 점을 임계치(critical value)라 하는데, 유의수준 5%에서의 임계치 값은 ±1.96(양측검정), ±1.65(단측검정)이다. 통계분석을 통해서 구해진 z값(t값의 경우 표본수가 커지면 z값과 동일하게 나타남)이 유의수준 5%에서의 임계치의 절대값인 $|1.96|$보다 큰 경우에는 영가설을 기각하고 연구가설의 통계적 유의도를 주장할 수 있다.

예를 들어서, 연구자가 '성별에 따라서 우울감에는 유의미한 차이가 있을 것'이라는 양측검정의 가설을 검정하기 위해 통계분석을 하였더니 z값이 2.67로 유의수준 5%에서의 임계치 값이 1.96보다 큰 경우에는 '성별에 따라서 우울감에는 차이가 없다'라는 영가설을 기각할 수 있고, 이는 성별 간의 우울감에는 유의미한 차이가 있다는 것을 의미한다. 다음 **그림 4-2** 가 우울감 성별 평균점수의 차이 값들의 분포라고 하면 z=2.67은 1.96보다 큰 값으로 영가설의 기각영역(region of rejection)에 위치하게 된다. 이는 다른 말로 하면 $p<.05$로 성별에 따른 우울감의 차이는 표본오차로 인한 것이 아니라 실제적인 유의미한 차이라고 주장할 수 있다.

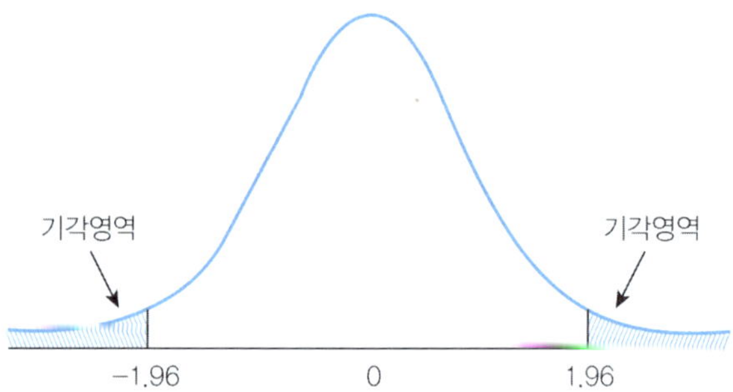

그림 4-2 **양측검정(two-tailed test)**

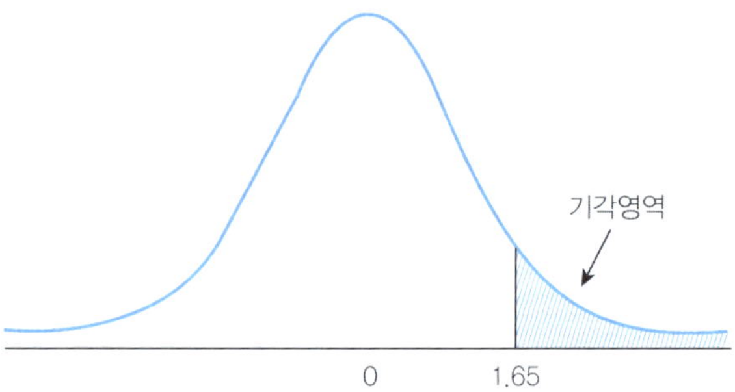

그림 4-3 **단측검정(one-tailed test)**

다음으로 **그림 4-3** 의 경우는 단측검정 시 유의수준 5%에서의 임계치 값 1.65를 보여주고 있다. 예를 들어, '성인 여성의 우울수준은 남성보다는 높을 것'이라는 단측검정을 위해 통계분석을 하였더니 z값이 2.78로 나왔다고 하면 단측검정에서 유의수준 5% 임계치인 1.65보다 큰 값으로 그림에서 영가설의 기각영역에 놓이게 된다. 다시 말해 $p<.05$로 성인 여성의 우울수준이 남성보다 유의미하게 높다는 것은 표본오차로 인한 것이 아니라 실제적인 차이라는 것을 의미한다.

5) 변수의 속성에 따른 통계기법

변수는 통계분석의 기본 단위로서 통계분석을 위해 변수의 속성을 알아두는 것은 매우 중요하다. 왜냐하면 변수가 어떤 특성을 가졌느냐에 따라 어떤 통계기법을 사용해야 하는지가 결정되기 때문이다. 따라서 실제 연구에서는 자료수집을 위한 설문지(survey) 개발의 단계에서부터 변수의 속성을 고려하여야 하고 이후 자료입력과 분석까지 일관성 있게 변수들이 사용되는 것이 바람직하다. 변수의 속성은 크게 명목, 서열, 등간 그리고 비율변수로 구분되는데 주요 내용을 간단히 살펴보면 다음과 같다.

(1) 명목변수(nominal variable)

어떤 사물의 속성을 질적인 특성에 의해 상호 배타적인 몇 개의 카테고리로 나눌 수 있을 뿐 그 범주를 서열이나 수치로 나타낼 수 없는 변수를 명목변수라고 한다. 대표적인 예로 성별, 직업, 종교 등이 있다.

(2) 서열변수(ordinal variable)

어떤 사물의 속성을 상호 배티적인 몇 개의 범주로 나눌 수 있고 범주 간의 서열을 측정할 수 있을 때 이를 서열변수라고 한다. 가령, 스스로 자신의 건강상태를 어떻게 생각하는가? 라는 질문에 대하여 '① 매우 좋다 ② 좋다 ③ 보통이다 ④ 나쁘다 ⑤ 매우 나쁘다'라고 순위를 매겨서 코딩을 하면 숫자가 높을수록 자신의 건강상태를 나쁘게 인식하는 것으로 해석할 수 있다.

(3) 등간변수(interval variable)

어떤 변수의 범주 간의 순서뿐만 아니라 범주 간의 간격이 동일하다는 것을 알 수 있을 때 이를 등간변수라 한다. 예를 들어, 온도가 40도에서 41도 사이의 1도 차이는 온도가 50도에서 51도 사이의 1도 차이와 동일한 간격이라고 전제되기 때문에 온도의 경우 등간변수가 된다.

(4) 비율변수(ratio variable)

변수의 범주 사이의 간격이 등간격일 뿐만 아니라 범주 간에 몇 배나 큰가 또는 몇 배나 작은가를 측정할 수 있는 변수를 비율변수라고 하는데, 이것이 가능한 이유는 절대영점(true zero)을 가지고 있기 때문이다. 실제 사람들의 월 소득과 같은 원 자료가 비율변수에 해당하는데 여기서 '0'의 의미는 월 소득이 실제로 없다는 것을 의미한다.

통계분석의 방법들은 변수의 속성들에 따라서 다르게 적용되는데 주요 내용을 요약하면 다음의 표와 같다.

〈표 4-1〉 **변수의 속성에 따른 통계분석 방법**

구분	비연속형 변수(명목, 서열)	연속형 변수(등간, 비율)
비연속형 변수 (명목, 서열)	• 카이스퀘어 검정 • 상관관계분석 : 파이, 람다, 스페어만 등 • 비모수통계 : Mann-Whitney 검정, Wilcoxon 검정, Kruskal-Wallis 검정 등	• 로지스틱 회귀분석 • 판별분석(종속변수가 범주형인 경우)
연속형 변수 (등간, 비율)	• t검정(2집단 비교 시) • 분산분석(3집단 이상 비교 시)	• 상관관계분석 : 피어슨 상관관계 • 회귀분석

05
CHAPTER

추리통계 분석

1. 교차분석과 카이제곱검정
2. 평균차이 검정 : t 검정
3. 분산분석
4. 비모수 통계분석
5. 상관관계 분석
6. 척도의 신뢰도 분석
7. 회귀분석
8. 매개 및 조절효과 분석
9. 로지스틱 회귀분석

05 CHAPTER

추리통계 분석

1. 교차분석과 카이제곱검정

1) 주요 개념 및 원리

교차분석은 두 개 이상의 비연속형 변수들에 대한 빈도분석을 동시에 실시하는 방법이다. 예를 들어, 교차분석을 통해 성별에 따른 종교분포와 같이 두 개 이상의 명목변수들의 빈도와 관계를 동시에 보여줄 수 있다.

카이제곱검정(χ^2)은 교차분석에서 사용된 비연속형 변수들 사이의 관계가 통계적으로 유의미한지를 검정하는 방법이다. 가령, 총 100명의 표본을 대상으로 2030세대(20~30대)와 5060세대(50~60대)별로 기본소득에 대한 찬성과 반대 여부를 조사하면 다음과 같이 2×2 교차분석표(contingency table)를 구할 수 있다.

(n=100)

구분	2030세대	5060세대	전체
기본소득 찬성	30	20	50
기본소득 반대	20	30	50
전체	50	50	100

세대별로 기본소득 찬반 여부에 유의미한 차이가 있는지를 카이제곱검정을 통해서 살펴볼 수 있는데, 이를 위한 첫 번째 조건은 검정을 하고자 하는 변수들은 상호 독립적이어야 한다는 것이다. 다시 말해 2030세대와 5060세대는 각각 상호 독립적이고, 기본소득에 대한 찬성집단과 반대집단 역시 상호 독립적인 집단이어야 한다. 다음으로 위의 교차분석표에서 관측빈도가 0 또는 1인 셀이 많은 경우, 즉 응답을 하지 않았거나 응답이 적은 경우에는 카이검정을 정확하게 실시

할 수 없다. 일반적으로 기대빈도가 5 미만인 셀이 많을 때는 카이제곱검정을 사용하는 데 주의를 기울일 필요가 있다.

카이제곱검정의 기본적인 원리는 이론적 계산에 의한 기대빈도와 실제 관측빈도 간의 차이에 의해서 검정된다. 카이제곱검정을 위한 영가설과 연구가설의 형태는 다음과 같다.

$$H_0 : \text{어떤 셀의 기대빈도} = \text{관측빈도}$$
$$H_1 : \text{어떤 셀의 기대빈도} \neq \text{관측빈도}$$

여기서 관측빈도는 실제 각 셀에 해당하는 관측빈도수이고, 기대빈도는 다음의 공식을 통해서 구해지는 이론적으로 기대되는 빈도를 의미한다.

$$\text{기대빈도} = \frac{(\text{행의 합계})\times(\text{열의 합계})}{\text{전체 합계}}$$

카이제곱검정은 각 셀의 관측빈도와 기대빈도의 차이를 제곱한 값을 해당 셀의 기대빈도로 나눈 값들의 총합으로 나타난다.

$$\chi^2 = \frac{(\text{셀1의 관측빈도} - \text{기대빈도})^2}{\text{셀1의 기대빈도}} + \frac{(\text{셀2의 관측빈도} - \text{기대빈도})^2}{\text{셀2의 기대빈도}} + \ldots$$

위에서 살펴본 예를 통해서 카이제곱검정을 구하면 다음과 같다. 우선 기대빈도를 계산하면 다음과 같다.

$$\text{기대빈도} = \frac{(\text{행의 합계})\times(\text{열의 합계})}{\text{전체 합계}} = \frac{50\times50}{100} = 25$$

기대빈도를 관측빈도와 함께 표에 제시하면 다음과 같다.

(n=100)

구분	2030세대		5060세대		전체
	관측	기대	관측	기대	
기본소득 찬성	30	25	20	25	50
기본소득 반대	20	25	30	25	50
전체	50		50		100

카이제곱검정을 위하여 각 셀의 관측빈도에서 기대빈도를 뺀 값을 제곱한 후 기대빈도를 나눈 후 각 셀에 해당하는 값들을 합산하여 카이제곱 값을 구한다.

$$x^2 = \frac{(30-25)^2}{25} + \frac{(20-25)^2}{25} + \frac{(20-25)^2}{25} + \frac{(30-25)^2}{25} = 4$$

위의 예시에서 영가설은 '세대별로 기본소득의 찬반 여부에는 차이가 없다'이고 연구가설은 '세대별로 기본소득의 찬반 여부에 차이가 있다'는 것이다. 이를 검정하기 위하여 계산한 관측된 카이제곱검정 값이 4라고 하면, 2×2 교차분석 시 임계치 값과 비교하여 큰 경우에 영가설이 기각된다. 다시 말해 세대와 기본소득 찬반 여부라는 두 명목변수 사이에 유의미한 관계가 있다고 해석할 수 있다.

카이제곱검정 시 임계치 값은 자유도에 따라 달라지는데 여기서 자유도(df)는 (행(row)의 수 − 1) × (열(column)의 수 − 1)로 2×2 교차분석 표에서 df = (2−1) × (2−1) = 1이 된다. 95% 신뢰수준에서 자유도 1에 해당하는 카이제곱 값의 임계치(Critical x^2)는 3.841로 다음 **〈표 5-1〉**을 참고하면 쉽게 확인할 수 있다. 여기서는 세대별로 기본소득의 찬반 여부의 카이제곱 값은 4로 임계치인 3.84보다 큰 값으로 영가설을 기각할 수 있다. 다음 그림에서 빗금 친 영역이 임계치보다 큰 값들이 분포하는 영가설의 기각영역인데, 관측된 카이제곱 값이 이 기각영역에 놓인다는 것은 $p<.05$로 영가설을 기각할 수 있다는 의미이다.

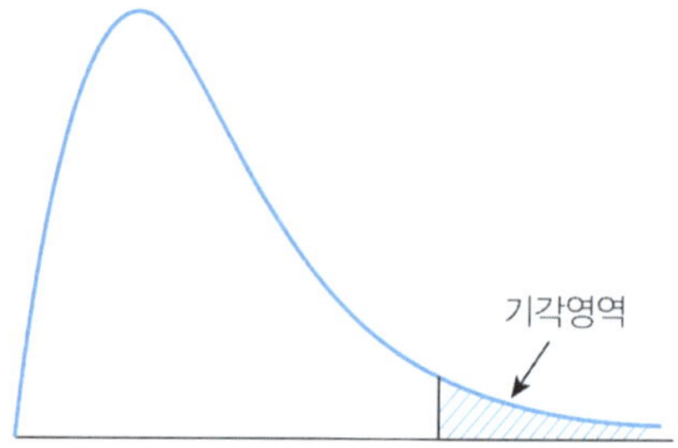

| 그림 5-1 | 카이제곱 분포

〈표 5-1〉 자유도에 따른 카이제곱 값 분포표(임계치의 우측영역)

자유도	0.995	0.975	0.05	0.025	0.01	0.005
1	0.0000393	0.000982	3.841	5.024	6.635	7.879
2	0.01	0.0506	5.991	7.378	9.21	10.597
3	0.0717	0.216	7.815	9.348	11.345	12.838
4	0.207	0.484	9.488	11.143	13.277	14.86
5	0.412	0.831	11.07	12.833	15.086	16.75
6	0.676	1.237	12.592	14.449	16.812	18.548
7	0.989	1.69	14.067	16.013	18.475	20.278
8	1.344	2.18	15.507	17.535	20.09	21.955
9	1.735	2.7	16.919	19.023	21.666	23.589
10	2.156	3.247	18.307	20.483	23.209	25.188
11	2.603	3.816	19.675	21.92	24.725	26.757
12	3.074	4.404	21.026	23.337	26.217	28.3
13	3.565	5.009	22.362	24.736	27.688	29.819
14	4.075	5.629	23.685	26.119	29.141	31.319
15	4.601	6.262	24.996	27.488	30.578	32.801
16	5.142	6.908	26.296	28.845	32	34.267
17	5.697	7.564	27.587	30.191	33.409	35.718
18	6.265	8.231	28.869	31.526	34.805	37.156
19	6.844	8.907	30.144	32.852	36.191	38.582
20	7.434	9.591	31.41	34.17	37.566	39.997
21	8.034	10.283	32.671	35.479	38.932	41.401
22	8.643	10.982	33.924	36.781	40.289	42.796
23	9.26	11.689	35.172	38.076	41.638	44.181
24	9.886	12.401	36.415	39.364	42.98	45.559
25	10.52	13.12	37.652	40.646	44.314	46.928
26	11.16	13.844	38.885	41.923	45.642	48.29
27	11.808	14.573	40.113	43.195	46.963	49.645
28	12.461	15.308	41.337	44.461	48.278	50.993
29	13.121	16.047	42.557	45.722	49.588	52.336
30	13.787	16.791	43.773	46.979	50.892	53.672

2) SPSS와 jamovi를 통한 분석 및 해석

지금까지 교차분석의 개념과 교차분석에 대한 통계적 유의도 검정방법인 카이제곱검정에 대하여 살펴보았다. 이제는 SPSS와 jamovi를 활용하여 교차분석 및 통계적 유의도 검정방법에 대해서 살펴보기로 한다.

(1) SPSS를 통한 교차분석

교차분석 실습을 위해서 청소년에 관한 자료(청소년.sav)를 활용해 보자. 이 자료에서 가족분위기(Family)와 부모님과의 대화형태(Comm) 사이의 관계를 교차분석을 통해서 분석해 보기로 한다. SPSS에서 교차분석의 절차는 다음과 같다.

메뉴 → 분석 → 기술통계량 → 교차분석

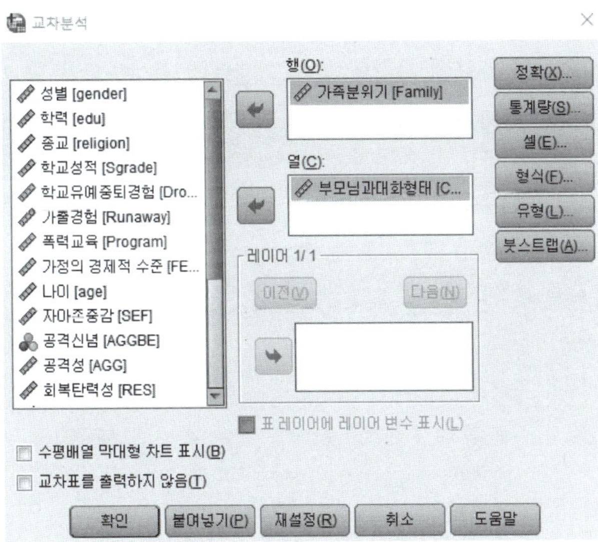

여기서는 가족분위기를 행(Row)에, 부모님과 대화형태를 열(Column)에 설정하였지만 반대로 설정하여도 크게 문제되지는 않는다. 다음으로 [통계량]을 클릭하여 교차분석에 대한 통계적 유의도 검정을 위하여 □카이제곱을 체크한다.

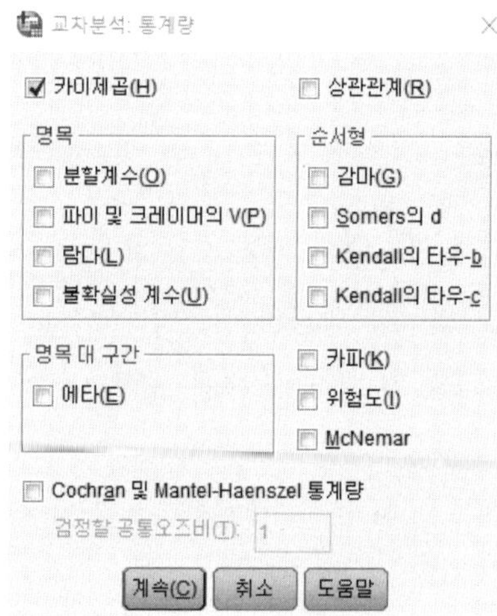

추가적으로 교차분석 표에 각각의 셀에 퍼센트를 표시하고자 할 때는 [셀] 옵션을 선택하여 [퍼센트]에서 □행, □열, 혹은 □전체에 체크를 해준다.

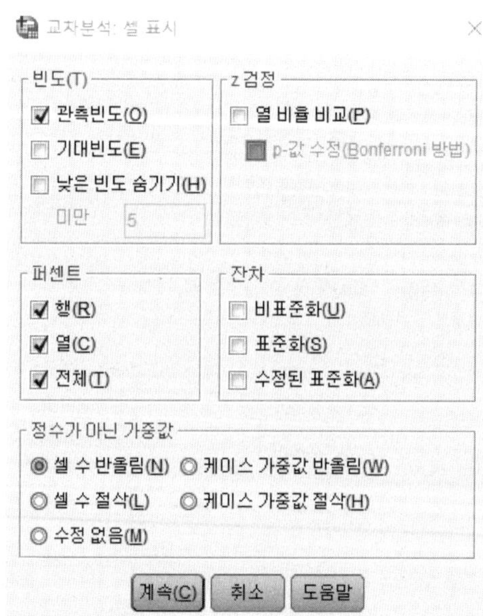

계속을 누르고 확인을 누르면 가족분위기와 부모님과의 대화형태의 교차표와 카이제곱검정 결과값이 다음과 같이 출력된다.

가족분위기 * 부모님과대화형태 교차표

			부모님과대화형태					
			서로 주고 받는다	주로 내가 한다	부모님이 주로 한다	거의 하지 않는다	기타	전체
가족분위기	전혀 화목하지 않다	빈도	2	0	0	3	0	5
		가족분위기 중 %	40.0%	0.0%	0.0%	60.0%	0.0%	100.0%
		부모님과대화형태 중 %	0.7%	0.0%	0.0%	5.5%	0.0%	1.0%
		전체 중 %	0.4%	0.0%	0.0%	0.6%	0.0%	1.0%
	화목하지 않다	빈도	7	3	15	11	0	36
		가족분위기 중 %	19.4%	8.3%	41.7%	30.6%	0.0%	100.0%
		부모님과대화형태 중 %	2.6%	10.0%	10.3%	20.0%	0.0%	7.1%
		전체 중 %	1.4%	0.6%	3.0%	2.2%	0.0%	7.1%
	보통	빈도	50	15	55	33	3	156
		가족분위기 중 %	32.1%	9.6%	35.3%	21.2%	1.9%	100.0%
		부모님과대화형태 중 %	18.5%	50.0%	37.7%	60.0%	75.0%	30.8%
		전체 중 %	9.9%	3.0%	10.9%	6.5%	0.6%	30.8%
	화목하다	빈도	126	10	63	7	1	207
		가족분위기 중 %	60.9%	4.8%	30.4%	3.4%	0.5%	100.0%
		부모님과대화형태 중 %	46.5%	33.3%	43.2%	12.7%	25.0%	40.9%
		전체 중 %	24.9%	2.0%	12.5%	1.4%	0.2%	40.9%
	매우 화목하다	빈도	86	2	13	1	0	102
		가족분위기 중 %	84.3%	2.0%	12.7%	1.0%	0.0%	100.0%
		부모님과대화형태 중 %	31.7%	6.7%	8.9%	1.8%	0.0%	20.2%
		전체 중 %	17.0%	0.4%	2.6%	0.2%	0.0%	20.2%
전체		빈도	271	30	146	55	4	506
		가족분위기 중 %	53.6%	5.9%	28.9%	10.9%	0.8%	100.0%
		부모님과대화형태 중 %	100.0%	100.0%	100.0%	100.0%	100.0%	100.0%
		전체 중 %	53.6%	5.9%	28.9%	10.9%	0.8%	100.0%

위의 표에 대한 해석방법은 행, 열, 혹은 전체 기준에 따라서 다르게 할 수 있다. 가령, 행을 기준으로 해석하면 가족분위기가 '화목하다'고 응답한 사람들 중에 부모님과의 대화형태가 '서로 주고 받는다'인 경우가 126명으로 60.9%이다. 같은 정보이지만 열을 기준으로 해석하면 부모님과의 대화형태가 '서로 주고 받는다'인 경우에 있어서 가족분위기가 '화목하다'라고 응답한 사람이 126명으로 46.5%가 된다. 마지막으로 전체 대상자(n=506)를 기준으로 살펴보면 가족분위기가 화목하면서 부모님과의 대화형태도 서로 주고 받는 경우가 전체 506명 가운데 126명으로 24.9%를 차지한다고 설명할 수 있다.

교차분석에 대한 통계적 유의도 검정결과는 카이제곱검정 결과를 통해서 살펴볼 수 있다. Pearson 카이제곱 값이 126.843으로 자유도 16을 기준으로 봤을 때 $p<.001$로 통계적으로 유의하다는 것을 알 수 있다. 이는 가족분위기에 따라 부

모님과의 대화형태에 차이가 없다는 영가설(H_0)을 기각할 수 있고 결론적으로 가족분위기에 따라 부모님과의 대화형태에 유의미한 차이가 있다고 할 수 있다.

카이제곱 검정

	값	자유도	근사 유의확률 (양측검정)
Pearson 카이제곱	126.843[a]	16	.000
우도비	130.309	16	.000
선형 대 선형결합	92.214	1	.000
유효 케이스 수	506		

a. 11 셀 (44.0%)은(는) 5보다 작은 기대 빈도를 가지는 셀입니다. 최소 기대빈도는 .04입니다.

추가적으로 세 개의 비연속형 변수들 간의 관계를 하나의 교차표로 보여주고 싶을 때는 교차분석 시 [레이어] 기능을 활용한다. 본 예시에서 가족분위기와 부모님과의 대화형태 사이의 관계를 성별로 살펴보고자 할 때 성별(gender) 변수를 레이어 창으로 이동시키면 세 변수들에 대한 교차분석 및 카이제곱검정이 동시에 이루어진다.

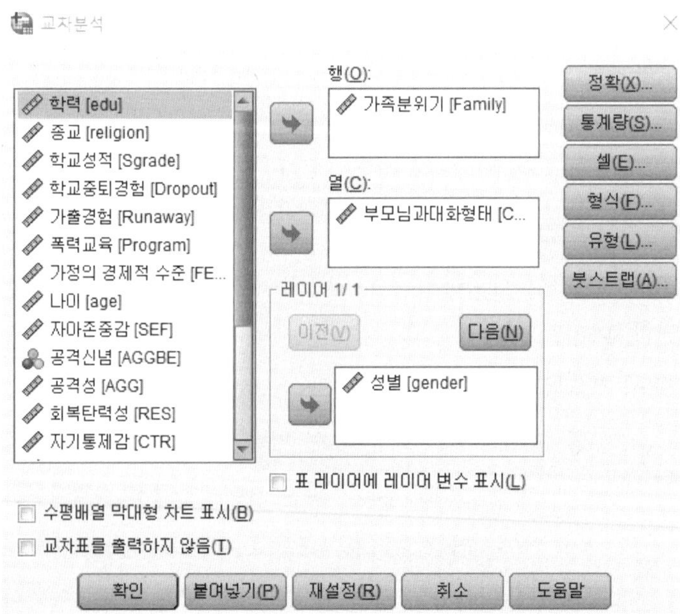

[셀]은 □전체에만 체크하고, [통계량]에서 □카이제곱을 체크한 후 분석결과를 살펴보면 다음과 같다. 케이스 처리 요약 결과는 전체 표본 수와 결측값의 정보를 보여주는데 본 예시에서는 3개의 결측값이 존재함을 알 수 있다.

케이스 처리 요약

	케이스					
	유효		결측		전체	
	N	퍼센트	N	퍼센트	N	퍼센트
가족분위기 * 부모님과대화형태 * 성별	506	99.4%	3	0.6%	509	100.0%

다음으로 가족분위기, 부모님과의 대화형태, 그리고 성별 간의 교차표는 레이어로 설정한 성별로 가족분위기와 부모님과의 대화형태의 관계가 표시됨을 알 수 있다.

가족분위기 * 부모님과대화형태 * 성별 교차표

				부모님과대화형태					
성별				서로 주고 받는다	주로 내가 한다	부모님이 주로 한다	거의 하지 않는다	기타	전체
남자	가족분위기	전혀 화목하지 않다	빈도	1	0	0	3	0	4
			전체 중 %	0.2%	0.0%	0.0%	0.7%	0.0%	0.9%
		화목하지 않다	빈도	7	1	15	9	0	32
			전체 중 %	1.6%	0.2%	3.5%	2.1%	0.0%	7.4%
		보통	빈도	41	13	48	29	2	133
			전체 중 %	9.5%	3.0%	11.1%	6.7%	0.5%	30.8%
		화목하다	빈도	101	7	60	6	1	175
			전체 중 %	23.4%	1.6%	13.9%	1.4%	0.2%	40.5%
		매우 화목하다	빈도	74	1	12	1	0	88
			전체 중 %	17.1%	0.2%	2.8%	0.2%	0.0%	20.4%
	전체		빈도	224	22	135	48	3	432
			전체 중 %	51.9%	5.1%	31.3%	11.1%	0.7%	100.0%
여자	가족분위기	전혀 화목하지 않다	빈도	1	0	0	0	0	1
			전체 중 %	1.4%	0.0%	0.0%	0.0%	0.0%	1.4%
		화목하지 않다	빈도	0	2	0	2	0	4
			전체 중 %	0.0%	2.7%	0.0%	2.7%	0.0%	5.4%
		보통	빈도	9	2	7	4	1	23
			전체 중 %	12.2%	2.7%	9.5%	5.4%	1.4%	31.1%
		화목하다	빈도	25	3	3	1	0	32
			전체 중 %	33.8%	4.1%	4.1%	1.4%	0.0%	43.2%
		매우 화목하다	빈도	12	1	1	0	0	14
			전체 중 %	16.2%	1.4%	1.4%	0.0%	0.0%	18.9%
	전체		빈도	47	8	11	7	1	74
			전체 중 %	63.5%	10.8%	14.9%	9.5%	1.4%	100.0%

카이제곱검정 결과 역시 성별로 구분해서 표시되는데 본 예시에서는 남자와 여자 청소년 집단 모두에서 가족분위기와 부모님과의 대화형태가 통계적으로 유의미한 관계를 보여주었다.

카이제곱 검정

성별		값	자유도	근사 유의확률 (양측검정)
남자	Pearson 카이제곱	115.574[b]	16	.000
	우도비	115.126	16	.000
	선형 대 선형결합	79.616	1	.000
	유효 케이스 수	432		
여자	Pearson 카이제곱	32.364[c]	16	.009
	우도비	30.762	16	.014
	선형 대 선형결합	12.998	1	.000
	유효 케이스 수	74		
전체	Pearson 카이제곱	126.843[a]	16	.000
	우도비	130.309	16	.000
	선형 대 선형결합	92.214	1	.000
	유효 케이스 수	506		

(2) jamovi를 통한 교차분석

SPSS에서 사용된 청소년 자료의 jamovi 버전 파일(청소년.omv)을 가지고 jamovi를 통한 교차분석을 실행해 보자. 분석의 절차는 다음과 같다.

Frequencies → Contingency Tables: Independent Samples χ^2 test of association

[Contingency Tables] 창에서 [Rows]에는 가족분위기(Family)를, [Columns]에는 부모님과의 대화형태(Comm)를 설정한다. [Statistics]를 클릭해 보면 카이제곱검정이 초기설정으로 체크되어 있음을 볼 수 있다. 따라서 행과 열에 해당 변수를 설정만 하면 결과창에 교차표와 함께 카이제곱검정 결과 값이 동시에 출력된다.

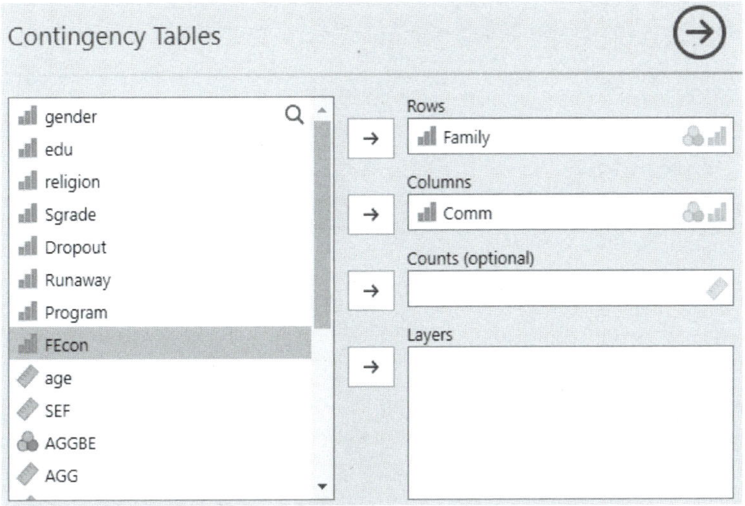

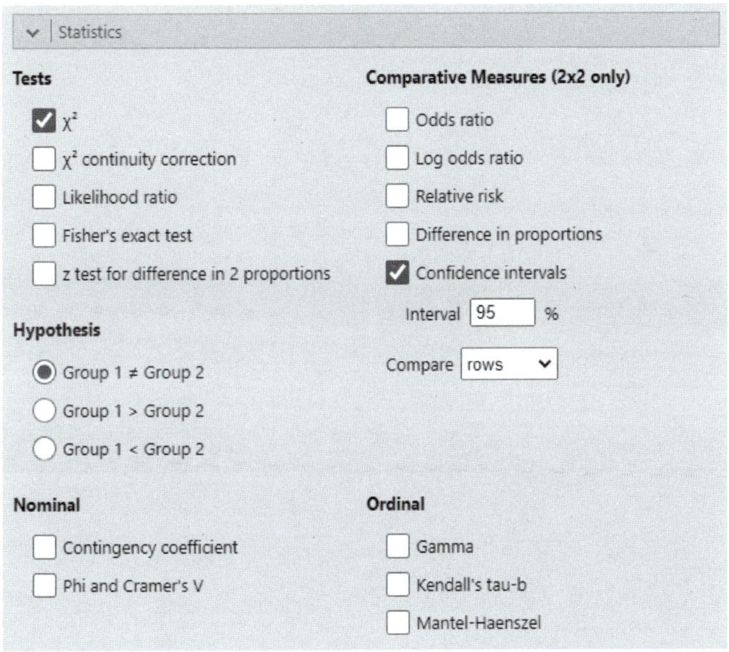

그리고 [Cells] 옵션에서는 SPSS와 마찬가지로 행(Row), 열(Column), 그리고 전체(Total)를 선택할 수 있다. 교차표와 카이제곱검정 결과에 대한 해석은 SPSS와 동일하기 때문에 설명은 생략하기로 한다.

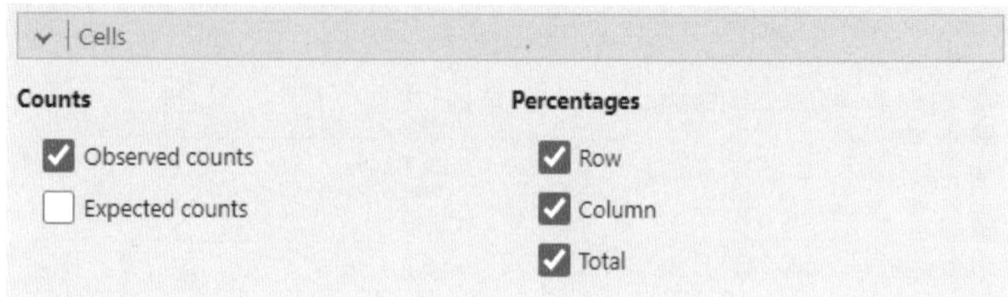

Contingency Tables

Contingency Tables

Family		Comm					Total
		서로 주고 받는다	주로 내가 한다	부모님이 주로 한다	거의 하지 않는다	기타	
전혀 화목하지 않다	Observed	2	0	0	3	0	5
	% within row	40.0 %	0.0 %	0.0 %	60.0 %	0.0 %	100.0 %
	% within column	0.7 %	0.0 %	0.0 %	5.5 %	0.0 %	1.0 %
	% of total	0.4 %	0.0 %	0.0 %	0.6 %	0.0 %	1.0 %
화목하지 않다	Observed	7	3	15	11	0	36
	% within row	19.4 %	8.3 %	41.7 %	30.6 %	0.0 %	100.0 %
	% within column	2.6 %	10.0 %	10.3 %	20.0 %	0.0 %	7.1 %
	% of total	1.4 %	0.6 %	3.0 %	2.2 %	0.0 %	7.1 %
보통	Observed	50	15	55	33	3	156
	% within row	32.1 %	9.6 %	35.3 %	21.2 %	1.9 %	100.0 %
	% within column	18.5 %	50.0 %	37.7 %	60.0 %	75.0 %	30.8 %
	% of total	9.9 %	3.0 %	10.9 %	6.5 %	0.6 %	30.8 %
화목하다	Observed	126	10	63	7	1	207
	% within row	60.9 %	4.8 %	30.4 %	3.4 %	0.5 %	100.0 %
	% within column	46.5 %	33.3 %	43.2 %	12.7 %	25.0 %	40.9 %
	% of total	24.9 %	2.0 %	12.5 %	1.4 %	0.2 %	40.9 %
매우 화목하다	Observed	86	2	13	1	0	102
	% within row	84.3 %	2.0 %	12.7 %	1.0 %	0.0 %	100.0 %
	% within column	31.7 %	6.7 %	8.9 %	1.8 %	0.0 %	20.2 %
	% of total	17.0 %	0.4 %	2.6 %	0.2 %	0.0 %	20.2 %
Total	Observed	271	30	146	55	4	506
	% within row	53.6 %	5.9 %	28.9 %	10.9 %	0.8 %	100.0 %
	% within column	100.0 %	100.0 %	100.0 %	100.0 %	100.0 %	100.0 %
	% of total	53.6 %	5.9 %	28.9 %	10.9 %	0.8 %	100.0 %

χ^2 Tests

	Value	df	p
χ^2	127	16	< .001
N	506		

SPSS와 마찬가지로 jamovi에서도 레이어 [Layers] 기능을 활용하여 세 개의 비연속형 변수들 간의 관계를 하나의 교차표로 보여줄 수 있다. 레이어 기능을 사용하여 가족분위기와 부모님과의 대화형태 사이의 관계를 성별로 살펴보면 다음과 같다.

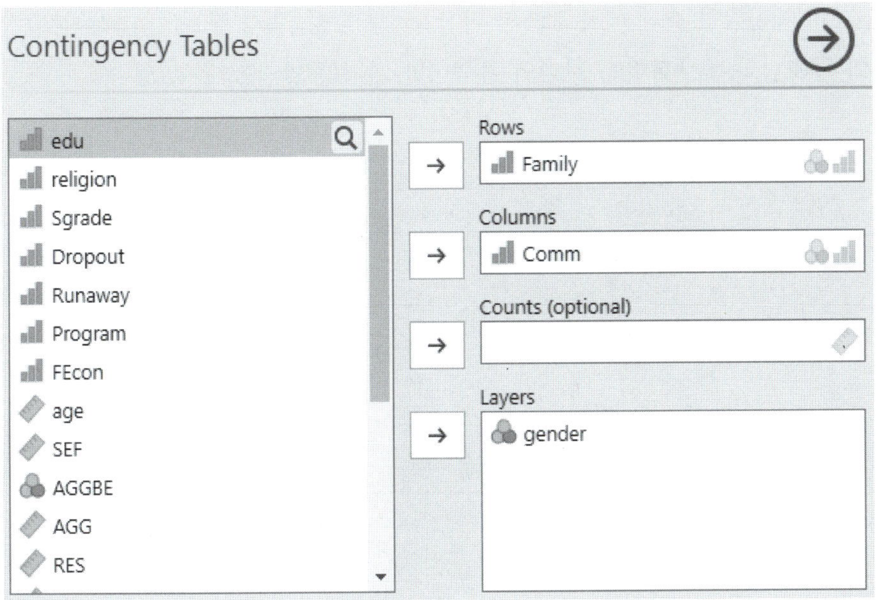

[Cells] 설정 역시 SPSS와 마찬가지로 □Total로 선택하고 [Statistics]에서 □X^2을 선택하면 동일한 결과를 얻을 수 있다.

Contingency Tables

gender	Family		Comm: 서로 주고 받는다	주로 내가 한다	부모님이 주로 한다	거의 하지 않는다	기타	Total
남자	전혀 화목하지 않다	Observed	1	0	0	3	0	4
		% of total	0.2 %	0.0 %	0.0 %	0.7 %	0.0 %	0.9 %
	화목하지 않다	Observed	7	1	15	9	0	32
		% of total	1.6 %	0.2 %	3.5 %	2.1 %	0.0 %	7.4 %
	보통	Observed	41	13	48	29	2	133
		% of total	9.5 %	3.0 %	11.1 %	6.7 %	0.5 %	30.8 %
	화목하다	Observed	101	7	60	6	1	175
		% of total	23.4 %	1.6 %	13.9 %	1.4 %	0.2 %	40.5 %
	매우 화목하다	Observed	74	1	12	1	0	88
		% of total	17.1 %	0.2 %	2.8 %	0.2 %	0.0 %	20.4 %
	Total	Observed	224	22	135	48	3	432
		% of total	51.9 %	5.1 %	31.3 %	11.1 %	0.7 %	100.0 %
여자	전혀 화목하지 않다	Observed	1	0	0	0	0	1
		% of total	1.4 %	0.0 %	0.0 %	0.0 %	0.0 %	1.4 %
	화목하지 않다	Observed	0	2	0	2	0	4
		% of total	0.0 %	2.7 %	0.0 %	2.7 %	0.0 %	5.4 %
	보통	Observed	9	2	7	4	1	23
		% of total	12.2 %	2.7 %	9.5 %	5.4 %	1.4 %	31.1 %
	화목하다	Observed	25	3	3	1	0	32
		% of total	33.8 %	4.1 %	4.1 %	1.4 %	0.0 %	43.2 %
	매우 화목하다	Observed	12	1	1	0	0	14
		% of total	16.2 %	1.4 %	1.4 %	0.0 %	0.0 %	18.9 %
	Total	Observed	47	8	11	7	1	74
		% of total	63.5 %	10.8 %	14.9 %	9.5 %	1.4 %	100.0 %

카이제곱검정 결과 역시 SPSS와 마찬가지로 남성, 여성 모두에서 가족분위기와 부모님과의 대화형태 사이의 유의미한 관계를 발견할 수 있었다.

χ^2 Tests

gender		Value	df	p
남자	χ^2	115.6	16	< .001
	N	432		
여자	χ^2	32.4	16	0.009
	N	74		
Total	χ^2	126.8	16	< .001
	N	506		

2. 평균차이 검정 : t 검정

1) 주요 개념 및 원리

추리통계 가운데 가장 보편적으로 이용되는 가설검정 방법은 모수통계 방법(parametric statistics)이다. 모수통계 방법을 사용하기 위해서는 몇 가지 전제조건이 있는데, 첫째, 모집단이 정규분포를 이루어야 한다. 둘째, 집단 내의 분산은 동일해야 한다. 셋째, 변수는 등간 혹은 비율척도로 측정되어야 한다. 이러한 조건을 만족하지 못한다면 모집단이 정규분포를 이루어야 한다는 가정을 전제로 하지 않는 비모수 통계방법(non-parametric statistics)을 사용할 수 있다(이희연・노승철, 2013).

이 장에서는 평균차이를 살펴보는 연구가설 검정방법인 t 검정의 세 가지 유형인 단일표본 t 검정, 독립표본 t 검정, 그리고 대응표본 t 검정을 살펴보고 관련된 비모수 통계방법도 함께 소개하기로 한다.

(1) 단일표본 t 검정

단일표본의 평균에 대한 가설의 검정은 모집단의 분산이 알려진 경우에는 모집단의 평균과 모집단으로부터 추출된 표본의 평균이 같은지 아니면 차이가 나는지에 대한 가설을 표준정규분포에서 살펴본 z값을 통해서 살펴볼 수 있다. 하지만 일반적으로 모집단의 분산을 모르는 경우가 많은데, 중심극한정리에 따라서 표본의 크기가 30 이상이면 표본집단이 정규분포를 가진다고 가정하고 모집단의 표준편차 대신에 표본의 표준편차를 사용하여 가설을 검정할 수 있다. 모집단의 분산이 알려지지 않은 경우에는 z값이 아니라 t값을 사용한다는 차이가 있지만 t값은 표본 수가 커지면 z값과 동일한 형태로 수렴된다.

단일표본 t 검정에서 가설은 모집단의 평균과 표본의 평균이 동일하다는 귀무가설(영가설)과 이 둘이 동일하지 않다는 연구가설의 형태로 나타낼 수 있다.

귀무가설: $H_0 : \mu = \overline{X}$

연구가설: $H_1 : \mu \neq \overline{X}$

예를 들어, 사회복지사의 평균 주당 근로시간이 50시간이고 이에 대한 표준편차가 2라고 하자. 100명의 사회복지사 표본을 추출하였더니 주당 평균 근로시간이 52시간이었다면 과연 모집단의 평균과 유의미한 차이가 있다고 할 수 있는지를 단일표본 t 검정을 통해서 살펴볼 수 있다.

우선 t 값은 다음의 공식에서 보듯이 10으로 t의 임계치 값보다 크므로 유의수준 5%에서 영가설은 기각된다. 여기서 t값의 임계치는 자유도 $n-1(100-1=99)$에 해당하는 값으로 대략 1.98 정도이다. 따라서 본 예에서 구해진 실제 t값 10은 임계치 1.98보다 큰 값으로 영가설의 기각영역에 해당한다.

$$t = \frac{\overline{X} - \mu}{s/\sqrt{n}}$$

$$t = \frac{52-50}{2/\sqrt{100}} = \frac{2}{0.2} = 10$$

(2) 독립표본 t 검정

독립표본 t 검정은 두 모집단의 평균차이 검정을 위해서 모집단으로부터 두 개의 독립된 표본을 추출하여 이들의 평균을 비교하여 모집단을 추론하는 방법이다. 독립표본 t 검정을 실시하기 위해서는 두 개의 상호 독립적인 집단이 있어야 하고 평균값은 연속형 변수의 형태이어야 한다. 또한 두 모집단의 분포가 정규분포이어야 하고 두 모집단의 분산이 동일하여야 한다는 등분산성 가정을 충족하여야 한다. 하지만 두 집단의 표본크기를 동일하게 하고 어느 정도 이상 규모로 표본을 추출하는 경우에는 크게 문제가 되지 않는다(채구묵, 2014).

독립표본 t 검정은 사회복지사의 소진 정도가 성별에 따라 차이가 나는가?, 실험집단과 통제집단 간에 창의성 점수에 차이가 있는가?, 맞벌이가구와 외벌이가구의 양육효능감에 차이가 있는가? 등 두 개의 독립된 집단들에 대한 결과변수의 평균값을 비교하는 데 많이 활용된다. 독립표본 t 검정에서 t값은 다음의 공식을 통해서 계산된다.

$$t = \frac{\text{집단1의 평균} - \text{집단2의 평균}}{\text{두 집단 간 평균차의 표준오차}}$$

$$t = \frac{\overline{X_1} - \overline{X_2}}{\sqrt{\frac{(n_1 - 1)s_1^2 + (n_2 - 1)s_2^2}{n_1 + n_2}} \times \sqrt{\frac{1}{n_1} + \frac{1}{n_2}}}$$

$\overline{X_1}$ =집단1의 평균 $\overline{X_2}$ =집단2의 평균

s_1^2 =집단1의 분산 s_2^2 =집단2의 분산

n_1 =집단1의 표본 수 n_2 =집단2의 표본 수

가령, 남성(집단1)과 여성(집단2) 사회복지사의 평균 주당 근로시간이 각각 50시간과 40시간이고 이에 해당하는 표준편차가 3과 2라고 하자. 성별에 따른 평균 주당 근로시간의 차이를 검정하기 위하여 남성 사회복지사 15명, 여성 사회복지사 15명을 표본으로 하여 t값을 계산하면 다음과 같다. 참고로 분산은 표준편차의 제곱 값으로 계산하면 된다.

① $t = \dfrac{\overline{X_1} - \overline{X_2}}{\sqrt{\dfrac{(n_1 - 1)s_1^2 + (n_2 - 1)s_2^2}{n_1 + n_2}} \cdot \sqrt{\dfrac{1}{n_1} + \dfrac{1}{n_2}}}$

② $t = \dfrac{50 - 40}{\sqrt{\dfrac{(15-1)3^2 + (15-1)2^2}{15+15}} \times \sqrt{\dfrac{1}{15} + \dfrac{1}{15}}}$

③ $t = \dfrac{10}{\sqrt{\dfrac{14 \times 3^2 + 14 \times 2^2}{30}} \times \sqrt{\dfrac{2}{15}}}$

④ $t = \dfrac{10}{2.46 \times 0.36} = 11.29$

독립표본 t 검정에서 자유도는 두 집단의 표본 수를 더한 후 2를 뺀 값($n_1 + n_2 - 2$)으로 위의 예시에서는 15+15-2 = 28이 된다. 따라서 유의수준 5%에서 자유도 28에 해당하는 t의 임계치는 2.048이 된다(p. 143의 t 분포표에서 확인). 성별에 따른 사회복지사의 주당 평균 근로시간에 대한 t값은 11.29로 임계치인 2.048보다 큰 값으로 영가설의 기각영역에 포함되므로 영가설이 기각된다. 여기서 영가설은 '성별에 따른 주당 평균 근로시간에 차이가 없다'이기 때문에 영가설이 기각되면 성별에 따른 주당 평균 근로시간에는 통계적으로 유의미한 차이($p<.05$)가 있다고 주장할 수 있다.

(3) 대응표본 t 검정

대응표본 t 검정은 동일한 표본을 반복적으로 측정하여 평균값을 비교하는 방법이다. 대응표본 t 검정은 프로그램의 평가에도 유용하게 활용될 수 있다. 가령, 10회기로 구성된 아이들의 자아존중감 향상 프로그램을 실시하는 경우 프로그램 실시 전의 아이들의 평균 자아존중감 점수와 프로그램 실시 후의 평균 자아존중감 점수를 비교하여 유의미한 변화가 발견된다면 프로그램이 효과가 있다고 주장할 수 있다. 이러한 방법은 다양한 대상들(아동, 여성, 장애인, 노인 등)에 대한 사회복지 프로그램들의 효과성 평가(가령, 자존감 향상, 우울 예방, 사회성 향상 등)에 적용해 볼 수 있다.

동일한 표본을 프로그램의 사전과 사후로 나누어 그 차이를 검정하는 대응표본 t 검정에서 t값은 다음의 공식을 통해서 계산할 수 있다. 예를 들어, 자아존중감 향상 프로그램이 아이들의 자아존중감에 긍정적인 영향을 미치는지를 살펴보기 위하여 50명의 아이들을 대상으로 프로그램 사전과 사후에 자아존중감을 각각 측정하였더니 사전점수가 10점, 사후점수가 13점으로 측정되었다. 참고로 자아존중감척도의 합은 최대 20점으로 점수가 높을수록 자아존중감이 높은 것으로 측정되었다. 여기서 자아존중감 점수 차이들에 대한 표준편차가 2라고 하면 다음의 공식을 통해 t값을 계산할 수 있다.

$$t = \frac{\overline{X_1} - \overline{X_2}}{SE}$$

$$SE = \frac{SD}{\sqrt{N-1}}$$

$\overline{X_1}$ = 프로그램 사전 평균점수

$\overline{X_2}$ = 프로그램 사후 평균점수

SD = 한 표본의 사전, 사후 관찰값 차이들의 표준편차

SE = 표준오차

N = 표본 수

$$t = \frac{10-13}{\frac{2}{\sqrt{50-1}}} = \frac{-3}{0.29} = -10.34$$

유의수준 5%에서 임계치 t값을 구하기 위해서는 자유도와 t 분포표를 활용하면 된다. 위의 예에서는 표본 수가 50명으로 이에 대한 자유도는 n−1로 49가 된다. t 분포표에서 자유도 49에 해당하는 t 값은 대략 2 정도로 이것이 영가설의 기각 여부를 결정하는 기준값인 임계치가 된다. 다음으로는 자존감 향상 프로그램 사전과 사후 평균 차이값에 대한 실제 t값의 절대값 |−10.34|=10.34는 임계치의 근사값 2보다 큰 값으로 영가설의 기각영역에 위치하게 된다. 따라서 영가

설(프로그램 사전과 사후에 자존감 평균점수에 차이가 없다)을 기각하게 되어 자존감 향상 프로그램은 아이들의 자존감을 유의미하게 향상시킨다고 주장할 수 있다.

〈표 5-2〉 t 분포표(α, two-tails)

df	0.2	0.1	0.05	0.02	0.01	0.001
1	3.078	6.314	12.706	31.821	63.656	636.578
2	1.886	2.92	4.303	6.965	9.925	31.6
3	1.638	2.353	3.182	4.541	5.841	12.924
4	1.533	2.132	2.776	3.747	4.604	8.61
5	1.476	2.015	2.571	3.365	4.032	6.869
6	1.44	1.943	2.447	3.143	3.707	5.959
7	1.415	1.895	2.365	2.998	3.499	5.408
8	1.397	1.86	2.306	2.896	3.355	5.041
9	1.383	1.833	2.262	2.821	3.25	4.781
10	1.372	1.812	2.228	2.764	3.169	4.587
11	1.363	1.796	2.201	2.718	3.106	4.437
12	1.356	1.782	2.179	2.681	3.055	4.318
13	1.35	1.771	2.16	2.65	3.012	4.221
14	1.345	1.761	2.145	2.624	2.977	4.14
15	1.341	1.753	2.131	2.602	2.947	4.073
16	1.337	1.746	2.12	2.583	2.921	4.015
17	1.333	1.74	2.11	2.567	2.898	3.965
18	1.33	1.734	2.101	2.552	2.878	3.922
19	1.328	1.729	2.093	2.539	2.861	3.883
20	1.325	1.725	2.086	2.528	2.845	3.85
21	1.323	1.721	2.08	2.518	2.831	3.819
22	1.321	1.717	2.074	2.508	2.819	3.792
23	1.319	1.714	2.069	2.5	2.807	3.768
24	1.318	1.711	2.064	2.492	2.797	3.745
25	1.316	1.708	2.06	2.485	2.787	3.725
26	1.315	1.706	2.056	2.479	2.779	3.707
27	1.314	1.703	2.052	2.473	2.771	3.689
28	1.313	1.701	2.048	2.467	2.763	3.674
29	1.311	1.699	2.045	2.462	2.756	3.66
30	1.31	1.697	2.042	2.457	2.75	3.646
60	1.296	1.671	2	2.39	2.66	3.46
120	1.289	1.658	1.98	2.358	2.617	3.373
∞	1.282	1.645	1.96	2.326	2.576	3.291

2) SPSS와 jamovi를 통한 분석 및 해석

(1) SPSS를 통한 t 검정

① 단일표본 t 검정

'청소년.sav' 자료를 활용하여 표본 추출된 청소년들의 우울감 점수가 우리나라 평균 청소년들의 우울감 점수(가령, 10점이라고 하자)와 비교하여 유의미한 차이가 있는지를 살펴보기로 하자. 이 경우는 단일집단에 대한 t 검정으로 다음의 절차를 따라 진행한다. 일표본 T 검정 창에서 검정변수 칸에 검정하고자 하는 변수인 우울감 변수(DEP)를 선택해서 화살표로 이동시킨다. 다음으로 검정값에는 우리나라 평균 청소년들의 우울감 점수인 10점을 입력한다. 여기서 영가설(H_0)은 '현재 표본에 있는 청소년들의 우울감 점수는 우리나라 평균 청소년들의 우울감 점수인 10점과 다르지 않다'가 된다.

분석 → 평균비교 → 일표본 T 검정

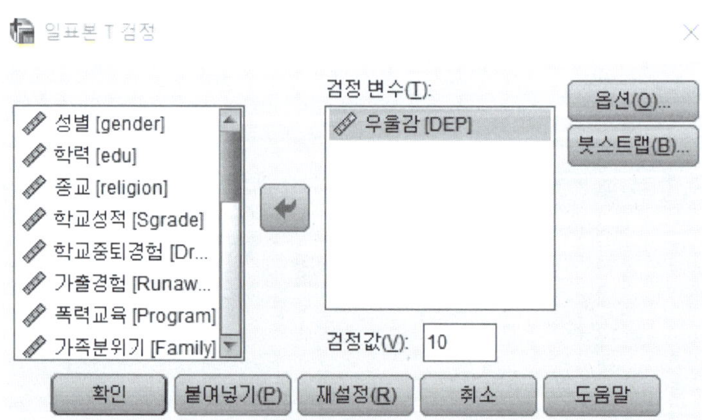

확인을 누르면 표본(N=505)에 대한 우울감 점수 평균과 표준편차를 포함한 일표본 통계량이 제시되고, 다음으로 일표본 검정에 대한 통계적 유의도 결과가 나타난다. 일표본 통계량에서 보듯이 현재 표본에 청소년들의 우울감 점수의 평균은 대략 17.34점으로 검정값으로 설정한 우리나라 청소년들

의 평균 우울감 점수인 10점보다 크다는 것을 알 수 있다. 하지만 이러한 점수의 차이가 통계적으로 유의미한 차이인지는 일표본 검정을 통해서 알 수 있다.

일표본 검정결과를 보면 t값이 17.168로 95% 신뢰수준에서 영가설을 기각하는 기준값인 임계치(1.96)보다 더 큰 값으로 나타났다는 것을 알 수 있다. 즉, 표본의 청소년들의 우울감 평균 점수는 우리나라 평균 청소년들의 우울감 점수와는 유의미하게 차이가 있는 값이라는 것을 의미한다.

일표본 통계량

	N	평균	표준화 편차	표준오차 평균
우울감	505	17.3406	9.60876	.42758

일표본 검정

	검정값 = 10					
					차이의 95% 신뢰구간	
	t	자유도	유의확률 (양측)	평균차이	하한	상한
우울감	17.168	504	.000	7.34059	6.5005	8.1807

참고로 우울감 변수의 정규성에 대한 검정을 하기 위해서는 [분석] → [기술통계량] → [데이터 탐색] 기능을 활용한다. 그럼 다음과 같이 기술통계에 이어 정규성 검정 결과를 Kolmogorov-Smirnov와 Shapiro-Wilk의 값으로 제시하고 통계적 유의도를 보여준다. 일반적으로 50명 이상의 많은 표본 수에 대해서는 Kolmogorov-Smirnov값을, 50명 미만의 상대적으로 적은 표본에 대해서는 Shapiro-Wilk값을 사용할 수 있다. 여기서 검정하는 영가설은 '표본의 분포는 정규성 가정을 만족한다'이기 때문에 $p<.05$인 경우에는 정규성 가정을 충족하지 못한다고 할 수 있다. 하지만 중심극한정리에 의해서 표본 수가 30 이상이면 크게 문제되지는 않는다.

기술통계

			통계	표준화 오차
우울감	평균 순위		17.3406	.42758
	평균의 95% 신뢰구간	하한	16.5005	
		상한	18.1807	
	5% 절사평균		17.3020	
	중위수(D)		17.0000	
	분산(V)		92.328	
	표준화 편차		9.60876	
	최소값(U)		.00	
	최대값(X)		45.00	
	범위(R)		45.00	
	사분위수 범위		15.00	
	왜도(W)		.050	.109
	첨도(K)		-.799	.217

정규성 검정

	Kolmogorov-Smirnov[a]			Shapiro-Wilk		
	통계	자유도	CTT 유의확률	통계	자유도	CTT 유의확률
우울감	.062	505	.000	.976	505	.000

② 독립표본 t 검정

이번에는 단일집단이 아니라 두 개의 서로 독립된 모집단을 대표하는 표본을 추출하여 평균차이를 비교하는 t 검정을 실시해 보기로 한다. 이를 위해 앞서 사용한 '청소년.sav' 자료를 활용하여 학교중퇴 경험이 있는 청소년과 그렇지 않은 청소년의 우울감 점수에 차이가 있는지 살펴보기로 한다. 여기서 영가설(H_0)은 '학교중퇴 경험이 있는 청소년과 학교중퇴 경험이 없는 청소년의 우울감 점수에는 차이가 없다'가 된다.

독립표본 t 검정을 위해서는 다음의 순서대로 클릭한다.

메뉴 → 분석 → 평균비교 → 독립표본 T 검정

다음으로 [검정변수]에는 종속변수를, [집단변수]에는 독립변수를 입력하는데 여기서는 검정변수에 우울감(DEP)을, 집단변수에는 학교중퇴 경험(Dropout)을 선택하면 된다.

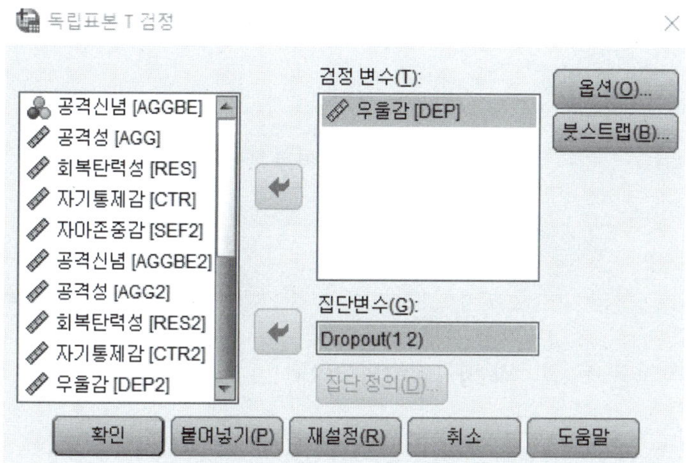

집단변수의 설정을 위해서는 해당 변수가 어떻게 코딩되었는지를 확인할 필요가 있다. 본 예시에서는 학교중퇴 경험이 있는 청소년은 '1', 경험이 없는 청소년은 '2'로 코딩이 되어있기 때문에 [집단 정의]에서 1과 2를 입력한다.

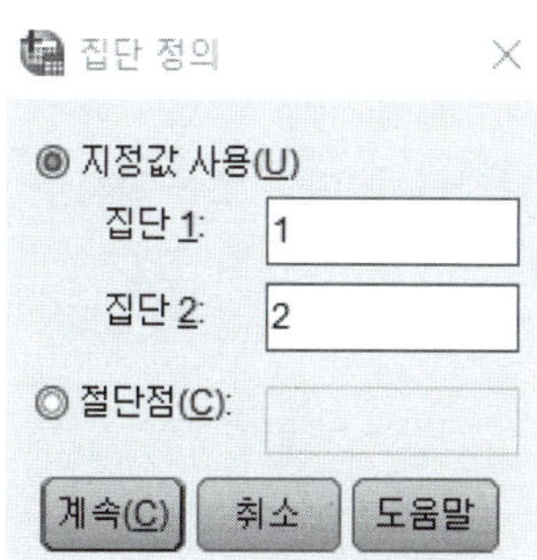

모든 설정이 완료된 후 [확인]을 클릭하여 분석을 실행하면 다음과 같은 결과를 구할 수 있다.

독립표본 t 검정 집단통계량 결과에서 두 독립집단의 기술통계량에 대한 정보로 표본 수, 평균, 표준편차, 표준오차에 관한 정보를 제공해 준다. 우리의 예에서는 학교중퇴 경험이 있는 청소년의 우울감 평균점수가 20.4(SD=9.41)로 학교중퇴 경험이 없는 청소년의 우울감 평균점수 16.65(SD=9.49)보다 약간 더 높은 것으로 나타났다.

T 검정

집단통계량

	학교중퇴경험	N	평균	표준화 편차	표준오차 평균
우울감	있다	90	20.4000	9.41049	.99195
	없다	407	16.6462	9.49086	.47044

하지만 두 집단의 평균점수의 차이(약 3.75점)가 통계적으로 유의미한지를 판단하기 위해서는 독립표본 t 검정결과를 살펴봐야 한다. SPSS는 Levene의 등분산 검정 결과를 동시에 보여주는데, 이 결과에 따라서 해석해야 할 결과 값이 달라진다. 등분산 검정 결과가 p>.05로 통계적으로 유의하지 않아 학교중퇴 경험이 있는 청소년과 그렇지 않은 청소년 집단의 분산의 동질성이 가정됨을 알 수 있다. 따라서 다음 독립표본 검정 결과에서 '등분산을 가정함'에 해당하는 t값에 대한 통계적 유의도를 살펴봐야 한다. 여기서는 t값이 3.401이고 p=.001로 통계적으로 유의하게 나타났다. 따라서 '학교중퇴 경험이 있는 청소년과 그렇지 않은 청소년 집단의 우울감에는 차이가 없다'는 영가설을 기각하게 되고 결론적으로 우울감 평균 점수에서 학교중퇴 경험 유무에 따라 유의미한 차이가 있다고 설명할 수 있다.

독립표본 검정

		Levene의 등분산 검정		평균의 동일성에 대한 T 검정						
									차이의 95% 신뢰구간	
		F	유의확률	t	자유도	유의확률 (양측)	평균차이	표준오차 차이	하한	상한
우울감	등분산을 가정함	.052	.820	3.401	495	.001	3.75381	1.10384	1.58502	5.92260
	등분산을 가정하지 않음			3.419	132.074	.001	3.75381	1.09786	1.58215	5.92547

③ 대응표본 t 검정

마지막으로 살펴볼 t 검정방법은 대응표본 t 검정이다. 이 방법은 사회복지 현장에서 프로그램의 평가에 실질적으로 많이 활용될 수 있는데, 클라이언트를 위한 사회복지 프로그램의 시행 전과 후의 변화를 통해서 프로그램의 효과성을 보여줄 수 있다. 가령, 50명의 아이들을 대상으로 자아존중감 증진 프로그램을 진행한 후에 프로그램 참여 전후로 아이들의 자아존중감이 얼마나 향상되었는지를 살펴보고자 할 때 사용할 수 있는 방법이다.

SPSS에서 대응표본 t 검정의 실행과정은 다음과 같다.

메뉴 → 분석 → 평균비교 → 대응표본 T 검정

'자아존중감.sav' 자료를 활용하여 자아존중감 증진 프로그램 참여 전, 후의 자아존중감 점수에 유의미한 변화가 있는지를 살펴보자. 우선 대응표본 t 검정 화면에서 [대응변수]에 비교하고자 하는 두 변수를 선택하면 되는데 여기서는 자아존중감 사전 점수와 사후 점수가 대응변수에 포함되면 된다. 여기서 주의할 것은 프로그램 사전에 사용된 측정도구와 사후에 사용된 측정도구가 반드시 동일하여야만 비교가 가능하다는 것이다. 본 예시에서 자아존중감은 4점 척도(1-매우 낮다, 2-낮다, 3-높다, 4-매우 높다)로 구성되어 있고, 평균 자아존중감 점수가 활용되었다.

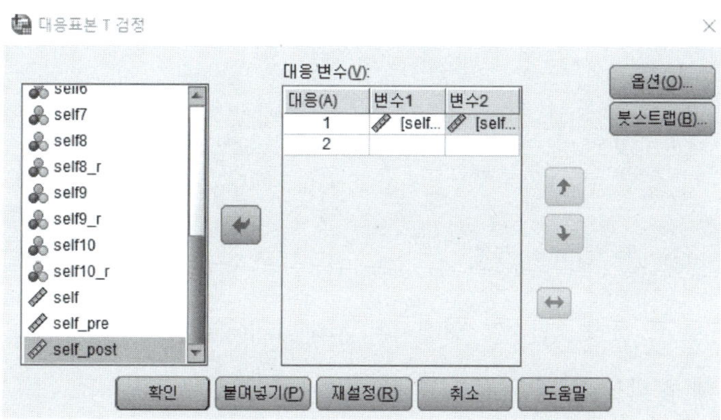

확인을 누르면 대응표본 통계량, 상관계수 그리고 검정값이 나타난다. 통계량은 자아존중감 사전과 사후 평균점수와 표준편차와 같은 기술통계에 대한 정보를 제공해 준다. 상관계수는 두 변수 간의 상관관계의 크기와 방향을 나타내는데 본 예시에서는 자아존중감 사전과 사후 점수 사이의 정적 상관관계를 보이고 통계적으로 유의한 것으로 나타났다(p<.05). 상관계수에 대한 내용은 이후 5절 상관관계 분석에서 좀 더 자세히 다루기로 한다. 마지막으로 대응표본 검정결과를 살펴보면 자아존중감 프로그램 전과 후의 자아존중감 평균점수의 차이가 통계적으로 유의한 것으로 나타났다(p<.001). 이는 '자아존중감 프로그램 전과 후로 자아존중감 평균점수가 차이가 없다'는 영가설을 기각할 수 있다는 것을 의미하고, 자아존중감 프로그램이 아이들의 자아존중감 향상에 효과적이었다고 결론지을 수 있다.

T 검정

[데이터세트1] C:\Users\user\Documents\자료분석론\자아존중감.sav

대응표본 통계량

		평균	N	표준화 편차	표준오차 평균
대응 1	self_pre	2.460	50	.2523	.0357
	self_post	2.890	50	.3627	.0513

대응표본 상관계수

		N	상관관계	유의확률
대응 1	self_pre & self_post	50	.341	.015

대응표본 검정

		대응차					t	자유도	유의확률 (양측)
					차이의 95% 신뢰구간				
		평균	표준화 편차	표준오차 평균	하한	상한			
대응 1	self_pre - self_post	-.4300	.3644	.0515	-.5335	-.3265	-8.345	49	.000

(2) jamovi를 통한 t 검정

jamovi를 통한 t 검정을 위해서는 분석[Analyses]에서 [T-Tests]의 세 가지 유형 가운데 하나를 선택한다.

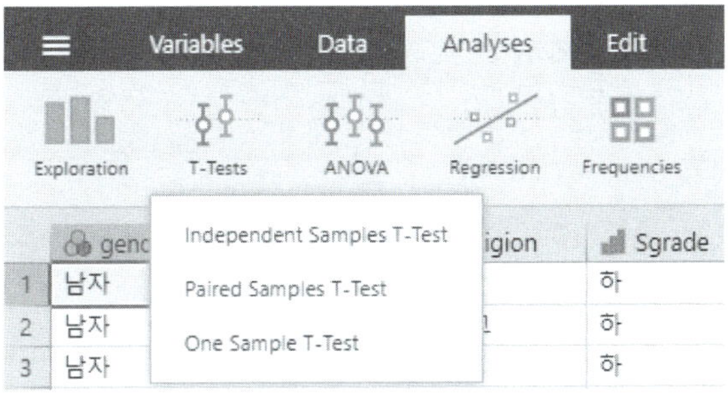

① 단일표본 t 검정

'청소년.omv' 자료를 활용하여 표본에 포함된 청소년들의 우울감 평균 점수가 우리나라 청소년들의 우울감 평균 점수(가령, 10점이라고 하자)와 비교하여 유의미한 차이가 있는지를 살펴보기로 하자.

Analyses → T-Tests → One Sample T-Test

[One Sample T-Test]에서 우선 검정하고자 하는 변수를 선택한다. 여기서는 SPSS 분석과 마찬가지로 청소년의 우울감(DEP) 변수를 선택하고 종속변수(Dependent variables) 칸으로 이동시킨다. 다음으로는 [Hypothesis]에서 검정값(Test value)을 10으로 설정해 준다. 다시 말해 표본을 통해서 본 청소년의 우울감 평균 점수가 10과 같다는 영가설을 기각할지 채택할지를 검정하는 것이다.

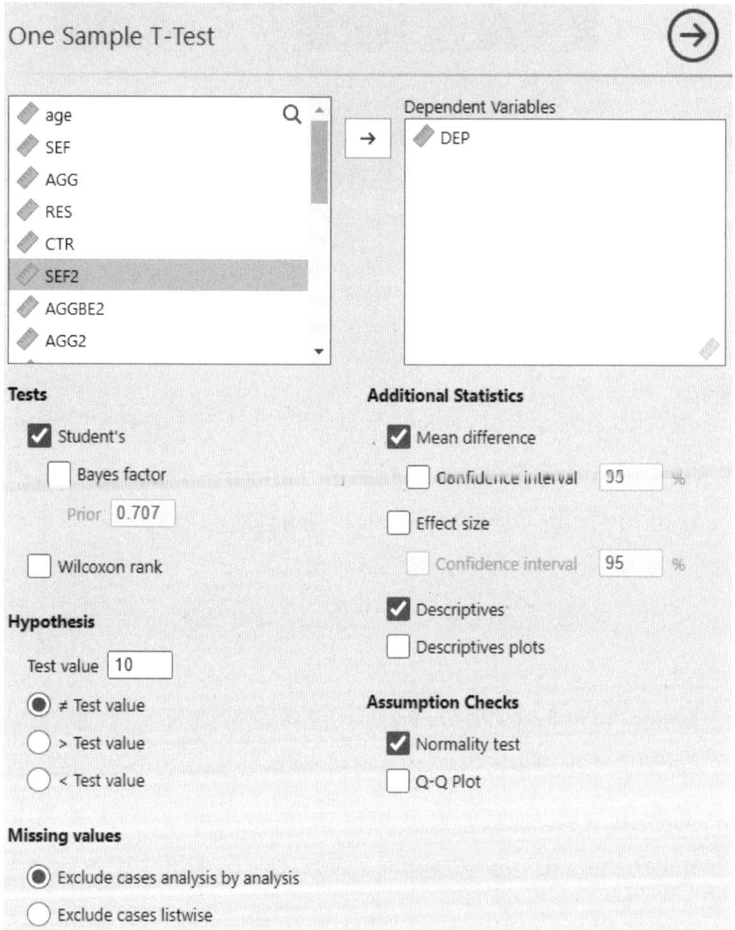

이렇게 설정을 완료함과 동시에 jamovi는 오른쪽 결과 창에 단일표본 T 검정 결과를 표로 제시해 준다.

One Sample T-Test

One Sample T-Test

		Statistic	df	p	Mean difference
DEP	Student's t	17.2	504	< .001	7.34

Note. H_a population mean ≠ 10

t값이 대략 17.2이고 p<.001로 영가설이 기각되고 연구가설이 채택됨을 알 수 있다. 참고로 표에서 Note를 보면 연구가설(H_a)이 모집단의 평균이 10과 같지 않다로 설정되어 있는데 분석결과가 이를 지지해 준다는 것을 알 수 있다. jamovi의 경우 추가적인 통계치[Additional Statistics]에서 평균차이(Mean difference), 기술통계(Descriptives) 등을 설정할 수 있고, [Assumption Checks]에서 정규성 가정(Normality test)을 테스트해 볼 수 있다. 이렇게 설정하면 다음과 같은 추가적인 표를 구할 수 있다.

Normality Test (Shapiro-Wilk)

	W	p
DEP	0.976	< .001

Note. A low p-value suggests a violation of the assumption of normality

Descriptives

	N	Mean	Median	SD	SE
DEP	505	17.3	17.0	9.61	0.428

여기서 연속형 변수에 대한 정규성 가정에 대한 검정은 Shapiro-Wilk 방식으로 이루어지는데, Note에 제시되어 있듯이 p값이 0.05보다 작게 유의하게 나올 경우 정규성 가정이 위배되는 것으로 볼 수 있다. Descriptives는 평균, 중앙값, 표준편차, 표준오차와 같은 기술통계치에 대한 정보를 제공해 준다.

② 독립표본 t 검정

이번에도 동일한 자료인 '청소년.omv'를 활용하여 두 개의 서로 독립된 모집단을 대표하는 표본을 추출하여 평균차이를 비교하는 t 검징을 실시해 보기로 한다. 즉, 독립된 집단인 학교중퇴 경험이 있는 청소년과 학교중퇴 경험이 없는 청소년의 우울감 평균 점수에 유의미한 차이가 있는지를 살펴보기로 한다. 다음의 순서대로 클릭하여 종속변수 칸에는 우울감 변수(DEP)를, 집단변수(Grouping variable) 칸에는 학교중퇴 경험(Dropout) 변수를 이동시킨다.

Analyses → T–Tests → Independent Sample T–Test

단일표본 t 검정과 마찬가지로 평균차이, 기술통계 등을 추가적으로 설정하고, 정규성에 대한 가정도 설정할 수 있다. 독립표본 t 검정에서는 두 모집단의 분산의 동질성 대한 검정(Homogeneity test)을 실시할 수 있다.

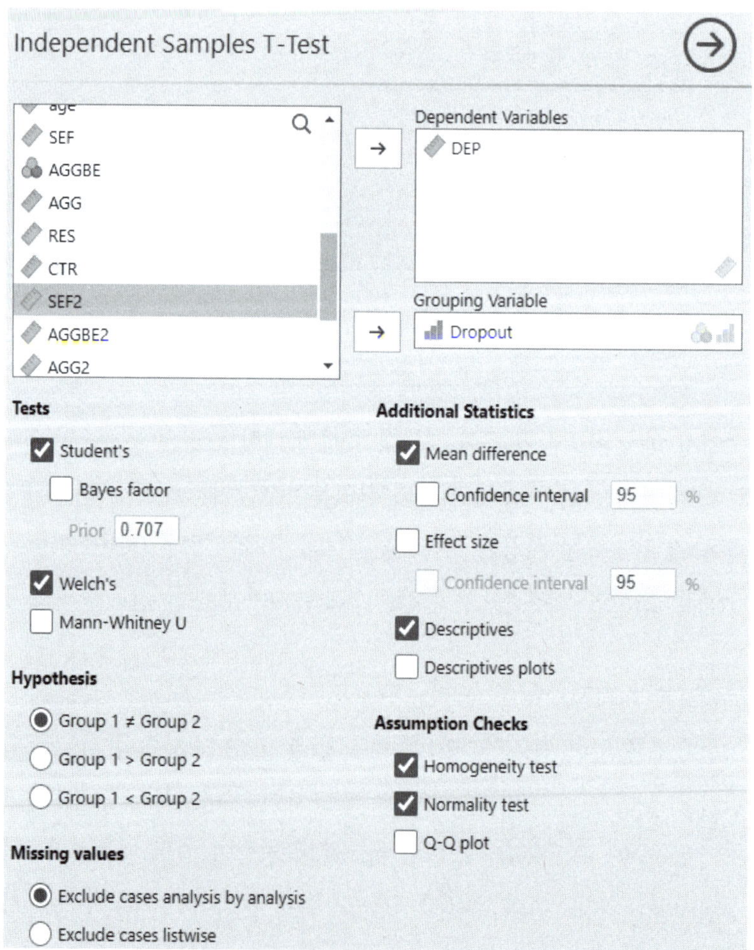

구체적으로 독립표본 t 검정의 가정들에 대한 분석결과를 살펴보면 다음과 같다. 우선 Shapiro-Wilk를 통한 정규성 가정에 대한 테스트 결과 p값이 유의하게 나타나 정규성 가정을 위반하고 있음을 알 수 있다. 하지만 등분산성 테스트(Homogeneity of Variances) 결과를 보면 p값이 비유의적(p=0.82)으로 나타나 등분산성 가정은 만족하는 것으로 나타났다. 참고로 등분산성 가정에 대한 검정에서 영가설은 '학교중퇴 경험이 있는 청소년과 그렇지 않은 청소년 집단의 분산이 동질적이다'이고 p값이 비유의적이라는 것은 이 영가설이 채택된다는 것을 의미한다.

Assumptions

Normality Test (Shapiro-Wilk)

	W	p
DEP	0.983	< .001

Note. A low p-value suggests a violation of the assumption of normality

Homogeneity of Variances Test (Levene's)

	F	df	df2	p
DEP	0.0521	1	495	0.820

Note. A low p-value suggests a violation of the assumption of equal variances

본 예시에서는 등분산성 가정이 충족되었기 때문에 jamovi에서 기초 설정으로 되어 있는 Student's t값을 보고하면 된다. 만약에 등분산성 가정이 충족되지 못한다면 □Welch's를 클릭해서 Welch's t값을 보고하면 된다. Student's t값이 SPSS 결과와 동일하게 t = 3.40, p <.001로 나타나 학교중퇴 경험이 있는 청소년과 경험이 없는 청소년과의 우울감의 평균에는 유의미한 차이가 있다는 것을 보여준다.

Independent Samples T-Test

		Statistic	df	p	Mean difference	SE difference
DEP	Student's t	3.40	495	< .001	3.75	1.10
	Welch's t	3.42	132	< .001	3.75	1.10

추가적으로 기술통계표를 살펴보면 학교중퇴 경험이 있는 청소년(M=20.4, SD=9.41)이 학교중퇴 경험이 없는 청소년(M=16.6, SD=9.49)에 비해 상대적으로 우울감 평균 점수가 높음을 알 수 있다.

Group Descriptives

	Group	N	Mean	Median	SD	SE
DEP	있다	90	20.4	22.5	9.41	0.992
	없다	407	16.6	16.0	9.49	0.470

③ 대응표본 t 검정

마지막으로 살펴볼 대응표본 t 검정방법을 위해서 SPSS 예시에서 활용한 자료로 분석을 해보기로 하자. '자아존중감.omv' 파일을 열어 다음의 순서대로 클릭하면 Paired Samples T-Test 화면을 볼 수 있다.

Analyses → T-Tests → Paired Samples T-Test

Paired Samples T-Test 화면에서 사전 자아존중감(self-pre)과 사후 자아존중감(self-post)을 선택하여 [Paired Variables] 칸에 순서대로 이동시킨다. 다음으로 평균비교, 기술통계 그리고 정규성 가정 등의 옵션을 선택한다.

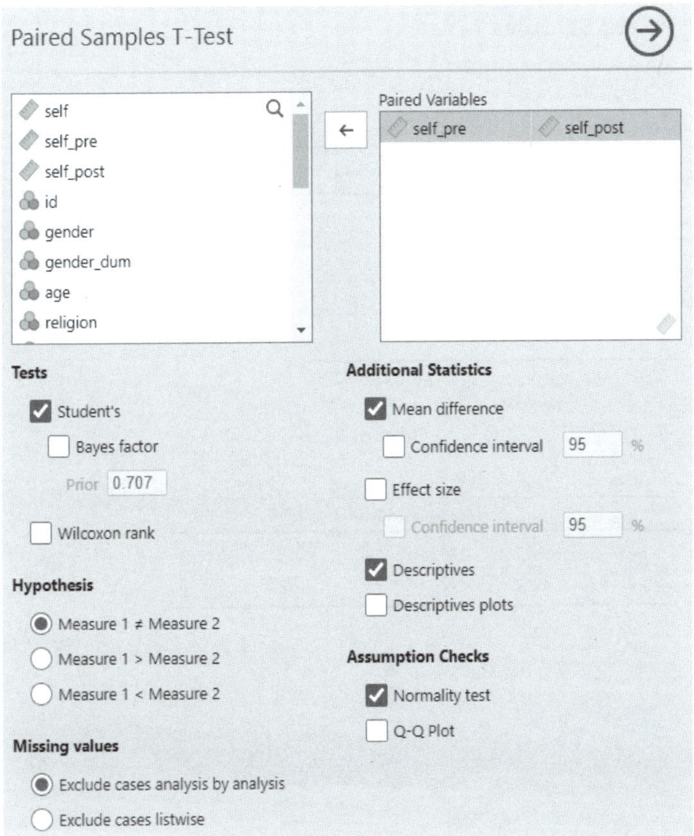

설정과 동시에 jamovi의 결과창에는 다음과 같은 표들이 출력된다. 지금까지의 분석결과를 바탕으로 보고서를 작성한다고 했을 때는 다음과 같이 기술하면 된다. "자아존중감 향상 프로그램에 참여한 50명 아이들의 자아존중감 향상 여부를 검정하기 위하여 대응표본 t 검정을 실시하였다. 참여자들이 프로그램을 참여하기 전 실시된 사전조사의 자아존중감 평균점수는 2.46(SD=0.252)이었고, 프로그램 참여 후 실시한 사후조사의 자아존중감 평균점수는 2.89(SD=0.363)였다. 대응표본 t 검정 결과, 사전-사후 자아존중감 평균점수의 차이는 0.43이있고, 이는 유의수준 0.001에서 통계적으로 유의한 차이였다(t=-8.35, df=49, p<.001). 따라서 자아존중감 향상 프로그램에 참여한 후 참여자들의 자아존중감 평균은 유의하게 향상되었다."

Paired Samples T-Test

Paired Samples T-Test

			statistic	df	p	Mean difference	SE difference
self_pre	self_post	Student's t	−8.35	49.0	< .001	−0.430	0.0515

Normality Test (Shapiro-Wilk)

			W	p
self_pre	-	self_post	0.866	< .001

Note. A low p-value suggests a violation of the assumption of normality

Descriptives

	N	Mean	Median	SD	SE
self_pre	50	2.46	2.45	0.252	0.0357
self_post	50	2.89	2.80	0.363	0.0513

3. 분산분석

1) 주요 개념 및 원리

분산분석의 목적은 세 개 혹은 그 이상의 독립된 집단들의 평균값들의 차이가 통계적으로 유의미한지를 검정하는 분석방법이다. 예를 들어, 결혼 상태에 따른 사회복지사들의 이직률에 유의미한 차이가 있는지를 살펴보기 위하여 미혼, 기혼 그리고 이혼한 사회복지사들의 평균적인 이직률의 차이가 유의미한지를 분산분석을 통해서 검정할 수 있다.

분산분석을 위해서는 몇 가지 기본적인 전제가 있는데, 첫째, 독립변수는 비연속적 변수이고 종속변수는 연속적이어야 한다는 것이다. 여기서 독립변수에 해당하는 것은 상호독립적인 집단이 되고 종속변수는 연속형 변수의 평균값이 된다. 둘째, 독립표본 t 검정과 마찬가지로 분산분석에서 각 표본의 모집단분포가

정규분포이어야 하고 각 모집단은 등분산성을 가져야 한다. 하지만 이러한 요건들은 모집단이 심하게 비대칭이지 않고, 각 집단의 표본크기가 30 이상이면서 동일한 크기로 하는 경우에는 크게 문제되지 않는다. 분산분석에서 영가설과 연구가설의 형태는 다음과 같다.

$$H_0 : \mu_1 = \mu_2 = \mu_3$$
$$H_1 : \mu_1 \neq \mu_2 \neq \mu_3$$

분산분석의 영가설의 기본적인 형태는 모집단에서 세 그룹의 평균값에는 차이가 없다는 것이다. 위의 예시에서 영가설은 '미혼, 기혼 그리고 이혼한 사회복지사 집단 사이에는 이직률에 차이가 없다'의 형태로 세울 수 있다. 이에 반해 연구가설은 모집단에서 세 집단의 평균값에는 유의미한 차이가 있다의 형태이기 때문에 '미혼, 기혼 그리고 이혼한 사회복지사 집단 사이에는 이직률에 유의미한 차이가 있다'가 된다. 이 외에도 중학생, 고등학생 그리고 대학생 집단 사이의 우울감에는 유의미한 차이가 있는가? 혹은 부모의 양육태도(방임형, 억압형, 민주형)에 따른 유아의 창의성에는 차이가 있는가? 등의 질문도 분산분석을 통해서 검정해 볼 수 있다.

분산분석에서는 F값을 구하여 유의수준 5% 혹은 1%에서 임계치와 비교하여 영가설에 대한 기각 여부를 결정한다. F값을 구하는 데 사용되는 분산분석의 주요 개념은 집단 내 분산(within-group sums of squares, SS_w), 집단 간 분산(between groups sums of squares, SS_b), 그리고 총 분산(total sums of squares, SS_t)의 개념이다.

우선, 집단 내 분산은 집단 내 개별 값들이 평균으로부터 흩어진 정도로 종속변수의 총 분산 중 독립변수에 의해 설명되지 않는 분산을 의미한다. 분산분석에서 독립변수는 집단 간 차이가 되기 때문에 총 분산 중에 집단 간 차이에 의해 설명되지 않는 집단 내의 분산을 의미한다. 집단 내 분산에서 자유도는 총 표본수(n) - 집단의 수(k)로 나타내는데, 만약 표본 수가 100명이고 3집단이라고 하면 집단 내 분산에서의 자유도는 100 - 3 = 97이 된다.

다음으로 집단 간 분산은 각 집단의 평균이 전체 평균을 중심으로 흩어진 정도로 종속변수의 총 분산 중 독립변수에 의해 설명되는 분산을 의미한다. 다시 말해 종속변수의 총 분산 가운데 집단 간 차이에 의해 설명되는 분산의 정도를 의미한다. 집단 간 분산에서의 자유도는 집단의 수(k) − 1로 3집단의 경우 3−1 = 2가 된다. 분산분석에서는 집단 간 분산 값이 클수록 집단들 사이의 평균들에서 보다 큰 차이가 있다는 것을 나타낸다.

마지막으로 총 분산은 집단 내 분산과 집단 간 분산의 합을 의미한다($SS_t = SS_w + SS_b$). 집단 내 분산과 집단 간 분산 그리고 각각에 해당하는 자유도의 값을 알면 다음의 단계를 거쳐 간단하게 F검정을 위한 통계량을 계산할 수 있다.

1단계 : 집단 내 분산(SS_w)을 해당 자유도(df_w)로 나누어 집단 내 평균 제곱합(mean sums of squares error, MS_w)을 계산한다.

$$MS_w = \frac{SS_w}{df_w}$$

$$df_w = n(\text{총 표본 수}) - k(\text{집단의 수})$$

2단계 : 집단 간 분산(SS_b)을 해당 자유도(df_b)로 나누어 집단 간 평균 제곱합(mean sums of squares error between conditions, MS_b)을 계산한다.

$$MS_b = \frac{SS_b}{df_b}$$

$$df_b = k(\text{집단의 수}) - 1$$

3단계 : 집단 간 평균 제곱합(MS_b)을 집단 내 평균 제곱합(MS_w)으로 나누어서 F값을 계산한다.

$$F(df_b, df_w) = \frac{MS_b}{MS_w}$$

4단계 : F분포표에서 집단 간 그리고 집단 내 분산의 자유도에 해당하는 값을 유의수준을 고려해서 찾으면 그 값이 영가설의 기각 여부의 기준점인 임계치가 된다. 3단계에서 계산한 실제 F값이 임계치 값보다 큰 경우 영가설을 기각하고 집단 간에는 유의미한 차이가 있다고 해석한다.

위의 식에서 보듯이 F값은 집단 간 분산과 집단 내 분산의 상대적 비율(ratio)이라고 할 수 있는데, F값이 클수록 집단 내 분산보다는 집단 간 분산이 커서 집단 간의 차이가 있다고 해석할 수 있다.

예를 들어, 중학생 20명, 고등학생 20명, 대학생 20명으로 총 60명의 학생을 표본으로 추출하여 세 집단 사이의 우울감에 유의미한 차이가 있는지를 살펴보기 위하여 분산분석을 실시할 수 있다. 여기서 영가설은 '중학생, 고등학생, 대학생 집단 사이의 우울감에는 차이가 없다'이다. 만약 집단 내 분산(SS_w)이 100이고, 집단 간 분산(SS_b)이 36이라고 가정하면 F값은 다음의 순서로 구할 수 있다.

1단계

$$MS_w = \frac{SS_w}{df_w} = \frac{100}{60-3} = 1.75$$

$$df_w = 60(\text{총 표본수}) - 3(\text{집단의 수}) = 57$$

2단계

$$MS_b = \frac{SS_b}{df_b} = \frac{36}{2} = 18$$

$$df_b = 3(\text{집단의 수}) - 1 = 2$$

3단계

$$F(2,\ 57) = \frac{MS_b}{MS_w} = \frac{18}{1.75} = 10.3$$

4단계

$$F(2,\ 57) \fallingdotseq 3.15(\text{임계치})$$

따라서 3단계 실제 F값(10.3)이 4단계 F값의 임계치(3.15)보다 크기 때문에 영가설이 기각되어 초등학생, 중학생, 대학생 집단 사이의 우울감에는 유의미한 차이가 있다고 설명할 수 있다. 다음 그림에서 실제 F값 10.3은 빗금 친 영가설의 기각영역에 위치하고 있음을 알 수 있는데, 이는 중학생, 고등학생, 대학생 집단 사이의 우울감에는 차이가 있다는 것을 의미한다고 할 수 있다.

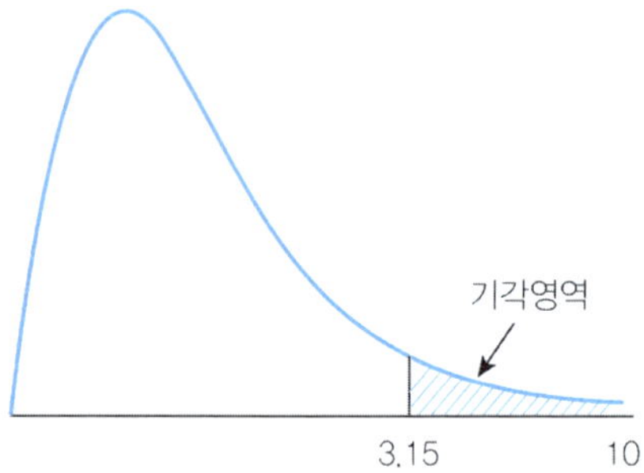

| 그림 5-2 | F 분포

F값의 임계치에 대한 확인은 다음 F 분포표를 통해서 간단히 확인할 수 있다. 유의수준(alpha) 5%에서 집단 간 자유도 2와 집단 내 자유도 57에 해당하는 값은 대략적으로 3.15임을 확인할 수 있다. 본 예시 표에서는 집단 내 자유도 60에 해당하는 값을 근사값으로 제시하였다.

〈표 5-3〉 F 분포표($\alpha = 0.05$)

	df_b(집단간)						
df_w (집단내)	1	2	3	4	5	6	7
1	161.4476	199.5	215.7073	224.5832	230.1619	233.986	236.7684
2	18.5128	19	19.1643	19.2468	19.2964	19.3295	19.3532
3	10.128	9.5521	9.2766	9.1172	9.0135	8.9406	8.8867
4	7.7086	6.9443	6.5914	6.3882	6.2561	6.1631	6.0942
5	6.6079	5.7861	5.4095	5.1922	5.0503	4.9503	4.8759
6	5.9874	5.1433	4.7571	4.5337	4.3874	4.2839	4.2067
7	5.5914	4.7374	4.3468	4.1203	3.9715	3.866	3.787
8	5.3177	4.459	4.0662	3.8379	3.6875	3.5806	3.5005
9	5.1174	4.2565	3.8625	3.6331	3.4817	3.3738	3.2927
10	4.9646	4.1028	3.7083	3.478	3.3258	3.2172	3.1355
11	4.8443	3.9823	3.5874	3.3567	3.2039	3.0946	3.0123
12	4.7472	3.8853	3.4903	3.2592	3.1059	2.9961	2.9134
13	4.6672	3.8056	3.4105	3.1791	3.0254	2.9153	2.8321
14	4.6001	3.7389	3.3439	3.1122	2.9582	2.8477	2.7642

15	4.5431	3.6823	3.2874	3.0556	2.9013	2.7905	2.7066
16	4.494	3.6337	3.2389	3.0069	2.8524	2.7413	2.6572
17	4.4513	3.5915	3.1968	2.9647	2.81	2.6987	2.6143
18	4.4139	3.5546	3.1599	2.9277	2.7729	2.6613	2.5767
19	4.3807	3.5219	3.1274	2.8951	2.7401	2.6283	2.5435
20	4.3512	3.4928	3.0984	2.8661	2.7109	2.599	2.514
21	4.3248	3.4668	3.0725	2.8401	2.6848	2.5727	2.4876
22	4.3009	3.4434	3.0491	2.8167	2.6613	2.5491	2.4638
23	4.2793	3.4221	3.028	2.7955	2.64	2.5277	2.4422
24	4.2597	3.4028	3.0088	2.7763	2.6207	2.5082	2.4226
25	4.2417	3.3852	2.9912	2.7587	2.603	2.4904	2.4047
26	4.2252	3.369	2.9752	2.7426	2.5868	2.4741	2.3883
27	4.21	3.3541	2.9604	2.7278	2.5719	2.4591	2.3732
28	4.196	3.3404	2.9467	2.7141	2.5581	2.4453	2.3593
29	4.183	3.3277	2.934	2.7014	2.5454	2.4324	2.3463
30	4.1709	3.3158	2.9223	2.6896	2.5336	2.4205	2.3343
40	4.0847	3.2317	2.8387	2.606	2.4495	2.3359	2.249
60	4.0012	3.1504	2.7581	2.5252	2.3683	2.2541	2.1665
120	3.9201	3.0718	2.6802	2.4472	2.2899	2.175	2.0868
∞	3.8415	2.9957	2.6049	2.3719	2.2141	2.0986	2.0096

위의 예시에서 F값은 영가설이 기각되어 우울감에 있어서 초등학생, 중학생, 대학생 세 집단 간에 통계적으로 유의미한 차이가 있다는 것을 보여주었다. 하지만 모든 집단 간에 통계적으로 유의미한 차이가 있다고 말할 수 없다. 따라서 집단 간 평균 차이가 어느 집단 간에서 발생하는지를 구체적으로 규명하고 그 평균 차이가 통계적으로 유의미한지를 살펴보기 위하여 사후검정을 실시해야 한다. 사후 중다비교(post hoc multiple comparison)로도 불리는 사후검정은 각각의 가능한 짝들(집단들) 사이의 평균들에서 유의미한 차이가 있는지를 검정하는 방법이다. 사후검정을 위해 가장 많이 사용되는 방법은 LSD, Bonferroni, Scheffe, Tukey 등이 있다.

2) SPSS와 jamovi를 통한 분석 및 해석

'청소년.sav'를 사용하여 청소년들의 학교성적에 따라 우울감의 평균에 있어서 차이가 있는지를 검정해 보기로 하자. 학교성적은 상위 성적, 중간 성적, 하위 성적의 세 집단으로 분류하고, 이 세 집단 간의 우울감의 평균에 있어서 차이가 있는지를 검정하고자 할 때에는 분산분석을 실시하면 된다.

(1) SPSS를 통한 분산분석

청소년들을 학업성적(상, 중, 하)에 기초하여 세 집단으로 구분하고 이들의 우울감의 평균에 차이가 있는지를 살펴보기 위해서는 일원배치 분산분석을 실시한다. 구체적인 절차는 다음 표와 같다.

메뉴 → 분석 → 평균비교 → 일원배치 분산분석

일원배치 분산분석 창에서 [종속변수(E)]에는 우울감 변수(DEP)를, [요인(F)]에는 학업성적(Sgrade)을 설정한다. [옵션(O)]을 클릭하여 기술통계, 분산 동질성 검정 등을 체크한다. 설정이 끝나고 확인을 누르면 기술통계, 분산의 동질성 검정, 그리고 ANOVA 분석결과 순으로 표들이 제시된다.

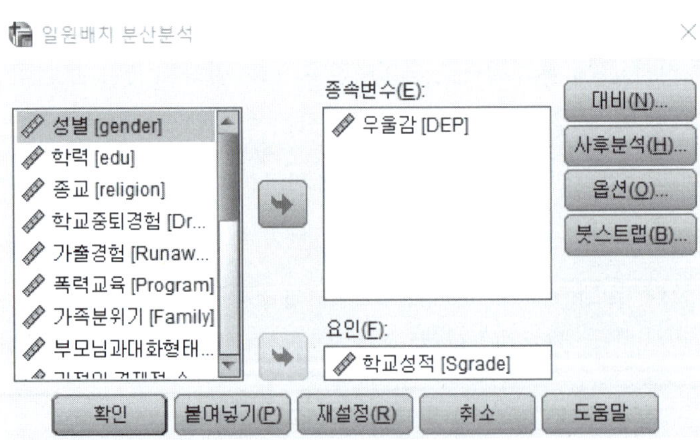

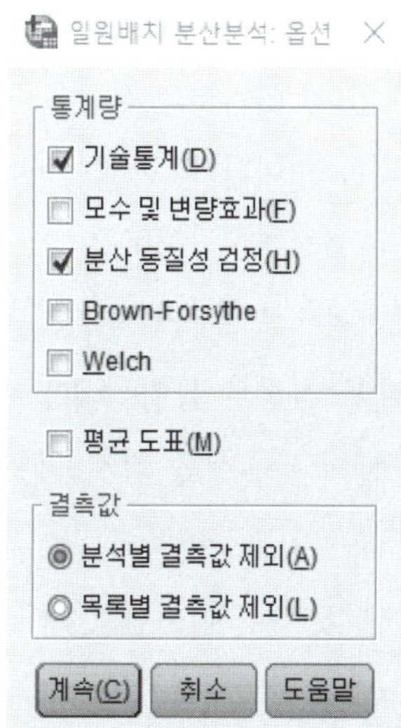

기술통계

우울감

	N	평균	표준화 편차	표준화 오류	평균에 대한 95% 신뢰구간 하한	평균에 대한 95% 신뢰구간 상한	최소값	최대값
상	43	12.0930	7.51447	1.14595	9.7804	14.4056	.00	30.00
중	167	16.0419	9.50545	.73555	14.5897	17.4942	.00	37.00
하	283	19.1131	9.45770	.56220	18.0064	20.2197	.00	45.00
전체	493	17.4604	9.55754	.43045	16.6147	18.3062	.00	45.00

분산의 동질성 검정

		Levene 통계량	자유도1	자유도2	유의확률
우울감	평균을 기준으로 합니다.	1.958	2	490	.142
	중위수를 기준으로 합니다.	2.132	2	490	.120
	자유도를 수정한 상태에서 중위수를 기준으로 합니다.	2.132	2	485.309	.120
	절삭평균을 기준으로 합니다.	1.999	2	490	.137

ANOVA

우울감

	제곱합	자유도	평균제곱	F	유의확률
집단-간	2347.763	2	1173.881	13.504	.000
집단-내	42594.716	490	86.928		
전체	44942.479	492			

분석결과를 살펴보면 기술통계에서 학업성적(상, 중, 하)에 따라서 우울감의 평균점수에 차이가 남을 알 수 있다. 여기서 우울감은 점수가 높을수록 청소년들이 인식하는 우울감이 높다는 것을 의미한다. 학업성적이 상인 집단의 우울감의 평균점수는 12.09(SD=7.51)로 학업성적이 중인 집단 16.04(SD=9.51)와 하인 집단 19.11(SD=9.46)에 비해서 상대적으로 우울감의 평균이 낮은 것으로 나타났다.

두 번째 표인 분산의 동질성 검정은 학업성적에 따라 분류한 세 집단(상, 중, 하)의 우울감에 있어서의 분산의 동질성을 검정하는 것으로 통계적으로 유의하지 않게 나타났다. 이는 세 집단의 분산이 동질적이라는 것을 의미한다. 마지막 표인 ANOVA는 우울감 평균에 있어서 세 집단 간의 차이가 통계적으로 유의한지를 보여준다. 분석결과 $p<.001$로 학업성적 집단 내의 평균적인 분산보다는 학업성적 집단 간의 평균적인 분산이 더 큰 비중을 차지하고 있고, 이는 학업성적에 따라 우울감에 유의미한 차이가 있다는 것을 의미한다.

하지만 이러한 결과만 가지고는 과연 어떤 집단 간의 차이가 통계적으로 유의미한지를 명확히 밝히기가 어렵다. 따라서 사후분석(Post hoc test)을 통해서 어떠한 집단 간의 차이가 통계적으로 유의한지를 명확히 밝힐 수 있다. 이러한 사후분석을 하기 위해서는 등분산 가정에 대한 체크를 반드시 해야 한다. 만약 등분산이 가정될 때에는 사후검정 방법으로 LSD, Tukey, Scheffe, Bonferroni 가운데 하나를 선택하고, 등분산이 가정되지 않을 때에는 Games-Howell 방법을 선택한다. 본 예시에서는 등분산이 가정되었기 때문에 LSD 방법을 선택하기로 한다.

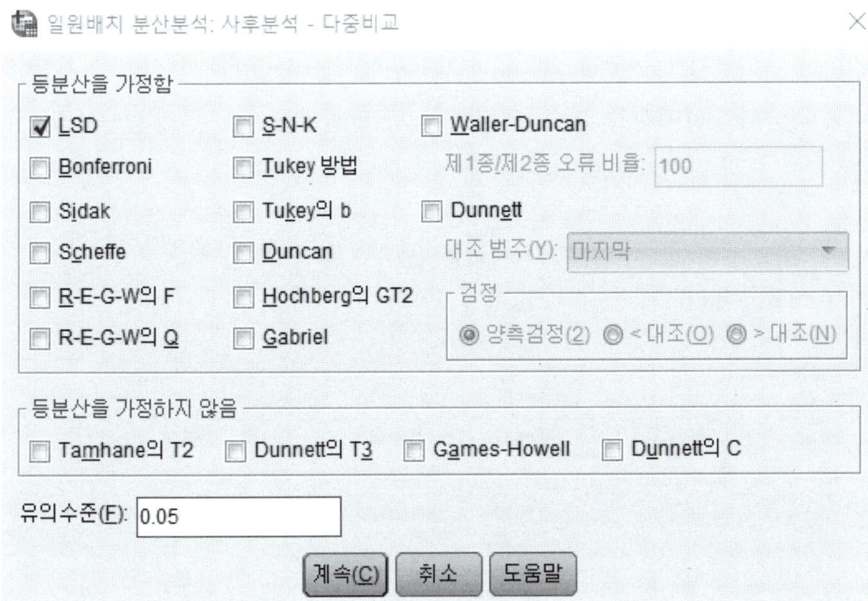

참고로 분산의 동질성이 확보되지 않았을 때는 [옵션]에서 □Welch를 체크한다. 분산의 동질성이 확보되지 않을 때 Fisher F값을 보고하는 대신에 Welch의 F값을 보고하면 된다.

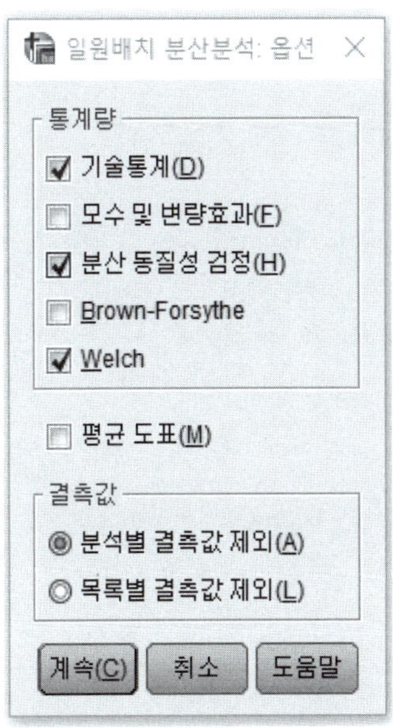

마지막으로 학업성적에 따라 구분한 세 집단들 사이에서 어떠한 집단 간의 차이가 유의한지를 구체적으로 살펴보기 위해서는 다중비교 분석을 실시한다. 다음 다중비교 표에서 살펴보듯이 모든 집단 간의 쌍별(pair) 관계(상-중, 상-하, 중-하)에서 우울감의 평균점수의 차이는 모두 유의미한 것으로 나타났다.

다중비교

종속변수: 우울감

LSD

(I) 학교성적	(J) 학교성적	평균차이(I-J)	표준화 오류	유의확률	95% 신뢰구간 하한	95% 신뢰구간 상한
상	중	-3.94889*	1.59440	.014	-7.0816	-.8162
	하	-7.02005*	1.52602	.000	-10.0184	-4.0217
중	상	3.94889*	1.59440	.014	.8162	7.0816
	하	-3.07116*	.90978	.001	-4.8587	-1.2836
하	상	7.02005*	1.52602	.000	4.0217	10.0184
	중	3.07116*	.90978	.001	1.2836	4.8587

*. 평균차이는 0.05 수준에서 유의합니다.

(2) jamovi를 통한 분산분석

동일한 자료(청소년.omv)를 이용하여 jamovi를 통해 분산분석을 실시하는 방법을 살펴보기로 하자. 우선 다음 순서대로 클릭하여 One-Way ANOVA 창을 연다.

Analyses → ANOVA → One-Way ANOVA

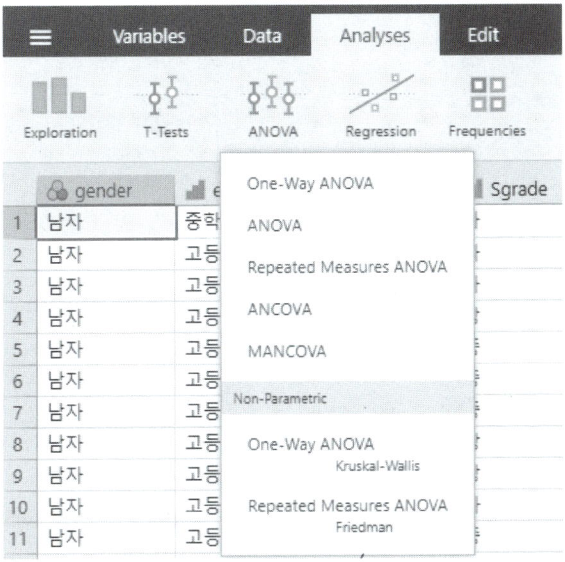

One-Way ANOVA 창에서 독립변수이자 집단을 구분하는 변수인 학업성적(Sgrade)을 [Grouping Variable] 칸에 이동하고 종속변수인 우울감(DEP)을 [Dependent Variables] 칸으로 이동한다. [Variances]에서 모집단의 등분산성을 가정하지 않았을 때는 Welch's F를, 모집단의 등분산성이 가정될 때에는 Fisher's F를 선택하면 된다. [Additional Statistics]에서 각 집단별 기술통계를 원할 때에는 □Descriptives table에 체크한다. 마지막으로 [Assumption Checks]에서 정규성 분포 가정 테스트는 □Normality test 그리고 등분산 가정 테스트는 □Homogeneity test를 체크한다.

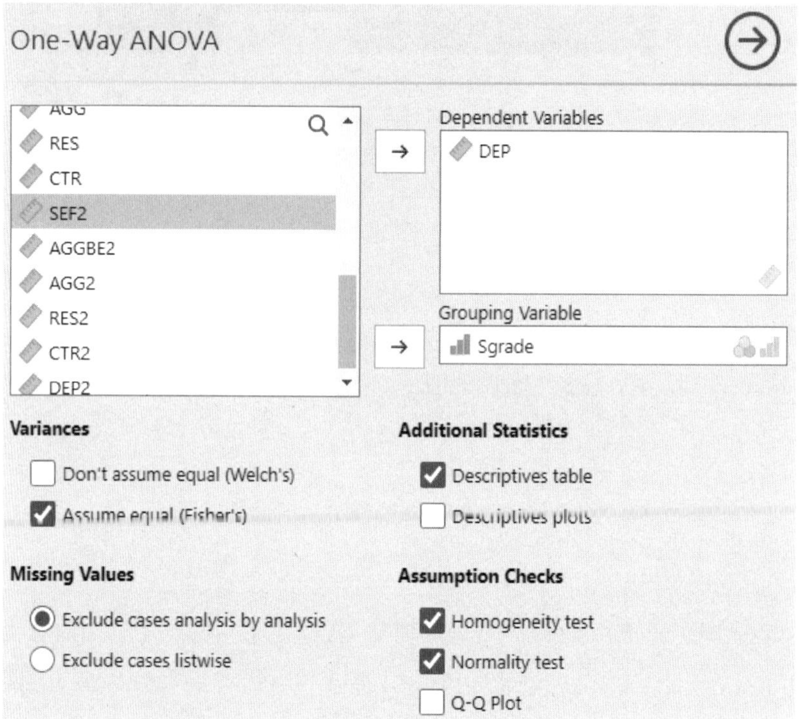

위의 설정이 완료되면 jamovi에는 다음과 같은 분석결과가 동시에 제공된다.

One-Way ANOVA

One-Way ANOVA (Fisher's)

	F	df1	df2	p
DEP	13.5	2	490	< .001

Group Descriptives

	Sgrade	N	Mean	SD	SE
DEP	상	43	12.1	7.51	1.146
	중	167	16.0	9.51	0.736
	하	283	19.1	9.46	0.562

Assumption Checks

Normality Test (Shapiro-Wilk)

	W	p
DEP	0.984	< .001

Note. A low p-value suggests a violation of the assumption of normality

Homogeneity of Variances Test (Levene's)

	F	df1	df2	p
DEP	1.96	2	490	0.142

분석결과에 대한 해석은 SPSS와 동일하게 나타남을 알 수 있다. 이상의 분석 결과를 토대로 다음과 같이 보고하면 된다. "청소년들의 학업성적에 따라 우울감의 평균이 달라지는지 검정하기 위하여 일원배치 분산분석을 실시하였다. 우울감의 평균을 학업성적 수준에 따라 살펴본 결과, 학업성적이 상인 집단(n=43)은 우울감 평균이 12.1(SD=7.51)점, 학업성적이 중인 집단(n=167)은 16(SD=9.51)점, 학업성적인 하인 집단(n=283)은 19.1(SD=9.46)점으로 나타났다. 분산분석의 결과에 따르면 *F*값이 13.5이고 유의확률이 0.001보다 작게 나타나 학업성적에 따른 우울감의 집단 간 차이가 유의미함을 알 수 있다. 세 집단의 등분산 가정 테스트 결과 $p<.05$로 나타나 등분산을 가정하는 Fisher's *F*값을 보고하였다."

마지막으로 독립변수에 따라 종속변수에 차이가 있음을 발견하고, 집단 간 구체적으로 유의한 차이가 있는지 보기 위해서 Post-Hoc Test를 실시한다.

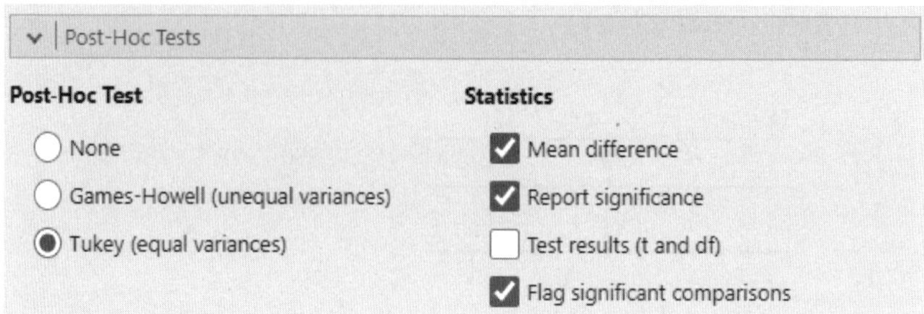

분산의 동질성이 확보되었기 때문에 Tukey(equal variances)를 통한 사후분석을 실시하고 Statistics에서는 평균차이(Mean difference), 유의도 보고(Report significance), 별표 표시(Flag significant comparisons) 등을 체크한다.

Post Hoc Tests

Tukey Post-Hoc Test – DEP

		상	중	하
상	Mean difference	—	-3.95 *	-7.02 ***
	p-value	—	0.036	< .001
중	Mean difference		—	-3.07 **
	p-value		—	0.002
하	Mean difference			—
	p-value			—

Note. * p < .05, ** p < .01, *** p < .001

Tukey(equal variances) 방법에 의한 사후분석 결과를 통해 학업성적에 따라 모든 집단 간 우울감 평균에서 유의미한 차이가 있는 것을 알 수 있었다(우울감이 높은 순으로 나타내면 학업성적 하 > 중 > 상).

4. 비모수 통계분석

지금까지 t 검정의 세 가지 유형들과 분산분석에 대해서 SPSS와 jamovi를 활용하여 분석하고 결과를 해석하는 모수검정 방법을 살펴보았다. 하지만 데이터가 한쪽으로 치우쳐 정규분포가 아닌 경우(skewed data) 혹은 표본이 30명 이하로 작거나 순서형 데이터인 경우에는 비모수 통계기법(nonparametric test)을 활용할 수 있다. t 검정과 일원배치 분산분석에 대응하는 비모수 검정방법을 소개하면 다음 표와 같다.

모수 통계분석	비모수 통계분석
단일표본 t 검정	Wilcoxon signed-rank test
대응표본 t 검정	Wilcoxon signed-rank test
독립표본 t 검정	Mann-Whitney U test
일원배치 분산분석	Kruskal-Wallis test

1) 맨-위트니 U 검정(Mann-Whitney U test)

모집단의 정규분포와 등분산성을 가정할 수 없을 때 활용하는 비모수 통계방법으로 독립변수는 두 집단이고 종속변수가 서열변수인 경우에 사용된다.

(1) SPSS를 통한 맨-위트니 U 검정

분석 → 비모수검정 → 레거시 대화상자 → 2-독립표본

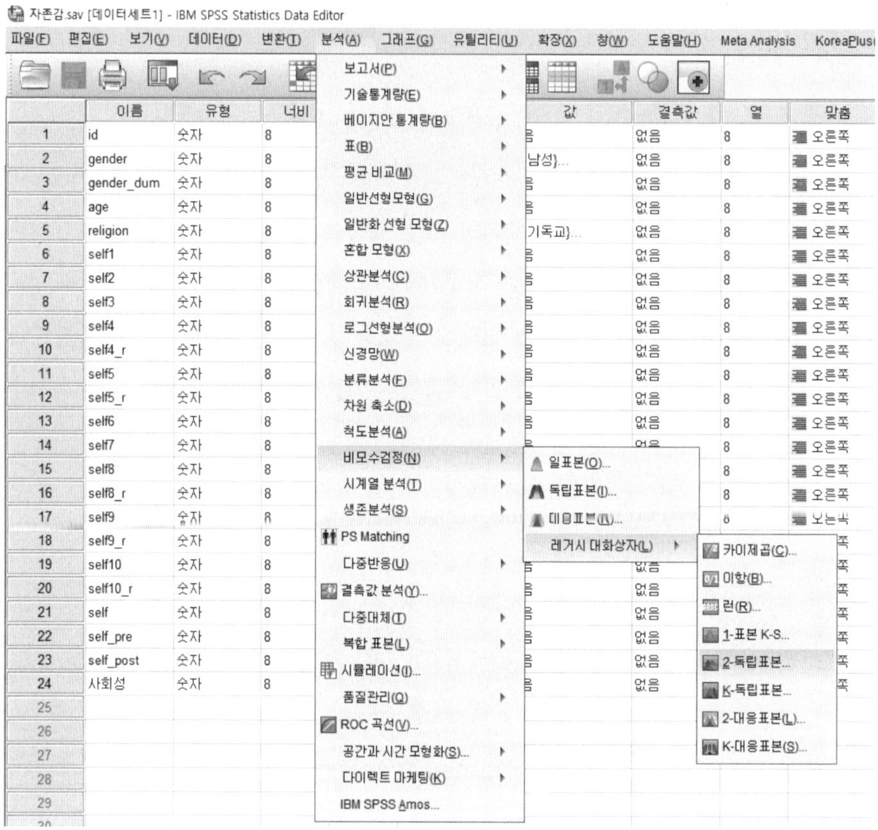

본 예시에서는 성별에 따른 자아존중감 차이를 20명의 아이들을 대상으로 실시하였을 때 [검정변수(T)]에는 자아존중감(self) 변수를 선택하고, 집단변수(G)에는 성별(gender)을 선택한 후 남아와 여아를 각각 '1'과 '2'로 지정하면 된다. 지금까지의 설정과정은 앞서 모수통계에서 다룬 독립표본 t 검정과 상당히 유사하다는 것을 알 수 있을 것이다. 차이점은 20명의 소규모 표본이라는 점과 모수통계의 기본적인 전제조건을 만족하지 못한다는 것이다. 따라서 다음 검정 유형에서 비모수통계 유형 중 □Mann-Whitney의 U를 선택한다.

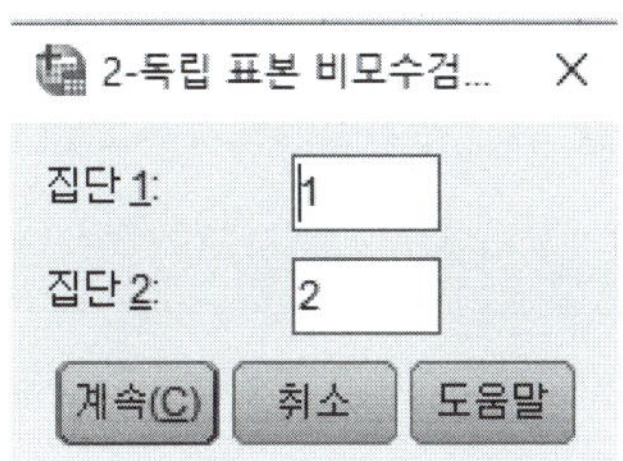

추가적으로 기술통계에 대한 정보를 보려면 [옵션]에서 □기술통계(D)를 체크한다.

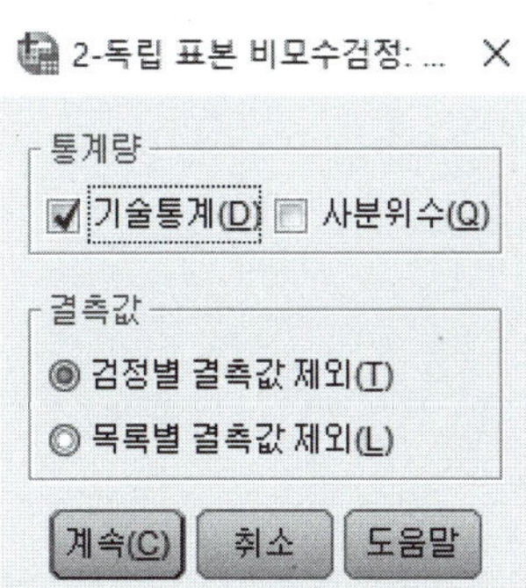

분석결과를 살펴보면 기술통계량에서는 전체 표본 수와 평균, 표준편차, 최소값, 최대값의 기본적인 정보를 제공해 준다. SPSS의 기술통계량에서는 남녀 구분 없이 전체 20명에 대한 기술통계값을 제공해 준다. 맨-위트니의 U 검정에서는 독립표본 t 검정과 달리 평균값을 비교하는 대신에 평균 순위를 통해서 집단 간 차이를 확인할 수 있다. 일반적으로 평균 순위와 순위 합이 높을수록 검정변수에 대한 관찰값이 더 많다는 것을 의미하기 때문에 본 예시에서는 남성의 자아존중감이 더 높다는 것을 알 수 있다. 마지막으로 검정통계량은 이러한 차이가 통계적으로 유의한지를 보여준다. 검정통계량에서 U값은 3.000, Z = −3.56, p<.001로 통계적으로 유의미한 것으로 나타났다.

비모수 검정

기술통계량

	N	평균	표준화 편차	최소값	최대값
self	20	3.225	1.8393	1.2	5.9
gender	20	1.50	.513	1	2

Mann-Whitney 검정

순위

	gender	N	평균 순위	순위합
self	남성	10	15.20	152.00
	여성	10	5.80	58.00
	전체	20		

검정 통계량[a]

	self
Mann-Whitney의 U	3.000
Wilcoxon의 W	58.000
Z	-3.560
근사 유의확률 (양측)	.000
정확 유의확률 [2*(단측 유의확률)]	.000[b]

a. 집단변수: gender

b. 동순위에 대해 수정된 사항이 없습니다.

(2) jamovi를 통한 맨-위트니 U 검정

jamovi를 통해서 앞서 살펴본 성별에 따른 자아존중감의 차이를 동일한 자료(자존감.omv)를 사용하여 분석해 보자. 분석을 위한 순서는 모수통계 분석방법인 독립표본 T-Test 분석과정과 동일하다.

T-Tests → Independent Samples T-Test

하지만 [Independent Samples T-Test] 창에서 설정이 달라진다. [Tests]에서 □Student's 대신에 □Mann-Whitney U를 선택하면 비모수 통계분석에 대한 설정이 된다. 다음으로 [Dependent Variables]에는 'self'를 선택하고 [Grouping Variable]에는 'gender'를 설정한다.

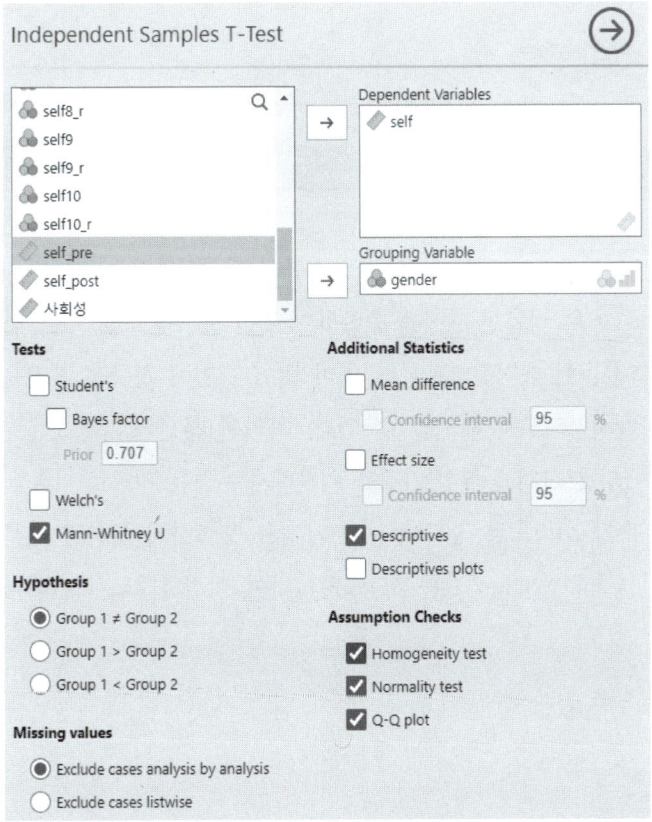

추가적으로 [Assumption Checks]에서는 □Homogeneity test를 체크하여 분산의 동질성을 검정하고 □Normality test와 □Q-Q plot을 통해서 정규성에 대한 검정을 실시할 수 있다. 분석결과를 살펴보면 SPSS 결과와 동일하게 Mann-Whitney U값은 3.00, p<.001로 성별에 따른 자아존중감의 차이는 유의미하다는 것을 알 수 있다. 다음으로 SPSS와 달리 기술통계에서 남성과 여성 각각 10명에 대한 평균, 중앙값, 표준편차, 표준오차 정보를 제공해 준다.

Independent Samples T-Test

Independent Samples T-Test

		Statistic	p
self	Mann-Whitney U	3.00	< .001

Group Descriptives

	Group	N	Mean	Median	SD	SE
self	남성	10	4.72	5.20	1.34	0.425
	여성	10	1.73	1.60	0.606	0.192

추가적으로 실시한 분산의 동질성 및 정규성 검정결과를 살펴보면 Shapiro-Wilk 검정결과 p<.05로 정규성 가정을 충족하지 못한다는 것을 알 수 있다. Q-Q plot 결과도 관측값들이 대각선으로부터 많이 벗어나 있어 정규성 가정을 위배하고 있다는 것을 시각적으로 확인할 수 있다. 하지만 분산의 동질성은 p>.05보다 약간 크게 나와 분산의 동질성 가정을 위반하지는 않는 것으로 나타났다. 하지만 우선 표본 수가 20명으로 작고 정규성 가정을 충족하지 못하기 때문에 비모수 통계분석인 Mann-Whitney U를 사용하는 것이 적절하다고 판단된다.

Normality Test (Shapiro-Wilk)

	W	p
self	0.888	0.025

Note. A low p-value suggests a violation of the assumption of normality

Homogeneity of Variances Test (Levene's)

	F	df	df2	p
self	4.28	1	18	0.053

Note. A low p-value suggests a violation of the assumption of equal variances

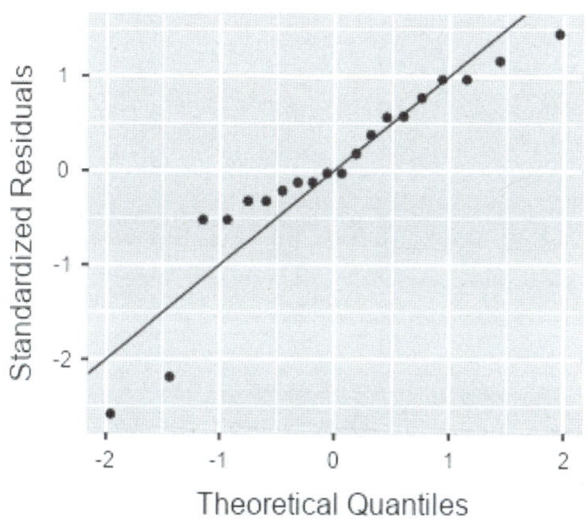

2) 윌콕슨 순위검정(Wilcoxon signed-rank test)

대응표본 t 검정에 대응하는 비모수 통계방법이지만 연속형 변수가 아닌 순위를 활용하여 t 검정을 한다는 점에서 차이가 있다. 예를 들어, 20명의 아이들을 대상으로 자아존중감 향상 프로그램을 진행한 후에 프로그램의 전과 후에 자아존중감의 차이가 있는지를 검정하고자 할 때 표본 수가 30 이하로 적고 분포의 정규성이 가정되지 않기 때문에 대응표본 t 검정 대신에 윌콕슨 순위검정 방법을 사용할 수 있다.

(1) SPSS를 통한 윌콕슨 순위검정

분석 → 비모수검정 → 레거시 대화상자 → 2-대응표본

2-대응표본 비모수검정 창에서 [검정 대응(T)]의 변수1에는 사전 자아존중감 점수(self_pre)를, 변수2에는 사후 자아존중감 점수(self_post)를 선택하여 설정한다.

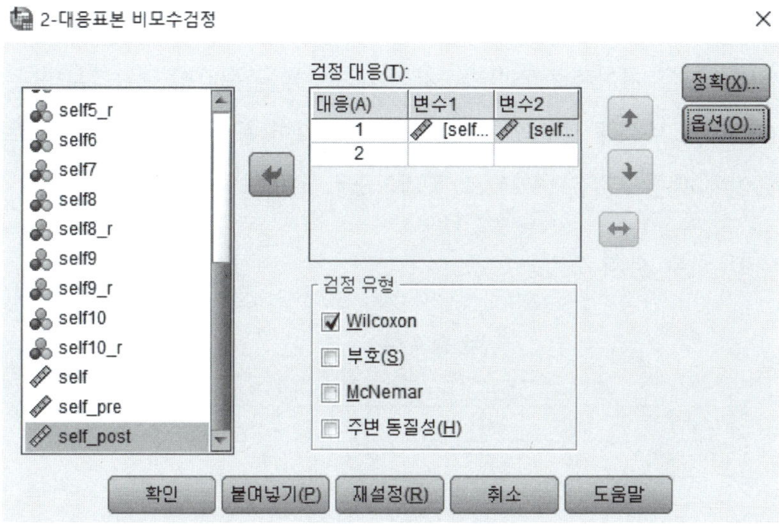

검정유형에서는 □Wilcoxon에 체크하고 옵션을 선택하여 □기술통계를 추가하면 다음과 같은 결과를 얻을 수 있다.

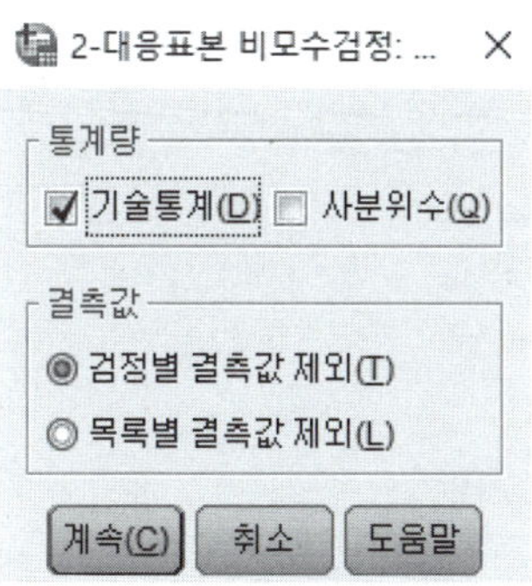

기술통계량 분석결과에서 사전 자아존중감 점수의 평균과 표준편차, 사후 자아존중감 점수의 평균과 표준편차에 대한 정보가 제공되는데, 사전에 비해 사후 자아존중감 평균 점수가 높다는 것을 알 수 있다. 윌콕슨 검정은 대응표본 t 검정과

는 달리 평균값의 비교가 아닌 순위의 비교를 통해서 통계적 유의도를 검정한다. Wilcoxon 부호순위 검정 결과에서 보듯이 음의 순위(a)는 사후보다는 사전 검사의 평균값이 큰 경우의 수이고, 양의 순위(b)는 반대로 사후 평균값이 사전 평균값보다 큰 경우이다. 마지막으로 등순위(c)는 사전과 사후의 평균값이 동일한 경우이다. 본 예시에서는 사후 자아존중감의 평균값이 사전 자아존중감의 평균값보다 큰 경우가 18명이고, 사전과 사후의 자아존중감 평균값이 동일한 경우가 2명으로 나타났다. 이에 대한 Z값은 -3.742로 통계적으로 유의하였다($p<.001$).

비모수 검정

기술통계량

	N	평균	표준화 편차	최소값	최대값
self_pre	20	2.460	.2563	2.1	2.9
self_post	20	2.890	.3684	2.6	3.9

Wilcoxon 부호순위 검정

순위

		N	평균 순위	순위합
self_post - self_pre	음의 순위	0[a]	.00	.00
	양의 순위	18[b]	9.50	171.00
	등순위	2[c]		
	전체	20		

a. self_post < self_pre

b. self_post > self_pre

c. self_post = self_pre

검정 통계량[a]

	self_post - self_pre
Z	-3.742[b]
근사 유의확률 (양측)	.000

a. Wilcoxon 부호순위 검정

b. 음의 순위를 기준으로.

(2) jamovi를 통한 윌콕슨 순위검정

동일한 자료(자존감.omv)를 활용하여 20명의 아이들의 자아존중감이 자아존중감 향상 프로그램 전과 후에 차이가 있는지를 검정해 보도록 하자. 다음의 순서대로 클릭하면 [Paired Samples T-Test] 창이 나타난다.

T-tests → Paired Samples T-Test

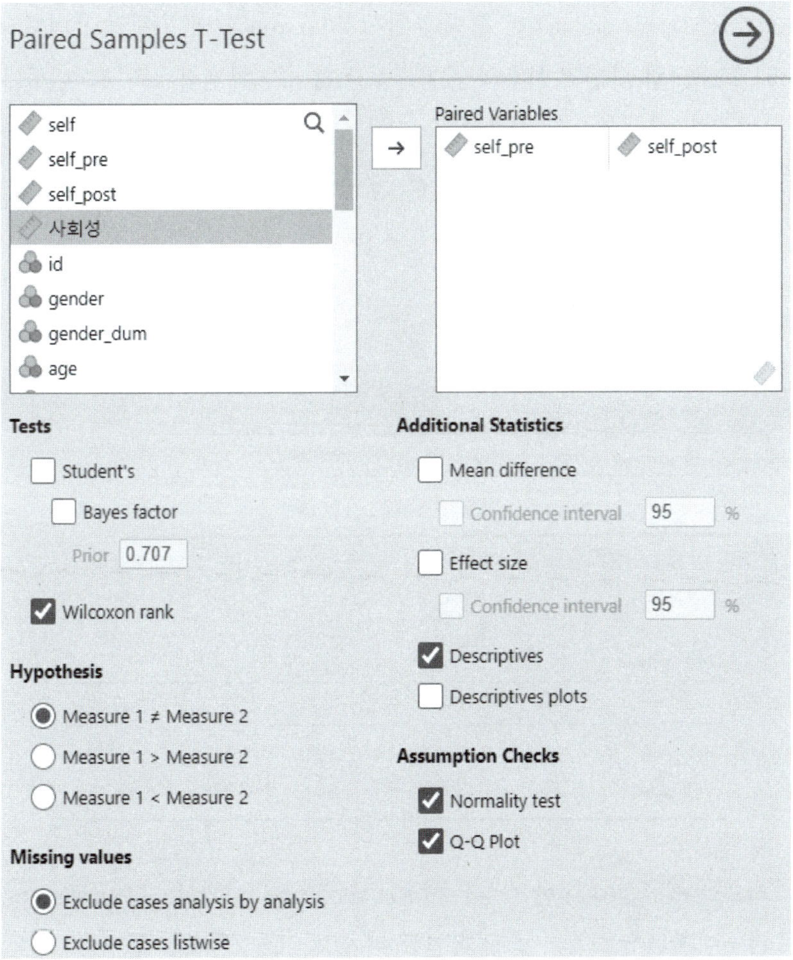

[Paired Variables]에는 사전 자아존중감(self_pre) 변수와 사후 자아존중감(self_post) 변수를 차례대로 선택한다. 다음으로 대응표본 t 검정과 달리 □Wilcoxon rank를 체크하면 비모수 통계 분석을 실시할 수 있다. 추가적으로 □Descriptives를 선택하여 기술통계분석을 실시하고 [Assumption Checks]를 통해서 정규성 가정을 검정할 수 있다. 동일한 집단 20명에 대한 사전과 사후차이 검정 시에는 집단 간 분산의 동질성 가정을 실시하지는 않는다.

분석결과 SPSS처럼 순위결과를 자세히 보여주지는 않지만 2개의 등순위가 있다(2pair(s) of values were tied)는 설명과 함께 Wilcoxon W의 통계적 유의도가 p <.001로 프로그램 사전과 사후의 자아존중감 차이가 통계적으로 유의미하다는 것을 보여준다. 추가적으로 기술통계에서는 SPSS와 동일하게 20명의 아이들의 사전과 사후 자아존중감의 평균, 중앙값, 표준편차, 표준오차와 같은 정보를 제공해 준다.

Paired Samples T-Test

Paired Samples T-Test

			Statistic	p
self_pre	self_post	Wilcoxon W	0.00 [a]	< .001

[a] 2 pair(s) of values were tied

Descriptives

	N	Mean	Median	SD	SE
self_pre	20	2.46	2.45	0.256	0.0573
self_post	20	2.89	2.80	0.368	0.0824

추가적으로 정규성에 대한 검정은 [Assumption Checks]에서 □Normality test와 □Q-Q Plot을 통해서 다음과 같이 확인할 수 있다. Shapiro-Wilk 검정결과 p<.05로 정규성 가정을 충족하지 못하고 Q-Q Plot에서도 관측값이 대각선에서 많이 벗어나 있어 정규성 가정을 만족하지 않음을 알 수 있었다.

Normality Test (Shapiro-Wilk)

			W	p
self_pre	-	self_post	0.875	0.015

Note. A low p-value suggests a violation of the assumption of normality

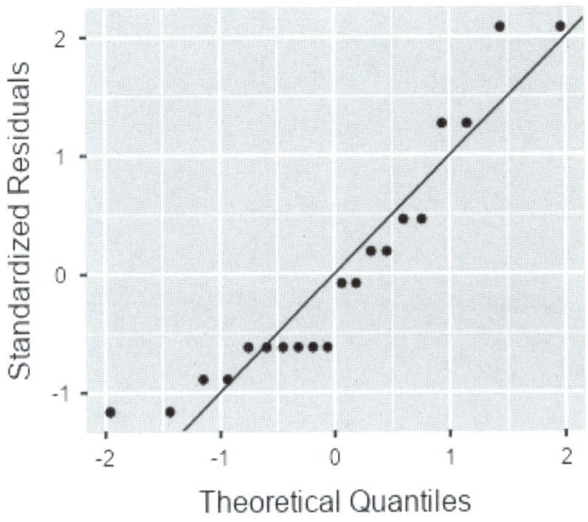

3) 크러스칼-왈리스 검정(Kruskal-Wallis test)

크러스칼-왈리스 검정은 모집단의 정규분포와 분포의 등분산성을 가정할 수 없을 때 사용하는 비모수 통계기법으로 맨-위트니 U검정과 달리 3집단 이상을 비교하는 경우에 사용된다. 이와 유사한 모수통계기법으로 일원배치 분산분석이 있다. 앞서 사용한 아이들의 자아존중감 자료에서 종교(기독교, 불교, 무교)에 따른 사회성 수준의 차이를 분석하는 경우에 사용할 수 있다.

(1) SPSS를 통한 크러스칼-왈리스 검정

분석 → 비모수검정 → 레거시 대화상자 → K-독립표본

분석(A)
그래프(G)
유틸리티(U)
확장(X)
창(W)
도움말(H)
Meta Analysis
self1
self2
self3
self4
보고서(P)
기술통계량(E)
베이지안 통계량(B)
표(B)
평균 비교(M)
일반선형모형(G)
일반화 선형 모형(Z)
혼합 모형(X)
상관분석(C)
회귀분석(R)
로그선형분석(O)
신경망(W)
분류분석(F)
차원 축소(D)
척도분석(A)
비모수검정(N)
시계열 분석(T)
생존분석(S)
PS Matching
다중반응(U)
결측값 분석(Y)...
다중대체(T)
복합 표본(L)
시뮬레이션(I)...
품질관리(Q)
ROC 곡선(V)...
공간과 시간 모형화(S)...
다이렉트 마케팅(K)
IBM SPSS Amos...
일표본(O)...
독립표본(I)...
대응표본(R)...
레거시 대화상자(L)
카이제곱(C)...
이항(B)...
런(R)...
1-표본 K-S...
2-독립표본...
K-독립표본...
2-대응표본(L)...
K-대응표본(S)...

K-독립표본 비모수검정 창에서 검정변수에는 자아존중감(self)을 선택하고 집단변수에는 종교(religion)를 선택한다. 집단변수의 설정은 세 집단의 경우 최소값 1부터 최대값 3까지 설정하면 된다. 여기서 1은 "기독교", 2는 "불교", 그리고 3은 "무교"가 된다. 옵션에서는 기술통계를 추가할 수 있다.

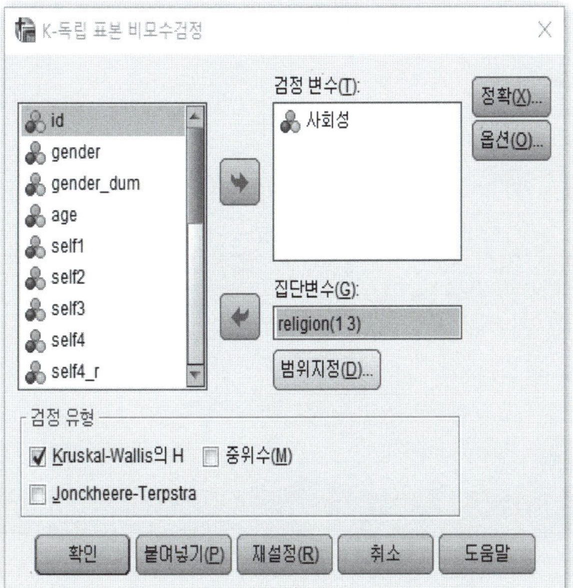

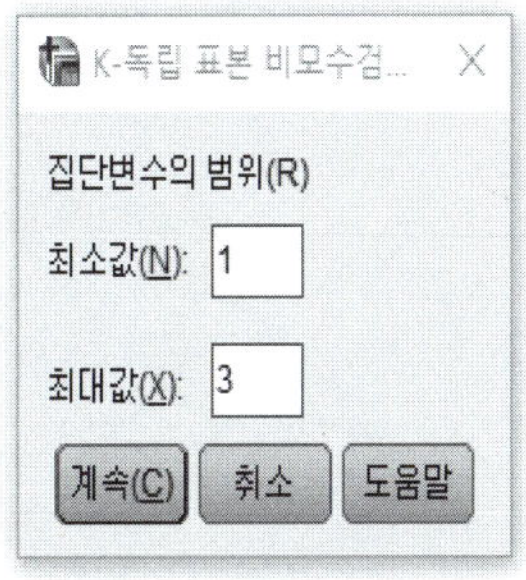

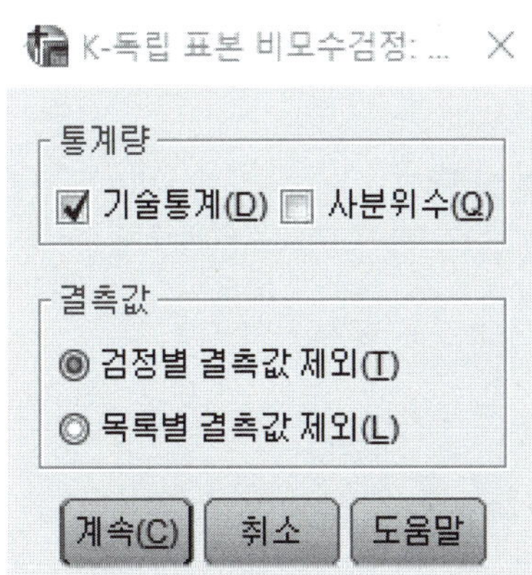

분석결과를 살펴보면 기독교, 불교, 무교에 따라 아이들의 사회성 수준에 차이가 있는 것으로 나타났다. 평균 순위를 통해서 봤을 때 기독교가 16.5, 불교가 9.5 그리고 무교가 3.5의 순으로 나타나 기독교를 종교를 가지고 있는 아이들의 사회성 수준이 가장 높은 것으로 나타났다. 그리고 이러한 차이는 통계적으로 유의미하였다(H=17.308, p<.001).

비모수 검정

기술통계량

	N	평균	표준화 편차	최소값	최대값
사회성	20	5.75	2.731	1	9
religion	20	1.90	.852	1	3

Kruskal-Wallis 검정

순위

	religion	N	평균 순위
사회성	기독교	8	16.50
	불교	6	9.50
	무교	6	3.50
	전체	20	

검정 통계량[a,b]

	사회성
Kruskal-Wallis의 H	17.308
자유도	2
근사 유의확률	.000

a. Kruskal Wallis 검정

b. 집단변수: religion

다음으로 사후분석을 통해서 집단 간 차이를 분석할 수 있다. 구체적으로 다음의 단계를 통해서 설정이 이루어진다.

분석 → 비모수 검정 → 독립표본

[비모수 검정: 2개 이상의 독립표본] 창에서 우선 [목표]는 집단 전체에서 분포 자동 비교(U)가 초기 설정값으로 되어 있다.

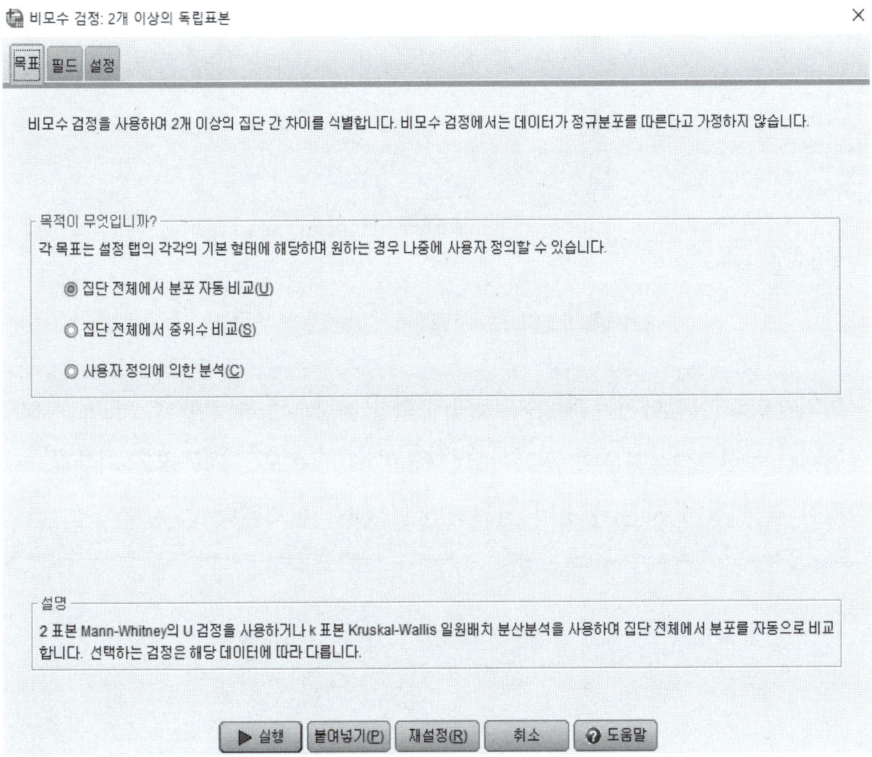

다음으로 [필드]를 클릭하여 [검정 필드(T)]에는 '사회성' 변수를 선택하고 [집단(G)]에서는 'religion(종교)' 변수를 선택하여 설정한다.

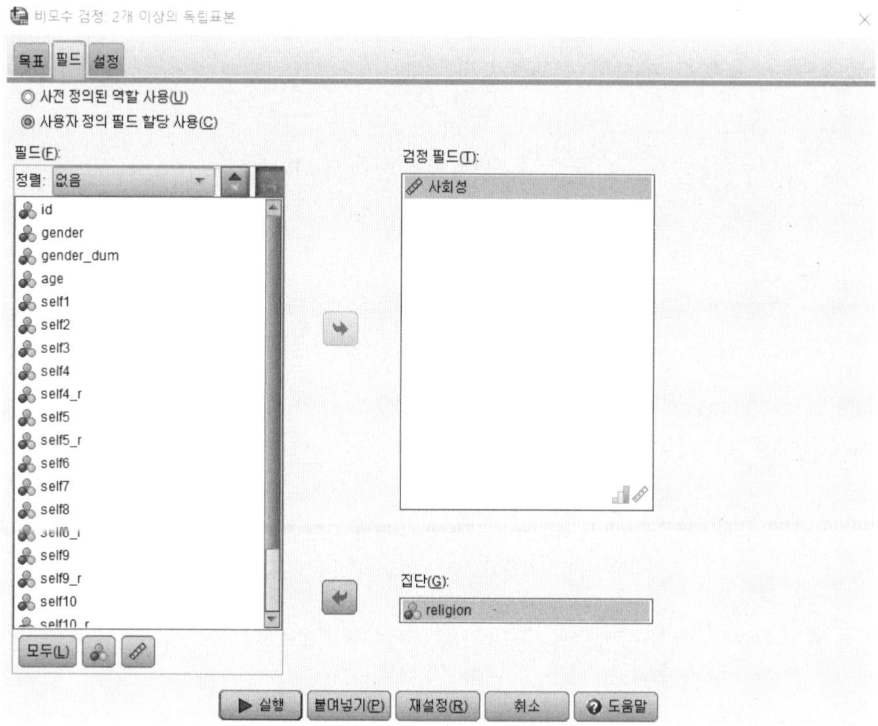

마지막으로 [설정]에서는 [사용자 정의에 의한 검정(C)]을 클릭한 후 Kruskal-Wallis 일원배치 분산분석(k 표본)을 선택하고 [다중비교(N)]는 모든 대응별을 기본값으로 설정한다. 이상의 모든 설정이 완료되면 [실행]을 클릭한다.

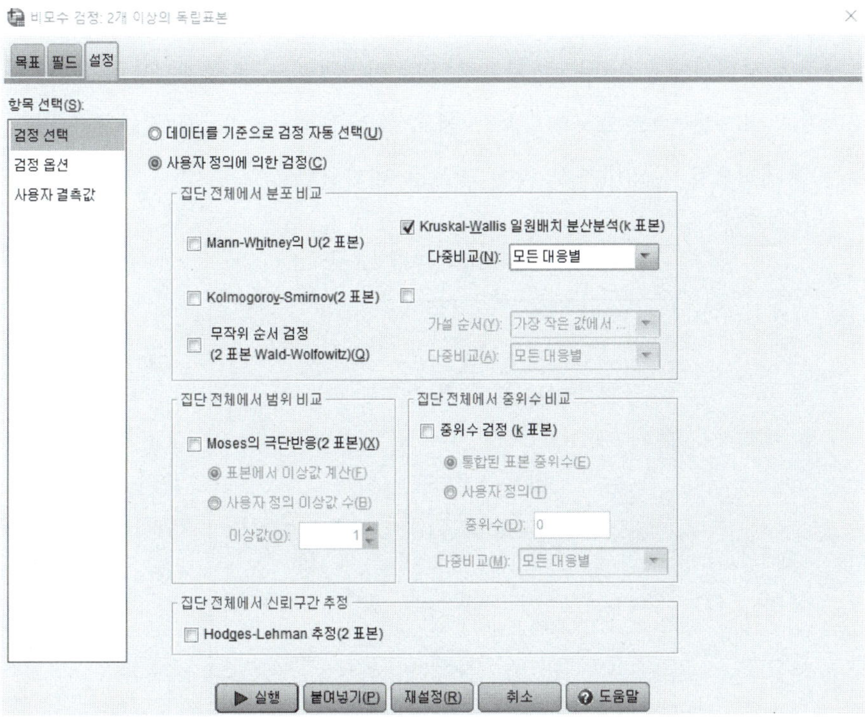

실행을 누르면 가설검정에 대한 요약결과가 제시되는데, 여기서는 종교에 따라서 사회성에는 차이가 없다는 귀무가설(영가설)에 대한 검정결과를 보여준다. 검정결과 p<.001로 영가설이 기각되어 종교에 따라 사회성에는 유의미한 차이가 있다는 것을 알 수 있다.

가설검정 요약

	귀무가설	검정	Sig.	의사결정
1	사회성의 분포는 religion의 범주에서 동일합니다.	독립표본 Kruskal-Wallis 검정	.000	귀무가설을 거부합니다.

근사 유의수준이 표시됩니다. 유의 수준은 .05입니다.

다음으로 위의 표를 오른쪽 마우스를 클릭하여 [내용편집(O)]과 [별도의 창에서(W)]를 선택하면 다음과 같은 [모형 뷰어 창] 화면이 나타난다. 아래 쪽에 있는 [보기]를 클릭하여 [대응별 비교]로 변경하면 religion의 쌍대 비교 그림과 더불어

religion의 표본평균 순위를 각각의 쌍별로 통계적 유의도 검정 결과를 보여준다. 분석결과 사회성에 있어 무교-기독교 집단 사이의 차이는 통계적으로 유의미한 차이가 있고(노란색으로 표시됨), 무교-불교 그리고 불교-기독교 집단 사이의 차이는 통계적으로 유의미하지 않은 것으로 나타났다.

religion의 쌍대 비교

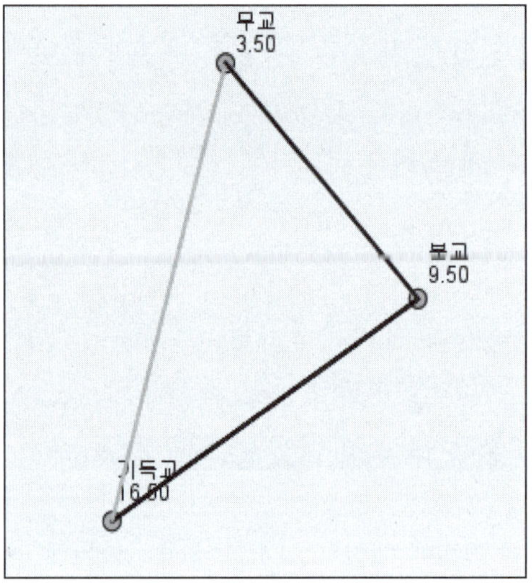

각 노드는 religion의 표본 평균 순위를 보여줍니다

표본1-표본2	검정 통계량	표준 오류	표준 검정 통계량	Sig.	조정된 유의수준
무교-불교	6.000	3.365	1.783	.075	.224
무교-기독교	13.000	3.148	4.130	.000	.000
불교-기독교	7.000	3.148	2.224	.026	.078

각 행은 표본 1 및 표본 2 분포가 동일한 귀무가설을 검정합니다.
근사 유의수준(양쪽 검정)이 표시됩니다. 유의 수준은 .05입니다.
유의성 값이 다중 검정에 대해 Bonferroni 수정으로 조정되었습니다.

(2) jamovi를 통한 크러스칼-왈리스 검정

20명의 아이들 자아존중감 자료(자존감.omv)를 활용하여 종교에 따라 사회성에 차이가 있는지를 jamovi를 활용하여 분석해 보자. 30명 이하의 적은 표본과 정규성 가정을 충족하지 못하는 상황에서 세 집단 이상의 차이를 검정하는 크러스칼-왈리스 비모수 통계방법을 사용하여 분석한다.

ANOVA → One-Way ANOVA Kruskal-Wallis

분석결과 SPSS와 마찬가지로 종교(기독교, 불교, 무교)에 따라서 사회성에는 유의미한 차이가 있는 것으로 나타났다($x^2(2)=17.3$, $p<.001$). □DSCF pairwise comparisons를 체크하면 일원배치 분산분석의 사후비교와 같이 각각의 집단별 차이에 대한 통계적 유의도를 검정할 수 있다. 여기서는 SPSS와 달리 모든 집단별로 사회성 점수의 차이가 있는 것으로 판정하였는데 이는 비모수 검정방식이 SPSS와 차이가 나기 때문이다.

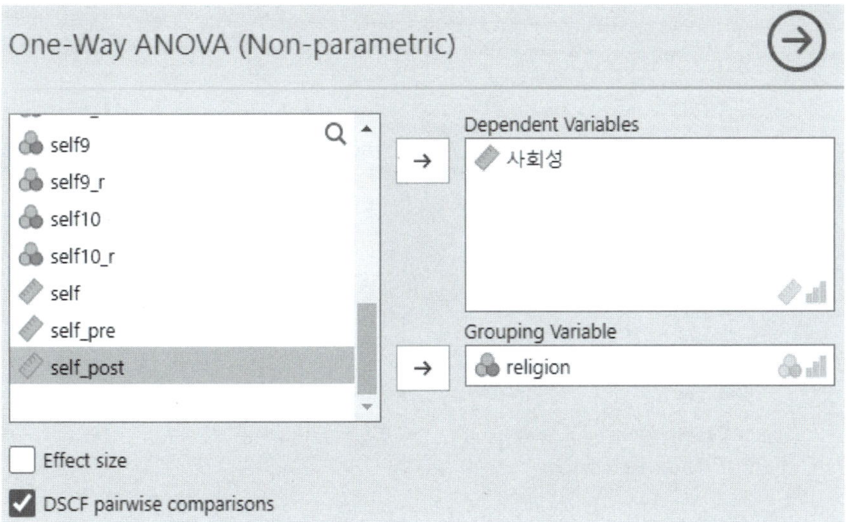

One-Way ANOVA (Non-parametric)

Kruskal-Wallis

	χ^2	df	p
사회성	17.3	2	< .001

Dwass-Steel-Critchlow-Fligner pairwise comparisons

Pairwise comparisons - 사회성

		W	p
기독교	불교	-4.53	0.004
기독교	무교	-4.56	0.004
불교	무교	-4.19	0.009

추가적으로 비모수 검정을 위한 기본적인 전제들에 대한 검정을 실시하려면 일원배치 분산분석의 경우와 마찬가지로 다음과 같이 설정한다.

ANOVA → One-Way ANOVA

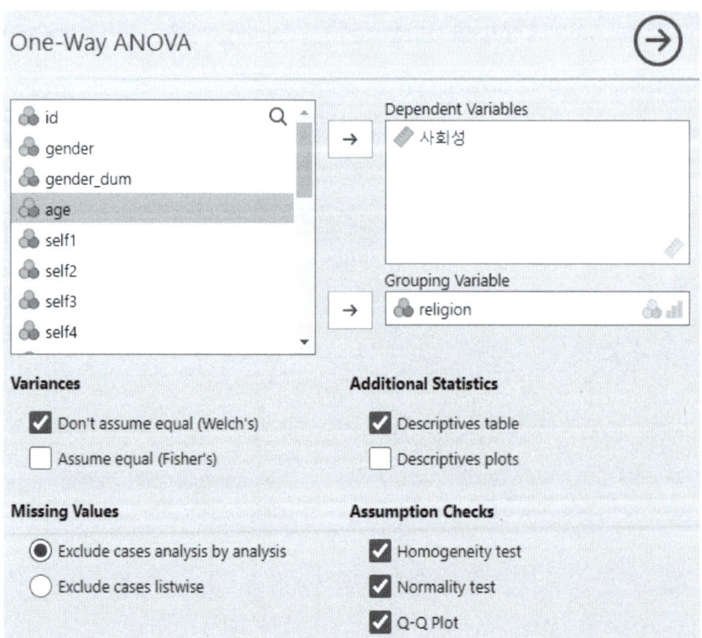

분석결과를 살펴보면 Shapiro-Wilk 검정결과 $p<.05$로 정규성 가정을 위배하지 않으며 분산의 동질성에도 유의미한 차이가 없어 가정을 위배하지는 않았다. 하지만 표본 수가 20명으로 적기 때문에 비모수 검정을 실시하는 것이 적절한 것으로 판단된다.

Normality Test (Shapiro-Wilk)

	W	p
사회성	0.929	0.149

Note. A low p-value suggests a violation of the assumption of normality

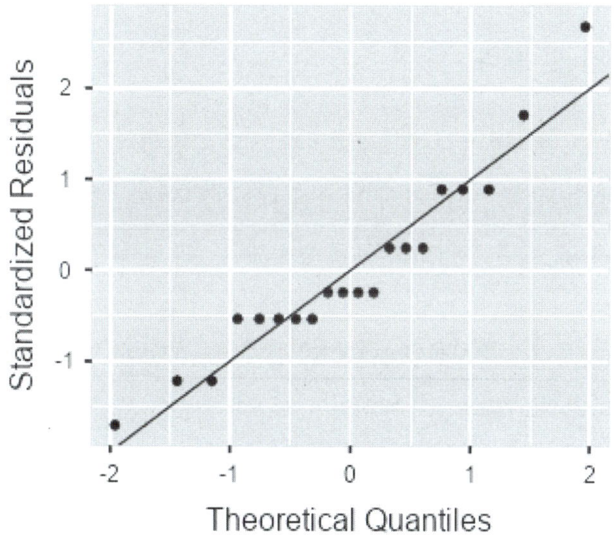

Homogeneity of Variances Test (Levene's)

	F	df1	df2	p
사회성	0.166	2	17	0.848

추가적으로 □Descriptives table을 선택하여 기독교, 불교, 무교에 따라서 사회성 점수의 평균, 표준편차, 표준오차 등의 기술통계 정보를 구할 수 있다.

Group Descriptives

	religion	N	Mean	SD	SE
사회성	기독교	8	8.38	0.518	0.183
	불교	6	5.83	0.753	0.307
	무교	6	2.17	0.983	0.401

5. 상관관계 분석

1) 주요 개념 및 원리

소득이 높아지면 사람들이 행복할까? 혹은 덜 우울할까? 는 소득과 행복 혹은 소득과 우울이라는 두 변수 간의 관계에 대한 질문이다. 이처럼 두 변수 간에 관련성이 존재하는지를 파악하고 그 상관관계의 정도를 알아보는 방법이 상관관계 분석이다.

일반적으로 두 변수의 상관관계에 대한 분석에서 살펴볼 수 있는 두 가지 중요한 정보는 두 변수의 관계성의 방향(direction)과 강도(magnitude)라고 할 수 있다. 우선, 한 변수의 값이 증가 또는 감소할 때 다른 변수의 값이 증가 또는 감소하는 경향을 알아봄으로써 두 변수 간의 관계를 파악해 볼 수 있는데, 이는 정적(+) 상관관계와 부적(−) 상관관계로 구분된다. 정적 상관관계는 소득이 높아지면 행복감이 증가하는 것과 같이 하나의 변수가 증가할 때 또 다른 변수도 같이 증가하는 경우이다(그림 5−3). 반대로 부적 상관관계는 하나의 변수가 증가할 때 대응되는 변수가 감소하는 경우로, 예를 들어 소득이 증가할수록 우울이 감소하는 경우를 들 수 있다(그림 5−4).

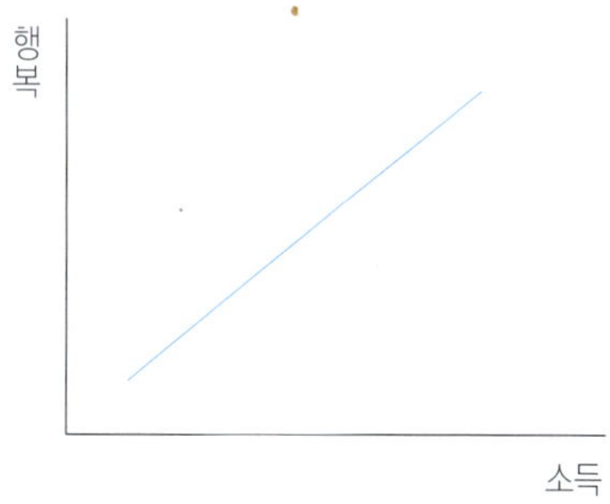

ㅣ그림 5-3ㅣ **정적 상관관계**

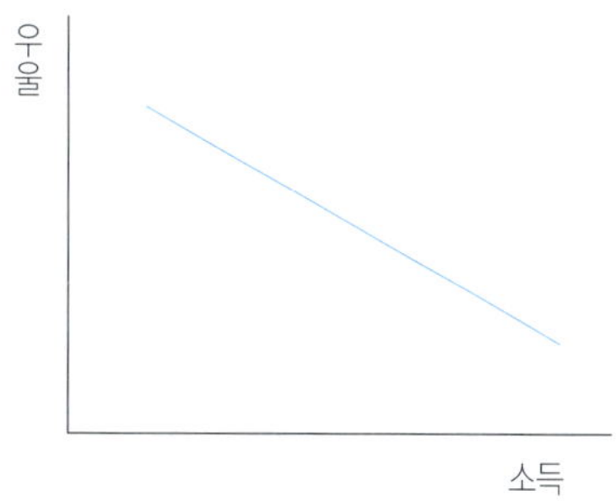

ㅣ그림 5-4ㅣ **부적 상관관계**

다음으로 상관관계 분석에서 관계의 강도는 상관계수(correlation coefficient)의 값으로 나타낸다. 상관계수는 변수들 간의 상관관계의 정도와 방향을 하나의 수치로 요약해서 나타내 주는데, 가장 일반적인 상관계수는 피어슨 상관계수(Pearson product-moment correlation coefficient : r)이다. 이 피어슨 상관계수는 두 개의 연속형 변수에 대해서 상관관계의 방향과 강도를 보여준다.

피어슨 상관계수는 기본적으로 공분산(covariance)의 개념에 기초하고 있는데, 여기서 공분산은 두 변수들의 각각의 평균에 대한 편차의 곱으로 다음과 같이 나타난다.

$$\text{공분산(covariance)} = \frac{\Sigma(X_i - \overline{X})(Y_i - \overline{Y})}{n}$$

X와 Y의 두 변수가 동일한 측정단위가 아니기 때문에 측정단위에 따른 편차가 다르게 나타난다. 가령, 위의 예에서 월 소득은 천 원 단위로 측정되고, 행복과 우울 정도는 1점 단위로 측정된다면 측정단위의 차이로 인한 편차의 차이도 크게 나타난다. 따라서 측정단위로 인한 차이를 통제하려면 다음 그림과 같이 X, Y 변수의 공분산을 두 변수의 표준편차로 나누어 주면 되는데 이것이 상관계수 r 값이 되는 것이다. 다시 말해 공분산을 표준화한 값이 상관계수이다.

$$r = \frac{covariance}{\sigma_x \cdot \sigma_y}$$

$$r = \frac{covariance(X, Y)}{\sqrt{Var(X) \cdot Var(Y)}}$$

상관계수 값은 $-1<r<1$의 범위로 나타나는데 0에 가까울수록 상관관계는 낮아지고, 상관계수의 절대값이 1에 가까울수록 상관관계의 강도가 높은 것으로 해석한다. 상관관계 계수의 범위와 그에 따른 상관관계의 강도를 해석하는 데 다음 표를 참고하기 바란다.

상관관계 계수의 범위	상관관계의 강도
±0.9 이상	매우 높다
±0.7~±0.9 미만	높다
±0.4~±0.7 미만	다소 높다
±0.2~±0.4 미만	낮다
±0.2 미만	매우 낮다

두 변수가 서열변수들인 경우의 상관관계는 스피어만의 순위상관(Spearman's rank correlation) 분석을 통해서 살펴볼 수 있고, 상관관계의 범위는 피어슨 상관계수와 동일하게 -1에서 1 사이로 표현된다. 두 변수 모두 명목변수들인 경우 파이 및 크래머의 상관관계 분석(Phi and Cramer's V)를 사용하여 상관관계를 살펴볼 수 있다. 비교대상 변수가 성별(남/여), 찬반 여부(찬성과 반대)와 같이 2개의 범주를 가지는 경우에는 파이 상관관계 분석을 실시하고, 비교대상 변수의 범주가 3개 이상인 경우, 가령 인종(백인, 흑인, 아시아인 등)과 종교형태(기독교, 천주교, 불교 등)의 변수들 간의 상관관계는 크래머 V를 통해서 살펴볼 수 있다. 파이 및 크래머의 V의 상관계수는 0과 1 사이의 값으로 표현된다.

추가적으로 부분상관관계(partial correlation) 분석은 두 변수의 관계에 영향을 주는 제3의 변수(통제변수)의 영향을 제거하고 두 변수의 상관관계를 분석하는 데 사용된다. 부분상관계수도 단순상관계수와 같이 -1과 1 사이의 값을 가진다.

예를 들어, 소득(a), 행복(b), 우울(c) 사이의 관계에서 우울상태를 통제한 상태에서 소득과 행복의 관계를 살펴볼 수 있다. 부분상관계수는 소득과 행복(r_{ab}), 소득과 우울(r_{ac}), 그리고 행복과 우울(r_{bc})의 3개의 상관계수를 토대로 다음과 같이 계산된다(채구묵, 2014).

$$r_{ab.c} = \frac{r_{ab} - r_{ac}r_{bc}}{\sqrt{1 - r_{ac}^2}\sqrt{1 - r_{bc}^2}}$$

마지막으로 상관관계 분석은 두 변수 간의 관계의 방향과 강도를 보여주는 것으로 두 변수 간의 인과관계(독립, 종속변수)를 상정하지 않는다는 점을 주의해야 한다. 위의 예에서 소득이 높아지면 행복감이 증가하고 반대로 우울감은 감소한다고 할 때, 소득, 행복감, 그리고 우울감 사이에 상관관계를 주장할 수는 있지만, 소득이 행복과 우울을 일으키는 원인(독립)변수라고 주장할 수는 없다는 것이다. 실제 아무리 소득수준이 높아도 여러 가지 다른 이유로 행복하지 않고 우울할 수 있기 때문이다. 가령, 질병상태, 가족과의 관계, 친구관계, 직장 내에서의 스트레스 등 무수히 많은 요인들이 사람들의 행복과 우울에 영향을 미칠 수 있기 때문에 변수들 간의 인과관계를 설명할 때는 좀 더 주의가 필요하다.

2) SPSS와 jamovi를 통한 분석 및 해석

상관관계 분석 실습을 위해서 '지역사회' 자료를 활용하기로 한다. 지역사회 자료에서 지역주민들의 삶의 질과 지역사회 애착 사이에 어떠한 상관관계가 있는지를 SPSS와 jamovi를 활용하여 분석해 보기로 하자.

(1) SPSS를 통한 상관관계 분석

① 이변량 상관계수

'지역사회.sav' 자료를 열어서 다음의 순서대로 상관관계 분석을 진행한다.

본 예시에서는 지역주민들의 지역사회 애착과 삶의 질이라는 두 변수 사이의 상관관계를 살펴보는 것으로 이변량 상관계수를 구하면 된다.

메뉴 → 분석 → 상관분석 → 이변량 상관계수

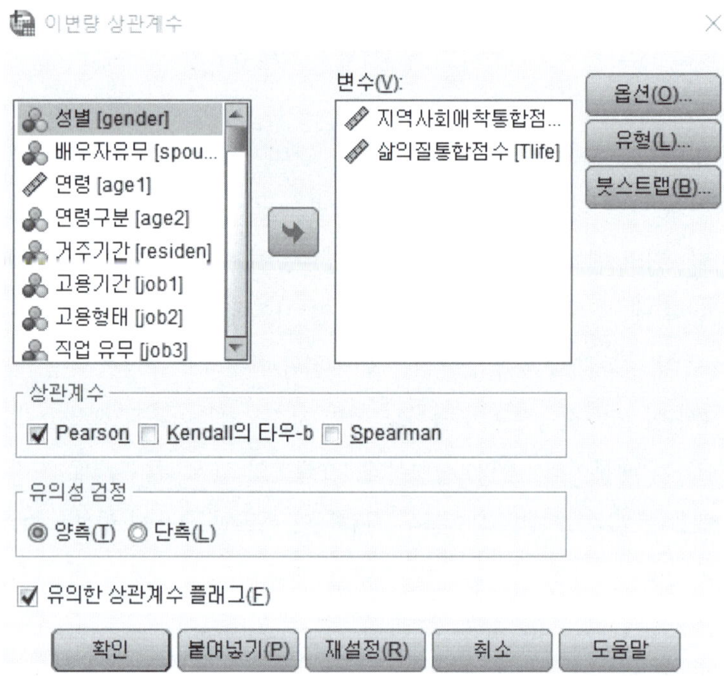

이변량 상관계수 창에서 두 연속형 변수인 지역사회 애착 통합점수(Tatta)와 삶의 질 통합점수(Tlife)를 [변수] 칸으로 이동한다. SPSS는 초기 설정 상 두 연속형 변수의 상관관계 분석 시 활용되는 Pearson 상관계수에 체크되어 있기 때문에 이 부분은 그대로 두면 된다. 유의성 검정에서는 일반적으로 양측검정이 활용된다. 이는 상관관계 분석은 인과관계처럼 독립변수와 종속변수 사이의 명확한 구분이 어려워 변수 간의 관계에서 방향성을 확정하기 어렵기 때문이다.

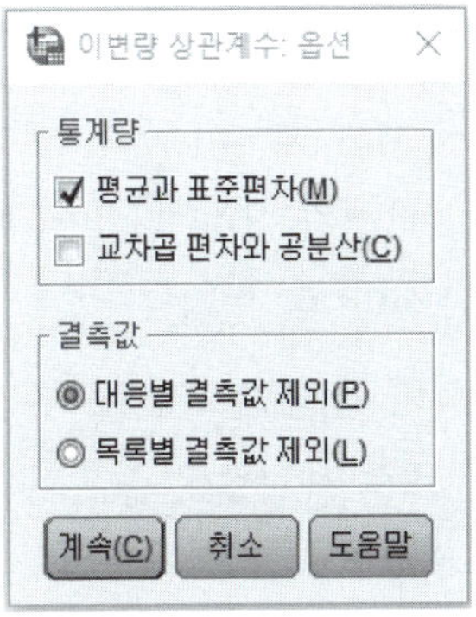

추가적으로 [옵션]을 클릭하여 □평균과 표준편차를 체크하면 기술통계에 대한 정보도 같이 구할 수 있다.

기술통계량

	평균	표준화 편차	N
지역사회애착통합점수	52.6800	8.70358	800
삶의질통합점수	23.0750	3.87952	800

상관관계

		지역사회애착통합점수	삶의질통합점수
지역사회애착통합점수	Pearson 상관	1	.330**
	유의확률 (양측)		.000
	N	800	800
삶의질통합점수	Pearson 상관	.330**	1
	유의확률 (양측)	.000	
	N	800	800

**. 상관관계가 0.01 수준에서 유의합니다(양측).

상관관계 분석을 실시하면 지역사회 애착과 삶의 질 통합점수의 평균과 표준편차에 대한 기술통계에 대한 정보와 함께 상관관계 분석결과가 제시된다. 상관관계 분석결과를 살펴보면 지역사회 애착과 삶의 질 변수 사이의 Pearson 상관계수(r)는 .330($p<.01$)로 통계적으로 유의한 것으로 나타났다. 여기서 상관계수는 두 변수 간의 관계의 방향과 크기를 보여주는데 본

예시에서 두 변수 간의 관계는 정적인 상관관계를 가지는 것으로 나타났다. 다시 말해 지역사회 애착 점수가 높을수록 삶의 질 점수 역시 높은 형태를 보인다는 것이다. 관계의 강도의 경우 .33으로 0.4 미만으로 나타나 높지는 않은 것으로 해석할 수 있다.
다음으로 상관관계 분석의 결과를 그래프로 나타내는 방법을 살펴보자. 상관관계 분석은 산포도 혹은 산점도(scatter plot)로 표현되는데 그래프를 그리는 절차는 다음과 같다.

메뉴 → 그래프 → 차트작성기 → 산점도/점도표

[갤러리]에서 [산점도/점도표]를 선택하고 산점도/점도표 유형에서는 파란색으로 표시된 단순산점도 혹은 적합선이 포함된 단순산점도를 활용한다. 다음으로 X축에 지역사회 애착 변수를 마우스로 드래그하여 이동시키고 Y축에는 삶의 질 변수를 똑같은 방법으로 이동시킨다. 물론 X축에 삶의 질 변수를 Y축에 지역사회 애착 변수를 설정해도 동일한 결과를 보여준다. 따라서 결정은 연구자가 하되 해석이 보다 명확하고 직관적으로 식별 가능한 점에 초점을 두어 X, Y축에 변수를 설정하면 된다.

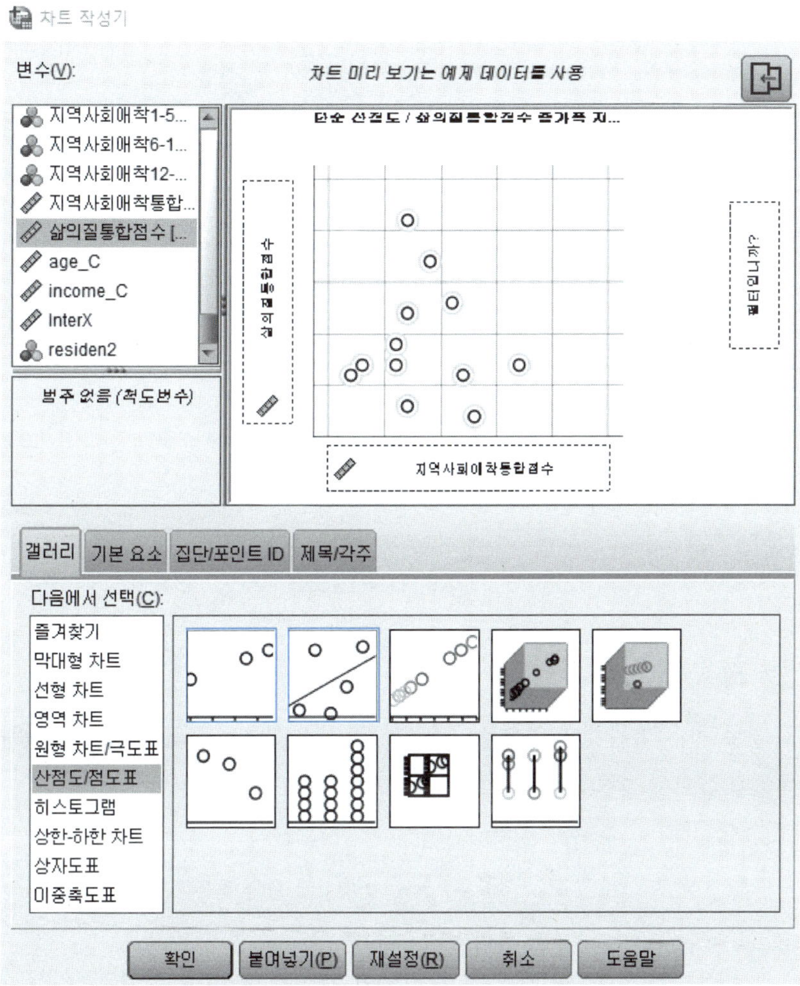

단순산점도를 선택해서 [확인]을 누르면 다음과 같은 산점도를 구할 수 있다. 산점도에서 보듯이 두 변수 사이의 관계에 대한 적합선(혹은 예측선)이 정적인 형태로 표시됨을 알 수 있다. 하지만 개별 관찰값들(여기서는 점으로 표시됨)이 적합선 주변에 밀집되었다기보다는 분산된 형태를 보이는데, 이는 상관관계의 크기 혹은 강도가 크지는 않다는 것을 시각적으로 보여주는 것이다. 회귀선을 추가하기 위해서는 단순산점도를 더블클릭하여 도표편집기에서 '전체 회귀선 적합추가'를 클릭하면 된다.

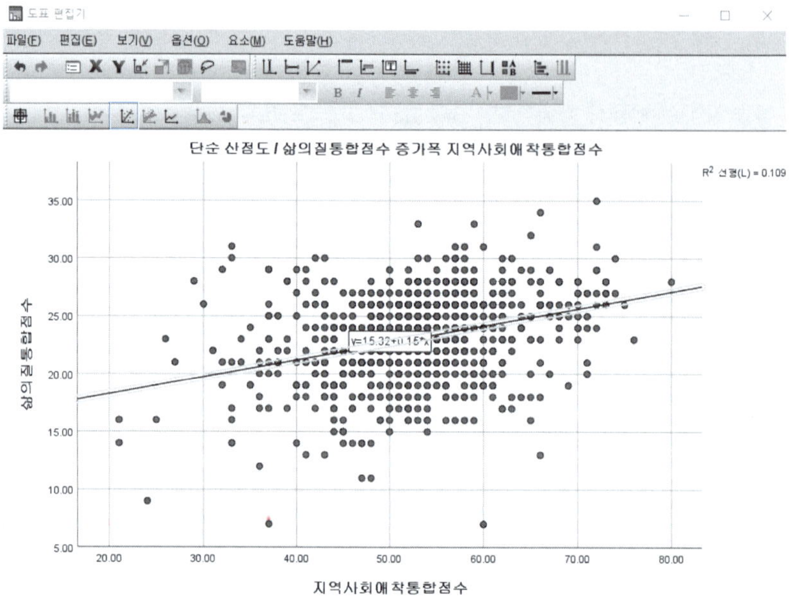

② 편상관계수

두 변수의 관계에 영향을 주는 제3의 변수(통제변수)의 영향을 제거하고 두 변수의 상관관계를 분석하는 방법에 대해서 살펴보자.

메뉴 → 분석 → 상관분석 → 편상관

앞에서 살펴본 지역주민의 지역사회 애착과 삶의 질 사이의 상관관계에서 직업 유무의 영향을 제거하고 편상관계수를 구하기 위해서는 [변수] 칸에는 지역사회 애착(Tatta)과 삶의 질(Tlife) 변수를 이동시키고, [제어변수] 칸에는 직업 유무(job3) 변수를 이동시킨다.

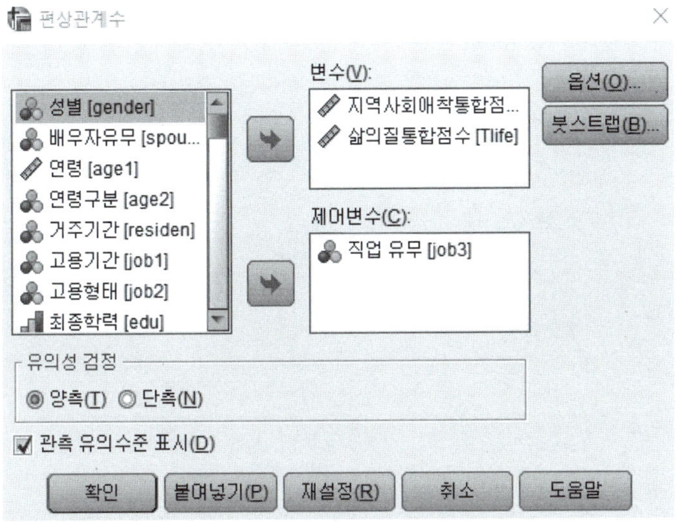

추가적으로 [옵션]에서 □평균과 표준편차를 체크하면 기술통계에 대한 정보를 얻을 수 있고, □0차 상관을 체크하면 단순상관관계가 함께 제시된다.

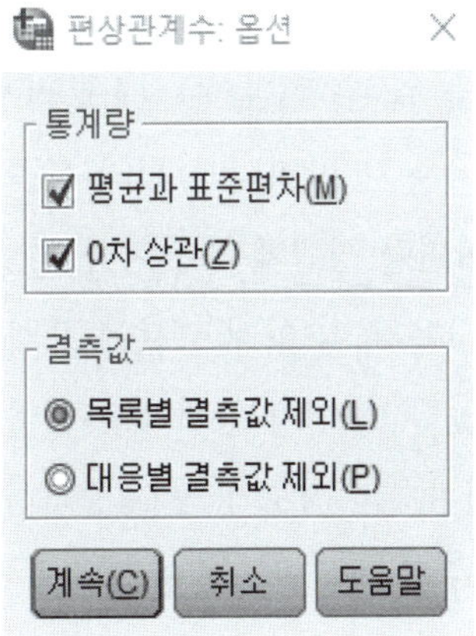

상관관계

대조변수			지역사회애착통합점수	삶의질통합점수	직업 유무
-지정않음-[a]	지역사회애착통합점수	상관관계	1.000	.330	.108
		유의확률(양측)	.	.000	.002
		자유도	0	798	798
	삶의질통합점수	상관관계	.330	1.000	-.016
		유의확률(양측)	.000	.	.654
		자유도	798	0	798
	직업 유무	상관관계	.108	-.016	1.000
		유의확률(양측)	.002	.654	.
		자유도	798	798	0
직업 유무	지역사회애착통합점수	상관관계	1.000	.334	
		유의확률(양측)	.	.000	
		자유도	0	797	
	삶의질통합점수	상관관계	.334	1.000	
		유의확률(양측)	.000	.	
		자유도	797	0	

a. 셀에 0차 (Pearson) 상관이 있습니다.

설정이 완료된 후 [확인]을 눌러서 상관관계 결과를 살펴보면 두 개의 상관관계 값이 제시됨을 알 수 있다. 우선 [옵션]에서 '0차 상관'을 지정하게 되면 제어변수(직업 유무)가 반영되기 전의 상관관계 계수 값을 보여준다. 여기서 r값 .330은 이변량 상관계수 값이다. 다음으로 제어변수가 반영된 이후의 편상관계수 값은 표의 아래 부분에 표시되는데 .334로 통계적으로 유의한 것으로 나타났다. 이변량 상관계수와 비교해 보면 직업 유무를 통제(제어)했을 때 상관관계의 정도가 약간 증가하는 것을 볼 수 있다. 이는 지역사회 애착과 삶의 질 사이의 상관관계에서 직업 유무의 영향이 통제된 결과로 해석할 수 있다.

(2) jamovi를 통한 상관관계 분석

① 이변량 상관계수

동일한 '지역사회.omv' 자료를 활용하여 지역주민의 지역사회 애착(Tatta)과 삶의 질(Tlife) 사이의 상관관계를 jamovi를 이용하여 분석해 보자. 우선 다음 표의 순서대로 클릭하여 [Correlation Matrix] 창을 연다.

Analyses → Regression → Correlation Matrix

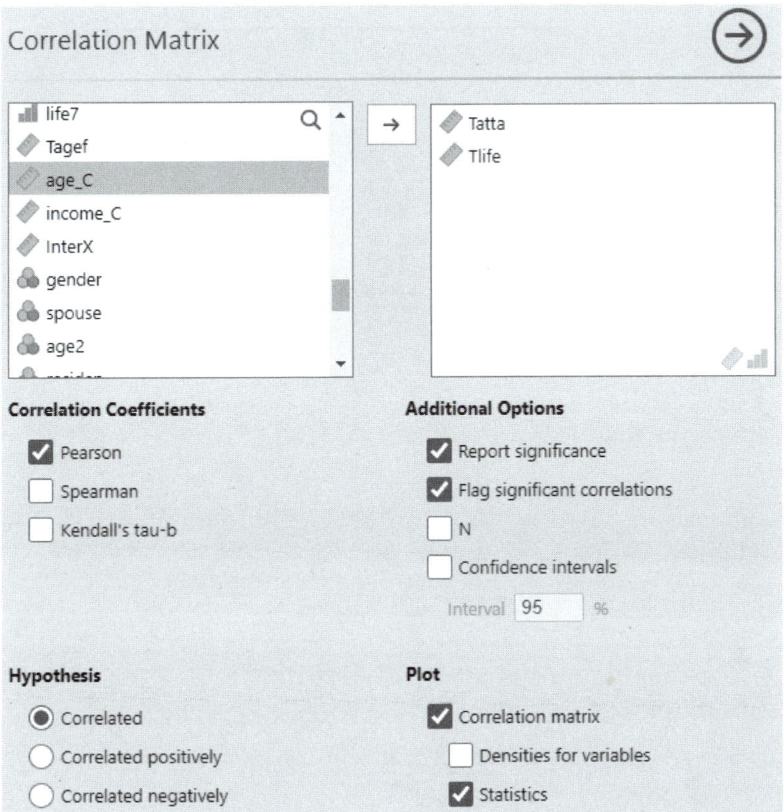

다음 설정에서 [Correlation Coefficients]는 두 연속형 변수 간의 상관관계를 분석하는 것이기 때문에 초기 설정인 □Pearson에 체크한다. [Additional Options]에서는 □Report significant에 체크하면 통계적 유의도에 대한 p값이 표시된다. p값 대신에 '*' 표시를 넣고 싶으면 □Flag significant correlations를 체크한다. 이렇게 설정을 완료하고 나면 다음과 같은 상관관계 표(Correlation Matrix)를 볼 수 있다.

Correlation Matrix

		Tatta	Tlife
Tatta	Pearson's r	—	
	p-value	—	
Tlife	Pearson's r	0.330 ***	—
	p-value	< .001	—

Note. * p < .05, ** p < .01, *** p < .001

SPSS에서처럼 두 변수 간의 상관관계를 그래프로 표현하고 싶으면 위의 설정 [Plot]에서 □Correlation matrix에 체크하고, 상관관계 값도 같이 표시하고 싶으면 □Statistics를 체크한다. 설정이 완료되면 다음과 같은 산점도를 구할 수 있다.

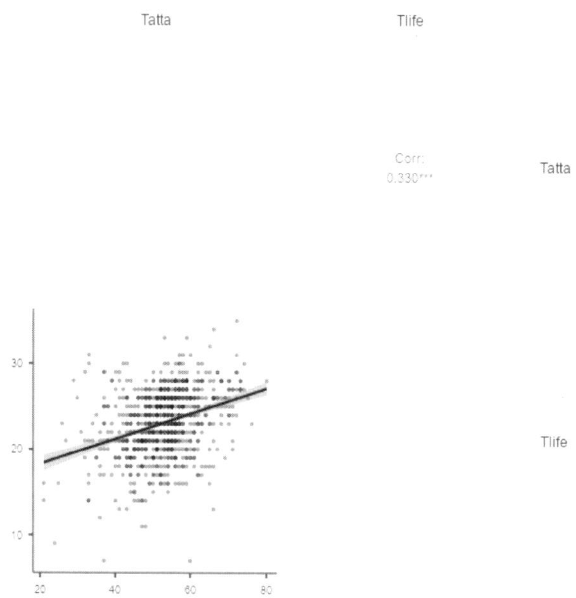

② 편상관계수

jamovi에서도 외부변수를 통제한 상태에서 상관관계 분석을 실시하여 편상관계수를 구할 수 있다.

Analyses → Regression → Partial Correlation

[Partial Correlation] 창에서 지역주민의 지역사회 애착(Tatta)과 삶의 질(Tlife) 변수를 [Variables] 칸으로 옮기고, 직업 유무(job3) 변수를 [Control variables] 칸으로 이동시킨다. 나머지 기본설정은 다음과 같다.

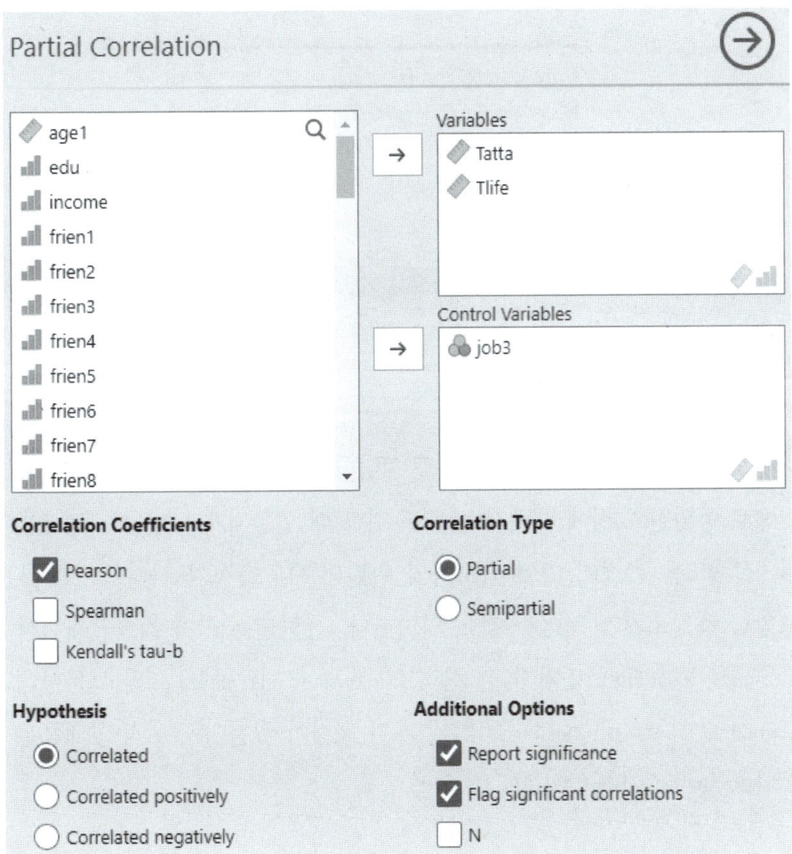

이렇게 설정이 완료되면 jamovi 결과 창에 다음과 같은 편상관계수 값을 확인할 수 있다. SPSS 분석결과와 동일하게 직업 유무가 통제된 상태에서 지역사회애착과 삶의 질 사이의 피어슨 상관관계 계수 값은 .334이고 이는 통계적으로 유의하다($p<.001$). Note를 보면 직업 유무(job3)가 통제되었음을 알 수 있다.

Partial Correlation

		Tatta	Tlife
Tatta	Pearson's r	—	
	p-value	—	
Tlife	Pearson's r	0.334 ***	—
	p-value	< .001	—

Note. controlling for 'job3'
Note. * p < .05, ** p < .01, *** p < .001

6. 척도의 신뢰도 분석

1) 주요 개념 및 원리

신뢰도(reliability)는 어떠한 대상을 얼마나 일관성 있게 측정하는지를 나타내는 것으로 동일한 대상에 대해서 반복 측정할 때 일관되게 나타나는 정도를 의미한다. 신뢰도는 측정에 있어서 오차와 관련되는데 측정의 신뢰도가 높다는 것은 그만큼 측정오차가 적다는 것을 의미한다. 신뢰도는 크게 검사-재검사 신뢰도(test-retest reliability), 평가자 간 신뢰도(inter-rater reliability), 그리고 문항내적 신뢰도(internal consistency reliability)의 세 가지 유형이 있는데 구체적인 내용은 다음과 같다(Rubin & Babbie, 2010).

(1) 검사-재검사 신뢰도

검사-재검사 신뢰도는 시간에 따른 측정의 일관성을 측정하는 것으로, 만약 시간에 따른 일관성이 없다면 변화라는 것이 실제적인 변화인지 아닌지를 판단하기 어렵다. 검사-재검사 신뢰도의 측정방식은 동일한 사람에 대해서 두 번의 다른 시간대에 동일한 측정도구로 측정하여 결과를 비교하여 판단한다. 여기서 주의해야 할 사항은 검사와 재검사가 동일한 환경에서 이루어져야 하고 적절한 기간의 설정(보통 2주)을 통해서 살펴봐야 한다는 점이다. 예를 들어서, 지역사회 아동 돌봄서비스에 대한 만족도(100점 만점)를 2주 간격으로 측정했을 때 높은 검사-재검사 신뢰도와 낮은 검사-재검사 신뢰도의 형태는 다음과 같다.

높은 신뢰도 예시

	검사(time1)	재검사(time2)
철수	47	48
영희	63	65
민서	93	91
준석	84	83

낮은 신뢰도 예시

	검사(time1)	재검사(time2)
철수	47	94
영희	63	96
민서	93	58
준석	84	27

(2) 평가자 간 신뢰도

평가자 간 신뢰도는 어떠한 변수를 측정하는 데 있어서 두 평가자 간의 일치도를 통해서 구해진다. 보통은 두 평가자 간의 일치도가 70% 이상이 된다면 수락할 수 있는 수준의 평가자 간 신뢰도를 의미한다. 예를 들어, 영화수업 과제에 영화 비평문(10점 만점)을 두 명의 평가자가 평가하여 평가자 간 신뢰도가 높은 경우와 낮은 경우를 살펴보면 다음과 같다.

높은 신뢰도 예시

	평가자1	평가자2
철수	10	9
영희	2	3
민서	5	6
준석	8	8

낮은 신뢰도 예시

	평가자1	평가자2
철수	10	5
영희	2	6
민서	5	9
준석	8	1

(3) 문항내적 신뢰도

문항내적 신뢰도는 측정도구의 문항들 간의 일관성을 측정하는 것으로, 가장 보편적으로 많이 활용되는 것은 크론바하 알파(Cronbach α)를 통한 문항 간 신뢰도를 살펴보는 것이다. 일반적으로 α값이 .90 이상이면 매우 높은 수준의 내적 일관성을 의미하고 .80에서 .89 사이면 좋은 수준의 내적 일관성을 나타낸다. 예를 들어서, 행복의 정도를 7점 척도 3문항으로 측정하는 경우 높은 문항내적 신뢰도와 낮은 문항내적 신뢰도는 다음과 같다.

높은 신뢰도 예시

	행복1	행복2	행복3
철수	4	4	5
영희	7	6	7
민서	1	2	2
준석	3	3	3

낮은 신뢰도 예시

	행복1	행복2	행복3
철수	4	1	7
영희	7	2	5
민서	1	7	4
준석	3	1	6

마지막으로 주의해야 할 내용은 신뢰도가 반드시 정확도(accuracy)를 의미하지는 않는다는 것이다. 가령 우리가 몸무게를 측정하는데 저울이 처음부터 5kg 정도 높게 설정되어 있다고 한다면 몸무게가 일관되게 측정되어 신뢰도는 높을 수 있지만 정확하게 측정되었다고 할 수는 없다. 따라서 신뢰도와 함께 항상 고려되어야 하는 것은 척도의 타당도(validity)이다. 즉, 척도가 연구자가 원래 의도했던 그 내용을 정확하게 측정하고 있는 타당한 측정도구인지가 중요하다.

2) SPSS와 jamovi를 통한 분석 및 해석

신뢰도 분석에서 일반적으로 많이 활용되는 문항내적 신뢰도를 보여주는 크롬바하 알파값(α)을 구하는 방법을 SPSS와 jamovi를 통해서 실습해 보도록 한다. 실습을 위해서 상관관계 분석 시 활용했던 '지역사회' 자료 안에 있는 삶의 질 척도를 사용한다. 문항내적 신뢰도 분석을 위해서는 삶의 질 척도의 모든 문항들을 분석에 포함하여야 한다.

(1) SPSS를 통한 신뢰도 분석

SPSS를 통한 문항내적 신뢰도 분석을 위한 과정은 다음과 같다.

분석 → 척도분석 → 신뢰도 분석

'지역사회.sav' 자료의 신뢰도 분석 창에서 7문항으로 구성된 삶의 질 척도들을 모두 선택하여 [항목] 칸으로 이동시킨다. [모형]을 보면 '알파'로 지정되어 있는데, SPSS에서 신뢰도 분석은 초기 설정으로 문항내적 신뢰도인 알파가 설정되어 있음을 알 수 있다. 참고로 신뢰도 분석에 앞서 척도가 일관되게 코딩되었는지를 확인할 필요가 있다. 일반적으로 표준화된 척도, 가령 CES-D 우울척도의 경우 긍정과 부정 문항들이 혼합되어 사용되는 경우가 많기 때문에 앞에서 배운 재코딩 방법으로 일관된 형태로 코딩을 변경한 후에 척도의 신뢰도 검사를 진행하여야 한다.

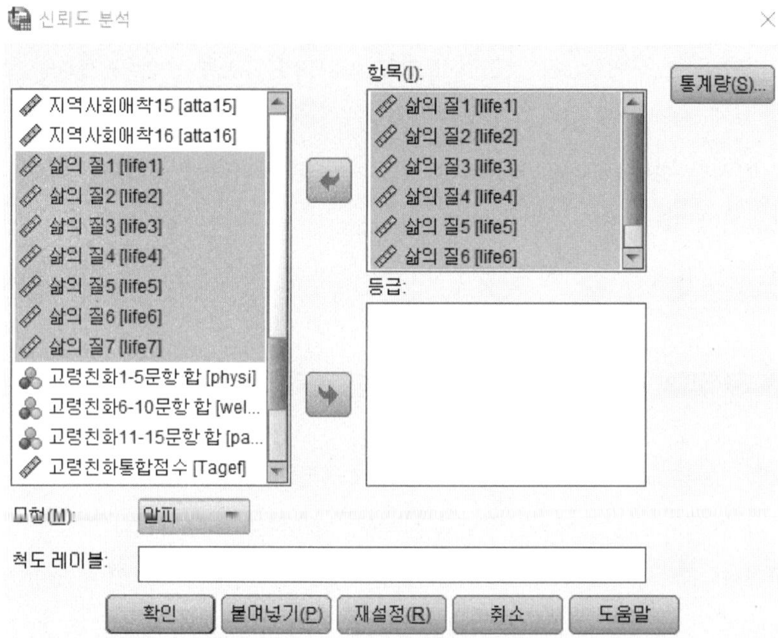

[확인]을 눌러서 신뢰도 분석을 실시하면 다음과 같은 결과를 확인할 수 있다. 우선 케이스 처리 요약에서는 전체 표본 수(800)와 결측값(2 케이스)을 보여준다. 다음으로 신뢰도 통계량에서 Cronbach의 알파값을 보여준다. 본 예시에서는 삶의 질 척도 7문항들 간의 내적 신뢰도는 .865로 1에 가까워 문항들 간의 내적 신뢰도가 높다는 것을 알 수 있다.

케이스 처리 요약

		N	%
케이스	유효	798	99.8
	제외됨[a]	2	.3
	전체	800	100.0

a. 목록별 삭제는 프로시저의 모든 변수를 기준으로 합니다.

신뢰도 통계량

Cronbach의 알파	항목 수
.865	7

(2) jamovi를 통한 신뢰도 분석

jamovi를 통한 문항내적 신뢰도 분석은 다음과 같이 매우 간단하게 설정할 수 있다.

Factor → Reliability Analysis

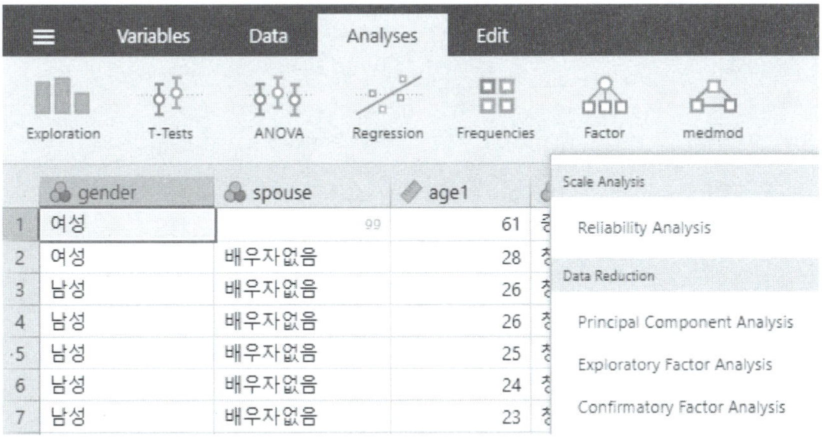

동일한 자료인 '지역사회.omv'를 활용하여 신뢰도 분석을 실시하면 다음과 같다. 우선 [Reliability Analysis] 창에서 삶의 질 척도 7문항들을 [items] 칸으로 이동시킨다. [Scale Statistics]에서 □Cronbach's α로 지정하면 문항내적 신뢰도 값이 계산된다.

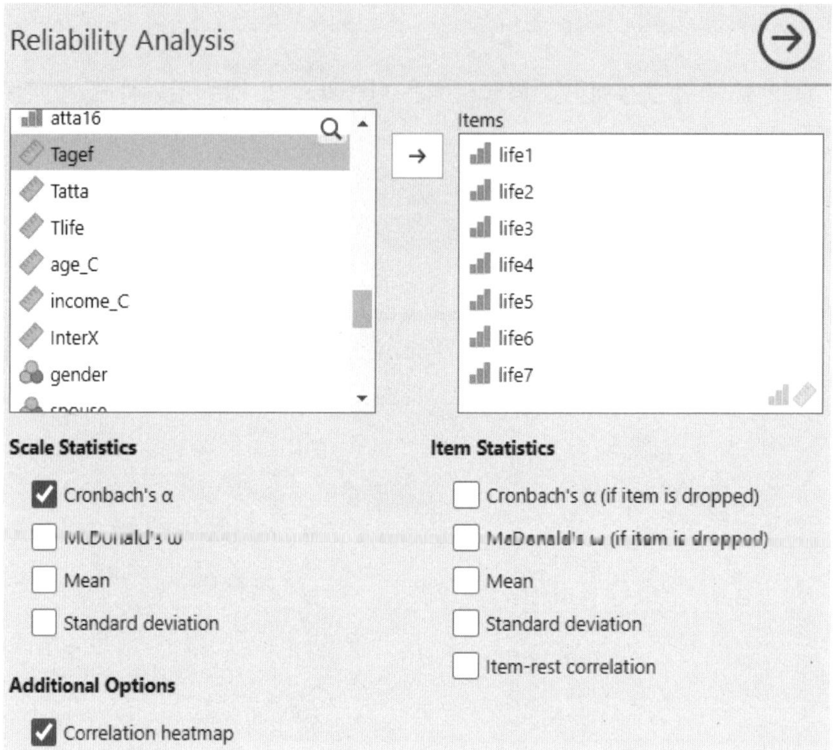

[Additional Options]에서 □Correlation heatmap을 체크하면 문항들 간의 상관관계를 피어슨 상관계수 값으로 보여준다. 이상의 설정이 완료되면 다음과 같은 결과를 얻을 수 있다.

Reliability Analysis

Scale Reliability Statistics

	Cronbach's α
scale	0.865

SPSS 문항내적 신뢰도 분석결과와 동일하게 jamovi에서도 .865로 나타났다. 일반적으로 .7 이상이면 문항들 간의 내적 신뢰도가 비교적 높다고 해석할 수

있다. Correlation Heatmap에서는 정적(+) 관계는 초록색, 부적(−) 관계는 붉은 색으로 표현되는데 본 예시에 사용된 7개의 삶의 질 관련 문항들은 전체적으로 정적인 관계를 보이고 있음을 알 수 있다.

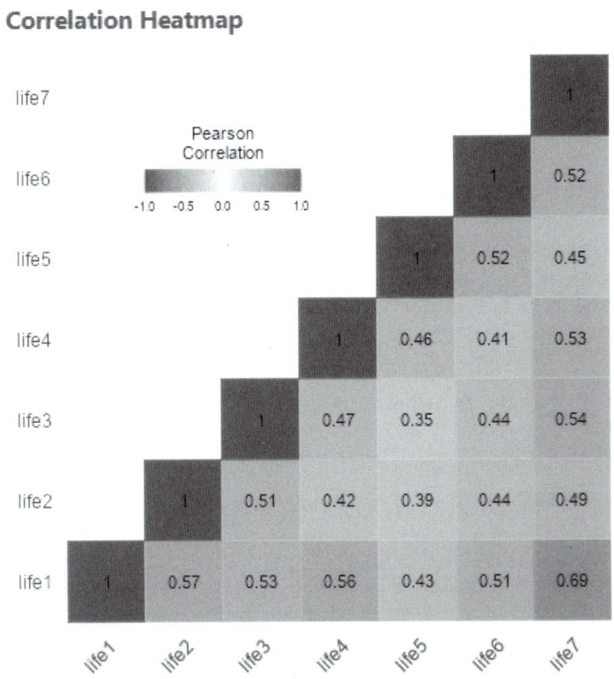

7. 회귀분석

1) 주요 개념 및 원리

이전 장에서 두 변수 간의 관계를 상관관계 분석을 통해서 살펴보았는데 이번 장에서는 하나의 변수를 통해서 또 다른 변수의 변화를 예측하는 회귀분석 방법을 살펴보고자 한다. 상관관계 분석과는 달리 회귀분석은 독립(예측)변수와 종속(결과)변수 사이의 구분이 있고 독립변수의 변화에 따라 종속변수가 어떻게 변화하는지를 살펴볼 수 있다. 예를 들어, 아동의 지능에 따라 창의성 점수가 어떻게 달라지는지를 살펴본다면 지능이 독립변수가 되고 지능에 의해서 예측되는 창의성 점수는 종속변수가 된다.

회귀분석은 일반적으로 전반적인 회귀모형의 적합도에 대한 분석, 독립변수가 종속변수를 설명하는 정도, 그리고 종속변수에 대한 독립변수들의 기여도 등을 살펴본다. 첫째, 전반적인 회귀모형의 적합도는 연구자가 이론에 근거하여 설정한 회귀모형이 전반적으로 적절한가를 회귀모형에 의해 설명되는 분산과 회귀모형에 의해 설명되지 않는 잔차 분산과의 비율로서 F값을 구하는데, 이 F값이 통계적으로 유의할 때($p<.05$), 연구자가 설계한 회귀모형이 적합하다고 판단한다. 둘째, 독립변수가 종속변수를 설명하는 정도는 R^2값을 통해서 살펴볼 수 있나. 종속변수의 총 분산 가운데 회귀모형에 포함된 독립변수가 설명하는 정도로 해석할 수 있다. 셋째, 종속변수에 대한 독립변수의 기여도는 회귀계수 값을 통해서 살펴볼 수 있다. 비표준화 회귀계수 값은 독립변수가 1단위 증가할 때 종속변수가 얼마나 변화하는지를 보여준다. 표준화 회귀계수 값은 다중회귀분석에서 종속변수를 설명하는 독립변수들의 상대적 영향력을 보여줄 수 있는데, 표준화 회귀계수의 절대값이 클수록 종속변수를 설명하는 더 유의미한 예측변수라는 것을 의미한다.

회귀분석에서 대표적으로 사용되는 방식은 최소자승법(OLS : Ordinary Least Squares)이다. 이 방식에서 최적의 회귀식은 독립변수 X를 알 때 가장 적은 오류를 범하면서 종속변수 Y를 예측할 수 있는 식을 의미한다. 최소자승법은 다음 그림을 통해 그 원리를 살펴볼 수 있다. 그림에서 대각선 위와 아래에 있는 점들은 실제 관측값이고 대각선상에 있는 값들은 회귀식에 의해 예측된 값들이다. 실제 관측값과 예측값의 차이를 잔차라고 하는데, 가장 좋은 회귀식은 이 잔차의 제곱값들의 합을 가장 작게 해주는 회귀식을 의미한다. 이를 수식으로 표현하면 다음과 같다.

$$\min\sum e_i = \min\sum(y_i - \hat{y_i})^2$$

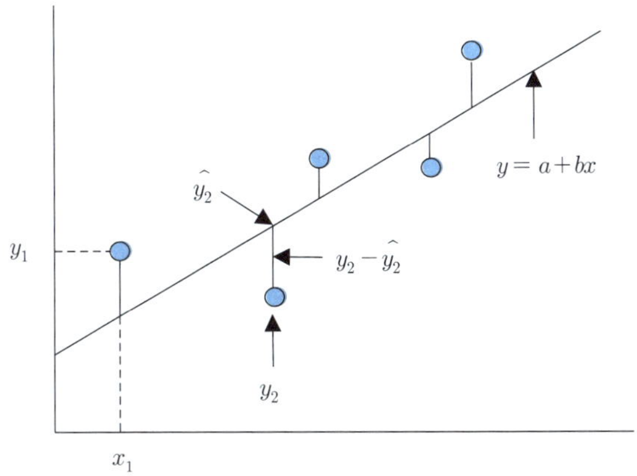

회귀분석의 유형은 독립변수들의 수에 따라서 크게 단순회귀(simple regression) 분석과 다중회귀(multiple regression)분석으로 구분된다. 단순회귀분석은 하나의 독립변수와 하나의 종속변수로 이루어진 선형 회귀식으로 다음과 같이 표현된다. 여기서 회귀계수(B)는 독립변수가 한 단위 증가할 때 종속변수의 변화량을 나타내는 기울기이고, 절편(A)은 독립변수가 투입되기 전의 종속변수의 초기 값이라고 할 수 있다.

$$y = Bx + A$$

x : 독립변수 y : 종속변수
B : 회귀계수(기울기) A : 절편(상수)

예를 들어, 공부시간이 성적에 미치는 영향을 분석하고자 할 때 다음과 같은 회귀식을 만들 수 있다.

$$\hat{Y}(\text{성적}) = bX(\text{공부시간}) + A$$
$$\hat{Y} = 6X + 40$$

만약 공부를 2시간 했을 때 예측되는 성적을 구하고 싶다면 X 대신에 2를 대입하여 (6 × 2) + 40 = 52점이 된다.

다중회귀분석은 복수의 독립변수들과 하나의 종속변수로 이루어진 선형 회귀식으로 다음과 같다. 여기서 x_1, $x_2 \cdots$ x_i는 추가적인 독립변수들을 의미하고 그에 대응하는 각각의 회귀계수(기울기)가 B_1, $B_2 \cdots$ B_i가 된다. 위의 예시에서 성적을 예측하는 요인으로 공부시간 이외에도 지능지수, 스트레스, 불안, 건강상태 등 다양한 요인들이 영향을 미칠 수 있는데, 이러한 요인들이 다중회귀모형에 예측변수로 포함될 수 있다.

$$y = Bx + B_1x_1 + B_2x_2 + \cdots B_ix_i + A$$

x_i : 독립변수 　　　　 y : 종속변수

B_i : 회귀계수(기울기) 　　　　 A : 절편(상수)

예를 들어, 공부시간과 지능지수가 학업성적에 미치는 영향을 살펴보기 위한 다중회귀분석 모형을 설정했을 때, 지능지수가 100인 학생이 1시간 공부했을 때 예측되는 성적은 다음 표와 같이 계산된다.

$$\hat{Y}(\text{성적}) = Bx(\text{공부시간}) + B_1x_1(\text{지능지수}) + A$$

$$\hat{Y} = 6x + 0.3x_1 + 40$$

$$\hat{Y} = 6(1) + 0.3(100) + 40$$

$$= 6 + 30 + 40 = 76$$

2) 회귀분석의 기본 가정

회귀분석을 실시하기에 앞서 기본적으로 확인해야 할 가정들이 있는데, 우선 종속변수와 독립변수가 모두 양적인 연속형 변수이어야 한다는 것이다. 특히 종속변수의 경우는 반드시 연속형 변수의 형태이어야 하고, 비연속형 독립변수들의 경우에는 예외적으로 더미코딩을 통해서 회귀분석에 활용할 수 있다. 둘째, 종속변수와 독립변수가 직선의 관계를 가진다. 회귀분석은 기본적으로 일차 선형방정식에 기초하고 있기 때문에 종속변수와 독립변수의 관계는 직선의 형태로 나타나게 된다. 셋째, 종속변수는 정규분포의 형태여야 한다. 넷째, 독립변수들 사이에 다중공선성이 없어야 한다. 이 가정은 2개 이상의 독립변수들로 구성된 다중회귀분석에만 해당되는 가정이다.

회귀분석에서 특히 간과하지 말아야 할 가정은 명시적 오차(specification errors)에 관한 것이다. 이 가정은 기본적으로 연구자가 설정하는 회귀모형이 이론적 근거를 반드시 갖추어야 한다는 것을 강조한다. 다시 말해 이론적 근거가 없는 어떠한 부적절한 변수들도 회귀모형에 포함되어서는 안 되고 반대로 이론적으로 적절한 변수들은 반드시 회귀모형에 포함되어야 한다는 것이다.

회귀분석의 기본 가정에 대한 검정은 오차들(잔차들)의 독립성, 정규성 그리고 등분산성 가정을 통해서 살펴볼 수 있다.

첫째, 독립성 가정은 서로 다른 X_i 값에서 나타나는 오차들(잔차들)은 서로 상호관계가 없이 독립적이어야 한다는 것이다. 오차들의 독립성 검정은 더빈-왓슨 검정(Durbin-Watson test)을 통해서 살펴볼 수 있다. 이 더빈-왓슨 값은 0에서 4 사이의 값을 갖는데, 2에 가까울수록 독립성이 만족되고, 0에 가까울수록 정적 상관관계, 4에 가까울수록 부적 상관관계를 갖는다는 것을 의미한다. 잔차의 독립성에 대한 검정은 일반적으로 시계열 데이터에서 서로 다른 시차의 오차항이 서로 상관되는 잔차의 자기상관(autocorrelation)을 검정하는 비모수 통계기법으로 활용된다(이희연 · 노승철, 2013).

둘째, 오차들(잔차들)의 정규성 검정은 오차의 평균은 0이고 분산은 정규분포를 이룬다는 것으로 정규확률도표를 통해 확인할 수 있는데, 관측값들이 대각선 선형선에 가까울수록 정규성을 가지는 것을 보여준다. 예를 들어, 'job satisfaction.sav' 자료에서 사회복지사의 소진(burnout)이 이직(turnover)에 미치는 영향에 대한 회귀분석에서 정규성 가정에 대한 검정을 해보면 다음 정규 P-P 도표와 같다. 대각선의 예측선 주변으로 관측값들이 밀집되어 있지만 완벽히 정규성을 이룬다고는 할 수 없다.

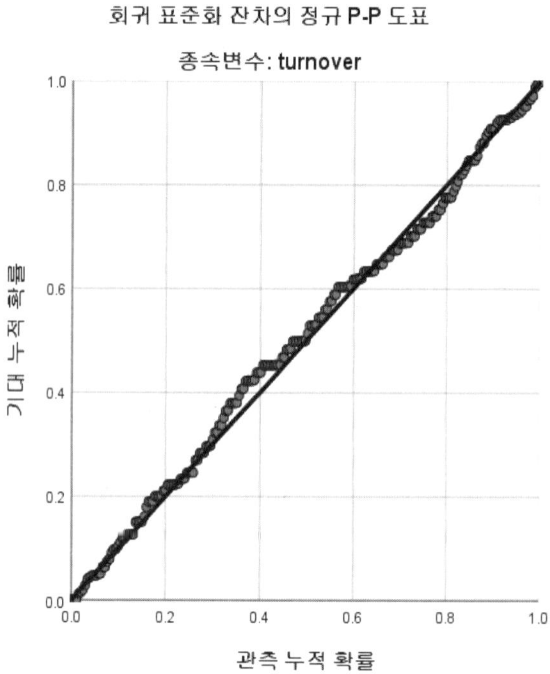

마지막으로 등분산성은 특정한 값 X_1에서 Y_1값에 대한 오차의 분산과 X_2에서 Y_2값에 대한 오차의 분산은 동일하여야 한다는 것을 의미한다. 등분산성에 대한 검정은 회귀 표준화 잔차와 회귀 표준화 예측값에 의한 산점도로 파악할 수 있는데, 일정한 패턴 없이 골고루 퍼져 있는 경우 등분산성이 만족된다고 할 수 있다. 가령, 앞서 살펴본 사회복지사의 이직과 관련하여 산점도를 통해서 등분산성을 확인해 보면 일정한 패턴을 보이지 않고 골고루 퍼져 있어 등분산성이 어느 정도 만족된다고 볼 수 있다.

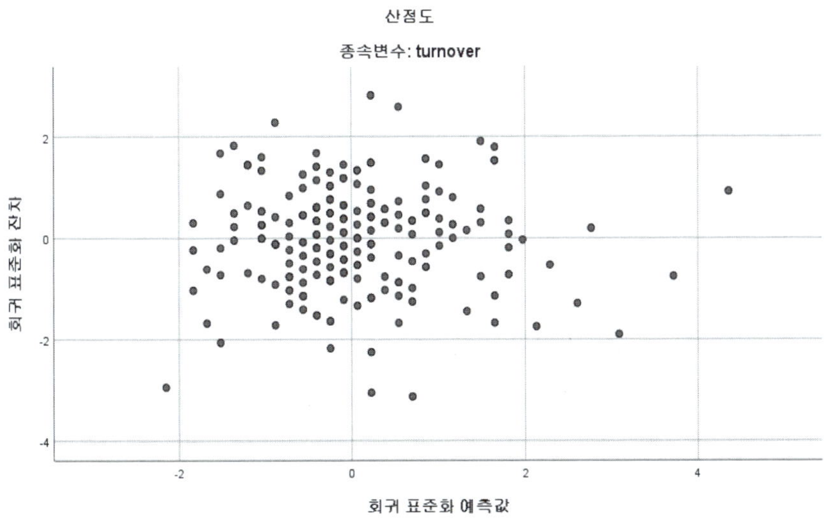

지금까지 살펴본 회귀분석의 기본 가정에 대한 내용을 정리하면 다음과 같다.

$$Y_i = a + bx_i + e_i,\ i = 1, \cdots, n$$

독립성 : $e_1, \cdots e_n$은 서로 독립적

정규성 : e_i의 평균은 0이고, 분산은 모두 정규분포

등분산성 : $e_1, \cdots e_n$의 분산은 모두 동일

3) 다중공선성(Multicollinearity)

다중공선성이란 다중회귀분석에서 독립변수 간에 상관관계가 높게 나타나 상호의존적인 형태를 보이는 것을 의미한다. 다중공선성의 사전적 의미는 여러 독립변수(multi)들이 동일직선상(collinearity)에 있다는 것인데, 이는 독립변수들이 서로 공통된 부분이 많아서 종속변수에 중복적으로 영향을 미치는 부분이 많다는 것을 의미한다. 다중회귀분석에서 독립변수들 간에 상관관계가 지나치게 높을 경우 각 독립변수가 종속변수에 미치는 영향이 잘못 나타날 가능성이 많고 독립변수가 종속변수에 미치는 실제적인 영향력을 정확하게 추정하는 것이 어렵기 때문에 다중공선성을 반드시 분석해 볼 필요가 있다. 예를 들어, 소득이 우울

에 미치는 영향을 볼 때 연 평균 소득과 월 평균 소득 변수를 예측변수에 동시에 포함시킨다면 이 둘은 유사한 변수로서 다중공선성을 유발할 가능성이 매우 높다고 할 수 있다.

그렇다면 다중공선성을 어떻게 진단하는가? 다중공선성을 진단하는 가장 기본적인 방법은 회귀모델(회귀식)에 포함된 모든 독립변수들의 상관관계를 확인해 보는 것이다. 다시 한번 강조하지만 다중공선성은 독립변수들 간의 문제이지 독립변수와 종속변수 간의 문제가 아니다. 일반적으로 독립변수들 간에 상관관계를 분석해 상관계수가 크면(0.6 이상) 다중공선성이 의심된다고 할 수 있다.

다음으로 공차한계 값(Tolerence limit, TOL)을 이용해서 다중공선성을 진단할 수 있다. 여기서 공차한계 값은 독립변수들 간의 회귀모형을 구성해서 각 회귀모형에서 설명되고 남은 잔여분산을 의미하는데, 독립변수들 간의 회귀모형에서 설명력(r^2)이 높을수록 (다른 말로 상호의존적인 관계일수록) 잔여분산($1-r^2$) 값은 작아지게 된다. 이때 이 잔여분산을 공차한계라고 한다. 예를 들어, 삶의 만족에 영향을 미치는 요인들로 불안, 우울, 무력감을 설정하여 독립변수들 간의 다중공선성을 공차한계를 통해서 살펴보려면 불안, 우울, 무력감을 각각 종속변수로 하는 회귀모형을 다음과 같이 각각 만든다. 이렇게 만들어진 회귀식에서 설명력을 나타내는 결정계수 r^2이 구해지면 공차한계는 $1-r^2$으로 구할 수 있다.

불안 = 우울 + 무력감
r^2 = 0.30, 공차한계($1-r^2$) = 0.7
우울 = 불안 + 무력감
r^2 = 0.45, 공차한계($1-r^2$) = 0.55
무력감 = 우울 + 불안
r^2 = 0.40, 공차한계($1-r^2$) = 0.6

여기서 공차한계 값이 0.1(혹은 0.4)보다 작게 나타나면 다중공선성이 의심되는 것으로 설명한다. 위의 예시에서 살펴본 불안, 우울, 무력감의 공차한계 값은 모두 0.4보다 큰 값으로 다중공선성은 크게 문제되지 않는다. 다중공선성의 또 다른 진단지표로 분산팽창인자(Variance Inflation Factor, VIF)가 있는데 이는 단순히 공차한계의 역수(VIF = 1/tolerance)를 의미한다. VIF가 10(혹은 5)보다 큰 경우에는 다중공선성이 의심된다고 할 수 있다. 추가적으로 상태지수(condition index)가 30 이상(or 15)이고, 분산비율이 90% 이상인 경우에도 다중공선성이 존재한다고 판단한다(김태근, 2006; 이희연 · 노승철, 2012).

4) SPSS와 jamovi를 통한 분석 및 해석

지역주민의 우울감을 예측하는 요인들의 영향력을 회귀분석을 통해서 살펴보기로 하자. 우선 하나의 독립변수와 하나의 연속형 종속변수로 이루어진 단순회귀분석을 살펴보고 다음으로 여러 개의 독립변수들이 하나의 연속형 종속변수를 예측하는 다중회귀분석에 대해서 살펴보기로 한다.

(1) SPSS를 통한 회귀분석

① 단순회귀분석

'지역사회.sav' 자료를 활용하여 지역사회의 고령친화 환경이 지역주민의 삶의 질을 얼마나 예측하는가? 라는 질문에 대한 답을 단순회귀분석을 통해서 살펴보자. 여기서 독립변수는 지역주민이 인식하는 고령친화 환경이 되고 종속변수는 삶의 질이 된다. 고령친화 환경은 지역주민이 인식하는 고령친화 환경에 대한 15문항의 총합으로 각 문항은 5점 척도(1-진혀 그렇지 않다, 2-그렇지 않다, 3-보통이다, 4-그렇다, 5-매우 그렇다)로 측정되어 점수가 높을수록 고령친화 환경수준이 높은 것은 의미한다. 종속변수인 삶의 질은 총 7문항으로 구성된 삶의 질 척도의 총합점수로 연속형 변수이다. 종속변수 역시 점수가 높을수록 삶의 질이 높은 상태로 해석한다.

단순회귀분석을 위한 절차는 다음과 같다.

메뉴 → 분석 → 회귀분석 → 선형

선형 회귀 창에서 [종속변수(D)] 칸에는 '삶의질통합점수' 변수를 [독립변수(I)] 칸에는 '고령친화통합점수' 변수를 선택해서 이동시킨다. 다음으로 선형 회귀 분석의 기본 가정에 대한 검정을 위한 설정이 필요하다. 이를 위해서 [통계량(S)]을 클릭한 후에 잔차의 독립성 검정을 위해서 □Durbin-Watson에 체크한다.

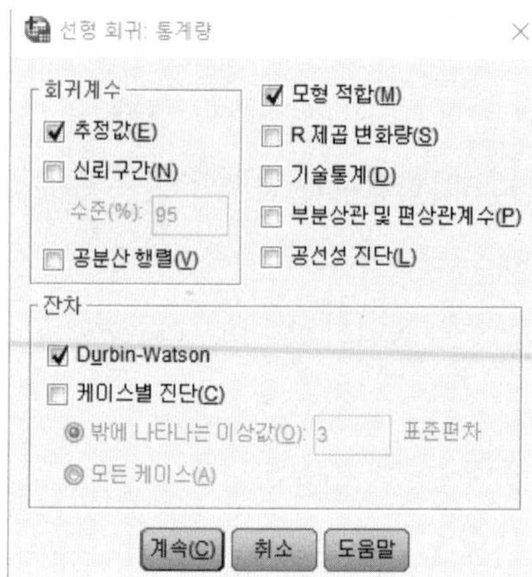

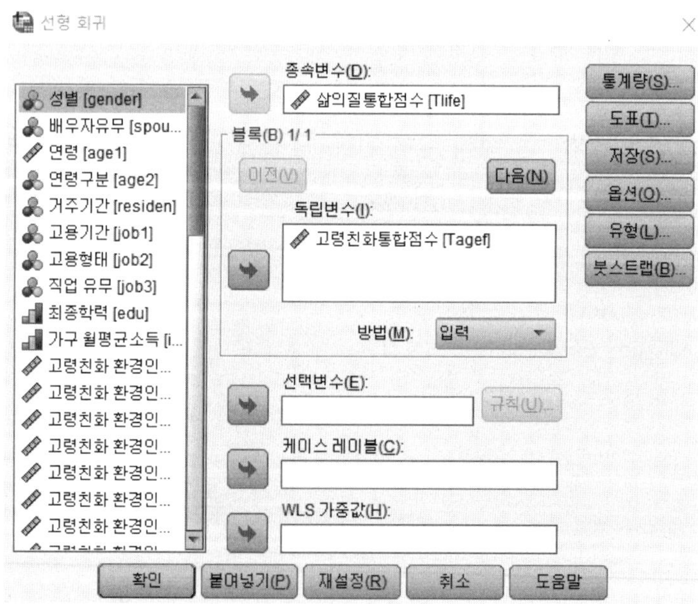

다음으로 잔차의 등분산성에 대한 가정을 검정하기 위해서 [도표(T)]를 클릭하고 도표 설정에서 X축에는 회귀 표준화 예측값(ZPRED)을 선택하여 이동시키고, Y축에는 회귀 표준화 잔차(ZRESID)를 선택하여 이동시킨다. 이렇게 설정하면 회귀 표준화 잔차와 회귀 표준화 예측값에 의한 산점도가 제시되는데 이를 통해서 시각적으로 등분산성에 대한 가정을 체크해 볼 수 있다. 마지막으로 잔차의 정규성 가정에 대한 검정을 위해서 [표준화 잔차도표]에 □정규확률도표를 체크한다.

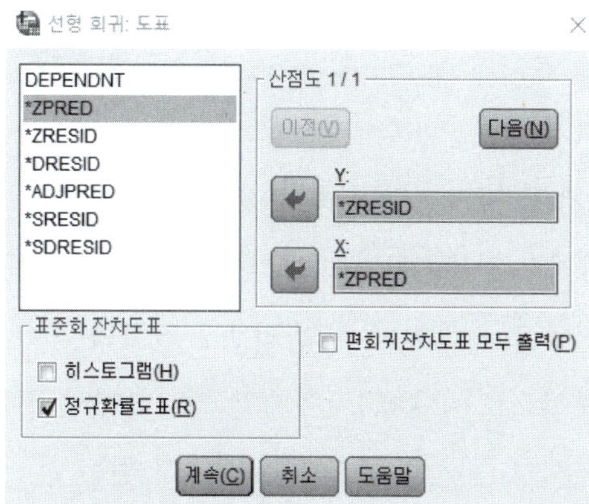

이상의 설정들을 완료하고 [확인]을 누르면 단순선형 회귀분석의 결과를 구할 수 있다.

모형 요약[b]

모형	R	R 제곱	수정된 R 제곱	추정값의 표준오차	Durbin-Watson
1	.389[a]	.151	.150	3.57681	1.813

a. 예측자: (상수), 고령친화통합점수

b. 종속변수: 삶의질통합점수

ANOVA[a]

모형		제곱합	자유도	평균제곱	F	유의확률
1	회귀	1816.222	1	1816.222	141.964	.000[b]
	잔차	10209.278	798	12.794		
	전체	12025.500	799			

a. 종속변수: 삶의질통합점수

b. 예측자: (상수), 고령친화통합점수

모형 요약 표에서는 고령친화환경을 독립변수로 하는 단순회귀분석 모형이 지역주민의 삶의 질 분산을 얼마나 설명해 주는지를 보여준다. R^2값이 .151로 나타났는데, 이는 삶의 질 총합 분산의 15.1%가 단순회귀분석 모형에 의해 설명된다는 것을 의미한다. 수정된 R^2의 경우 자유도를 고려하여 모집단의 결정계수 추정하는 방법으로, 일반적으로 독립변수들의 수가 증가할수록 증가하는 R^2값을 보정하는 효과가 있다. 여기서는 단순회귀분석으로 독립변수가 하나만 존재하므로 R^2값은 수정된 R^2값(.150)과 거의 유사하게 나타난다.

표의 마지막에 표시된 Durbin-Watson 값(d)은 잔차의 독립성에 대한 검정값으로 d값은 0에서 4의 범위 안에 존재하는데, d값이 0에 가까울수록 종속변수의 변량 간에 정적 상관관계가 존재하고 있나는 것을 의미하고 4에 가까울수록 부적 상관관계를 나타낸다. d값이 2에 가까울수록 잔차의 자기상관이 없는 것으로 해석한다. 일반적으로 잔차의 자기상관은 동일한 종속변수들을 반복적으로 측정하는 시계열 데이터에서 발생하는데, 시간적으로 인접한 관찰치가 시간적으로 멀리 떨어져 있는 관찰치보다 상대적으로 높은 상관관계를 보이기 때문에 이러한 자기상관성에 대한 검정을 하는 것이다. 따라서 이 검정은 시간의존적인 데이터(time-dependent data)인 경우에 적절하고 그렇지 않은 경우에는 적절하지 않다(황성동, 2021). 본 예시에서는 횡단자료의 단순회귀분석이지만 Durbin-Watson 검정방법을 알려주기 위한 목적으로 실행한 것이니 참고하기 바란다.

다음으로 분산분석(ANOVA)을 통해서 회귀모형의 통계적 유의도를 결정한다. 삶의 질 총합이 단순회귀모형에 의해서 평균적으로 설명되는 분산이 1816.222이고 설명되지 않는 잔차분산이 12.794로 이 둘의 비율인 F값은 141.964($p<.001$)로 통계적으로 유의한 것으로 나타났다. 이는 삶의 질을 고령친화환경을 독립변수로 하는 단순회귀모형에 의해서 설명하는 것이 적절함을 의미한다.

계수[a]

모형		비표준화 계수 B	비표준화 계수 표준화 오류	표준화 계수 베타	t	유의확률
1	(상수)	12.828	.869		14.758	.000
	고령친화통합점수	.207	.017	.389	11.915	.000

a. 종속변수: 삶의질통합점수

계수 표는 독립변수가 한 단위 증가할 때 종속변수가 변화는 정도를 나타내는 값을 보여준다. 여기서 비표준화 계수 B값이 .207로 나타났는데, 이를 해석하면 독립변수인 고령친화통합 점수가 1점이 증가할수록 삶의 질 통합 점수는 .207점 증가한다는 것을 의미한다. 상수는 독립변수가 투입되기 전 초기값으로 종속변수의 절편에 해당한다. 표준화 계수 베타(β)는 비표준화 계수값을 표준화한 값으로 단순회귀분석보다는 이후에 다룰 다중회귀분석에서 측정단위가 다른 독립변수들 간의 상대적 중요도를 비교하는 데 활용될 수 있다.

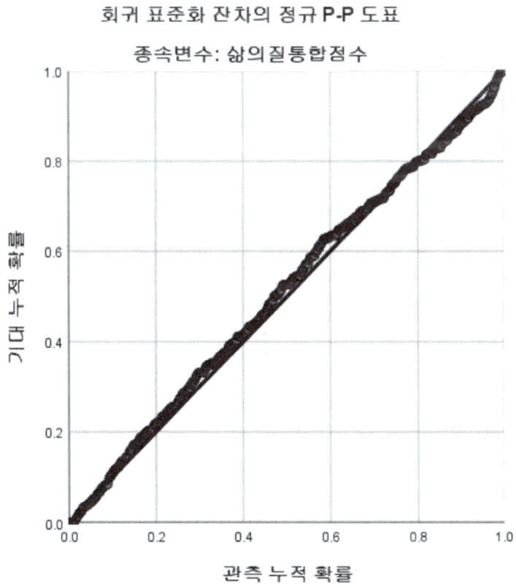

다음으로 회귀분석의 기본 가정에 대한 검정결과를 그래프를 통해 확인해 보면, 잔차의 정규성 가정에 대한 검정은 위의 정규확률도표(P-P 도표)에서

보듯이 예측선을 중심으로 약간 벗어난 형태의 분포를 보이고 있어 정규성 가정을 완벽히 만족하고 있지는 않음을 알 수 있다.

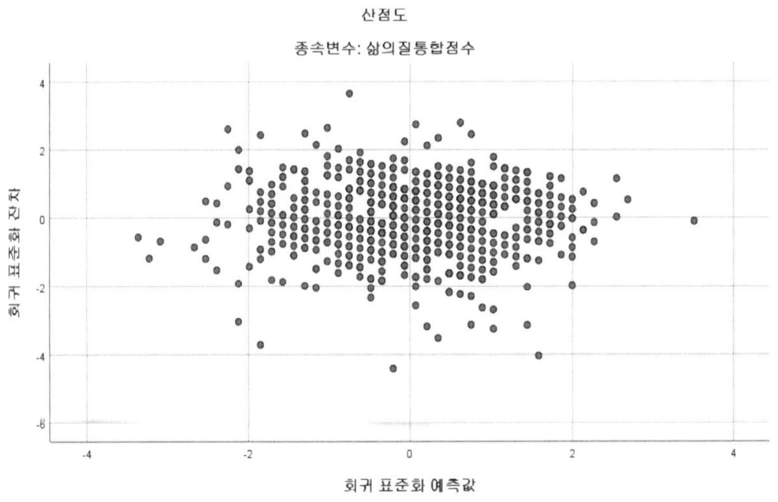

산점도를 통해서 잔차의 등분산성에 대한 검정결과를 시각화해서 살펴볼 수 있다. 산점도에서 보듯이 각각의 회귀 표준화 예측값에 따른 회귀 표준화 잔차의 분포가 제일 첫 번째 분포를 제외하고는 전반적으로 동일한 형태를 띠고 있어 등분산성 가정에 크게 위배되지 않음을 확인할 수 있다.

② 다중회귀분석

다중회귀분석은 2개 이상의 독립변수들과 하나의 연속형 종속변수로 구성된 회귀모형으로 단순회귀분석에서 종속변수에 대한 예측력을 높이기 위해서 독립변수들을 추가한 모형이라고 할 수 있다. 가령, 지역주민의 삶의 질이 종속변수일 때 삶의 질을 예측하는 독립변수들로 고령친화환경 이외에도 성별, 연령, 학력, 소득수준 등을 포함하면 다중회귀분석이 된다. 여기서 연구자가 주의할 사항은 회귀모형의 설정은 항상 이론적 근거를 가지고 이루어져야 한다는 것이다. 즉, 기존의 이론 혹은 선행연구들에 고령친화환경, 성별, 연령, 학력, 소득수준 등이 삶의 질의 주요 예측요인이라는 근거를 가지고 설정해야 한다는 것이다. 만약 이러한 근거 없이 연구자가 임의로 독립변수들을 설정한다면 명시적 오차(specification error)가 발생할 수 있다.

다중회귀분석을 위한 예시로 단순회귀분석에 사용한 자료인 '지역사회.sav'를 활용하기로 하자. 지역주민의 삶의 질을 예측하는 독립변수들을 고령친화환경, 성별, 연령, 소득수준들로 다중회귀분석을 설정하면 다음과 같다.

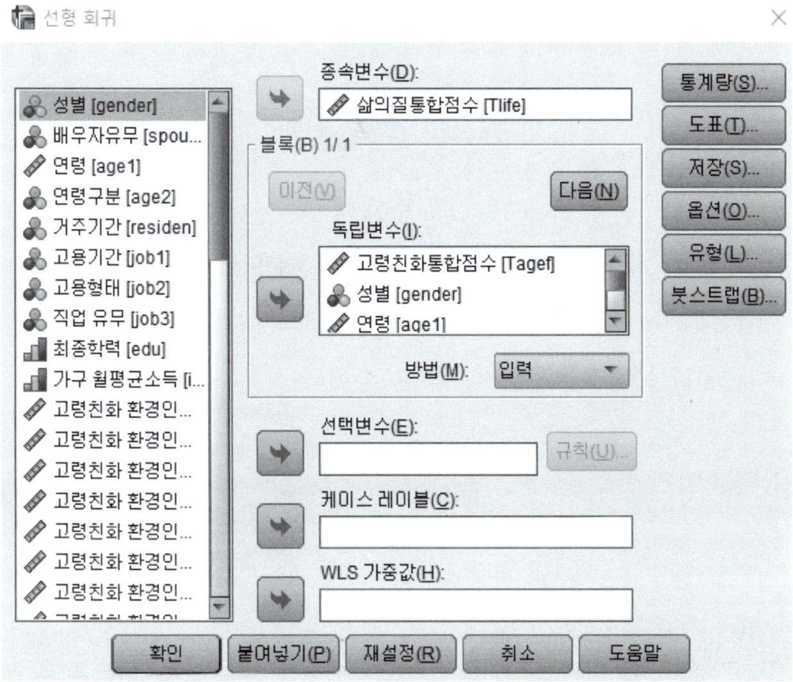

다음으로 [통계량(S)]에서 □공선성 진단을 체크한다. 이는 다중회귀분석에서 독립변수들 간의 다중공선성을 검정하기 위함이다. 추가적으로 □기술통계를 체크하면 독립 및 종속변수들의 평균, 표준편차에 대한 정보와 주요 변수들 간의 상관관계를 피어슨 상관계수를 통해서 보여준다.

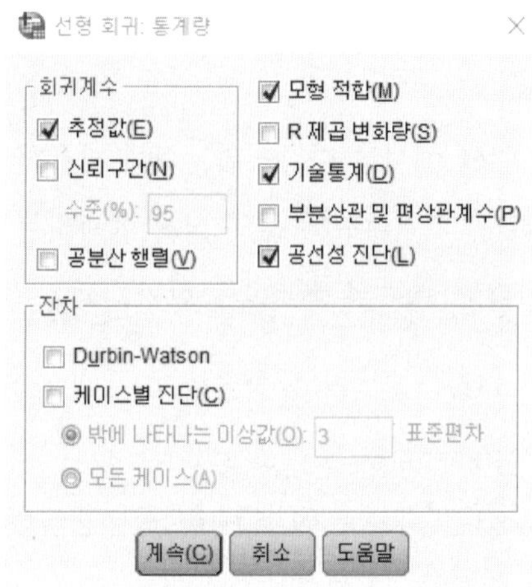

설정이 완료되고 [확인]을 누르면 다음과 같은 출력결과를 확인할 수 있다. 우선 독립변수들 간의 이변량 상관계수를 확인해 보면 모두 |0.6| 이하로 나타나 다중공선성이 의심되지는 않는다. 추가적으로 공선성 통계량으로 다중공선성을 검정하는 것은 계수 표에서 설명하기로 한다.

상관계수

		삶의질통합점수	고령친화통합점수	성별	연령	가구 월평균소득
Pearson 상관	삶의질통합점수	1.000	.389	.021	-.060	.154
	고령친화통합점수	.389	1.000	.005	-.011	.192
	성별	.021	.005	1.000	.053	-.034
	연령	-.060	-.011	.053	1.000	-.460
	가구 월평균소득	.154	.192	-.034	-.460	1.000
유의확률 (단측)	삶의질통합점수	.	.000	.277	.044	.000
	고령친화통합점수	.000	.	.447	.381	.000
	성별	.277	.447	.	.066	.165
	연령	.044	.381	.066	.	.000
	가구 월평균소득	.000	.000	.165	.000	.

다음으로 다중회귀분석의 모형 요약 결과를 살펴보면 R^2값이 .159로 나타나 고령친화환경, 성별, 연령, 소득수준을 독립변수로 하는 다중회귀모형이 종속변수인 삶의 질 총합 분산의 15.9% 정도를 설명하는 것으로 나타났다. 수정된 R^2값은 R^2보다 작은 .154로 나타났다. ANOVA의 결과를 살펴보면 F=37.441(p<.001)로 설명되지 않는 잔차보다 회귀모형에 의해서 설명되는

평균적인 삶의 질 총합 분산이 유의미하게 크다는 것을 보여준다. 이는 다중회귀분석 모형이 분석에 사용되기에 적합하다는 것을 의미한다.

모형 요약[b]

모형	R	R 제곱	수정된 R 제곱	추정값의 표준 오차
1	.398[a]	.159	.154	3.56771

a. 예측자: (상수), 가구 월평균소득, 성별, 고령친화통합점수, 연령

b. 종속변수: 삶의질통합점수

ANOVA[a]

모형		제곱합	자유도	평균제곱	F	유의확률
1	회귀	1906.300	4	476.575	37.441	.000[b]
	잔차	10119.200	795	12.729		
	전체	12025.500	799			

a. 종속변수: 삶의질통합점수

b. 예측자: (상수), 가구 월평균소득, 성별, 고령친화통합점수, 연령

다중회귀분석에서 계수에 대한 해석은 단순회귀분석과 동일하다. 가령, 고령친화통합점수가 1점 증가할 때 삶의 질 통합점수는 .2 커진다는 것을 알 수 있다. 나머지 성별, 연령, 소득은 유의확률 5%보다 큰 값으로 통계적으로 유의미하게 삶의 질을 예측하지는 못하였다. 추가적으로 표준화된 회귀계수를 이용하여 종속변수인 지역주민의 삶의 질을 예측하는 데 있어 독립변수들의 상대적 중요도를 살펴볼 수 있다. 절대값을 기준으로 표준화 계수를 비교하여 순위를 매긴다면 역시나 고령친화통합점수가 가장 큰 값으로 나타나고, 소득, 연령, 그리고 성별 순으로 나타나고 있다. 따라서 지역주민들의 삶의 질을 예측하는 데 있어서 다른 변수들보다는 고령친화환경이 가장 유의미한 변수라고 설명할 수 있다. 공선성 통계량은 다중공선성을 체크하기 위한 것으로 공차가 0.1(혹은 0.4)보다 작게 나타나면 다중공선성이 의심되는데, 본 예시에서는 0.7보다 모두 큰 값으로 다중공선성 문제

는 없다. 다중공선성의 또 다른 진단지표로 분산팽창인자(VIF)의 경우 10(혹은 5)보다 큰 경우에는 다중공선성이 의심된다고 할 수 있는데 이 역시 모두 5보다 작은 값으로 다중공선성 문제는 없다.

계수[a]

모형		비표준화 계수		표준화 계수			공선성 통계량	
		B	표준화 오류	베타	t	유의확률	공차	VIF
1	(상수)	12.541	1.081		11.605	.000		
	고령친화통합점수	.200	.018	.375	11.253	.000	.955	1.047
	성별	.178	.253	.023	.705	.481	.997	1.003
	연령	-.006	.009	-.025	-.675	.500	.781	1.281
	가구 월평균소득	.200	.105	.071	1.903	.057	.753	1.328

a. 종속변수: 삶의질통합점수

다중회귀분석에서도 단순회귀분석과 동일한 방식으로 그래프를 통해서 기본가정에 대한 검정을 실시한다. 잔차의 정규성에 대한 검정은 정규확률도표로서 확인할 수 있는데, 다음 그림에서와 같이 예측선 중심으로 회귀 표준화 잔차가 밀집된 부분도 있고 벗어난 부분도 보여 정규성 가정을 충족한다고 확신하기는 어렵다. 표준화 잔차도표에서 □히스토그램을 추가로 체크하면 회귀 표준화 잔차의 분포를 확인할 수 있다. 히스토그램에서도 실제 분포가 가상의 정규분포 곡선과는 약간의 차이가 있음을 알 수 있다.

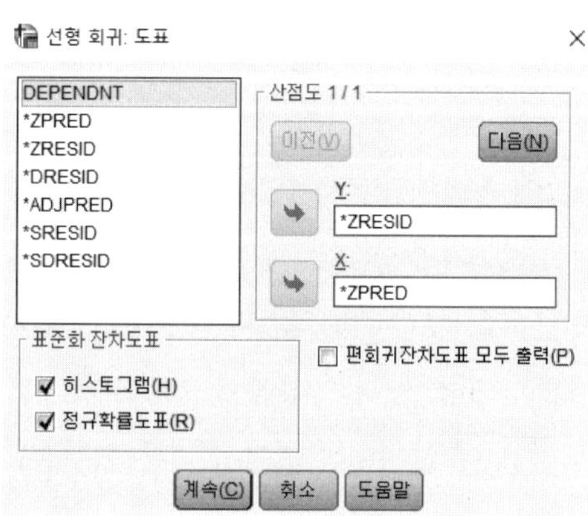

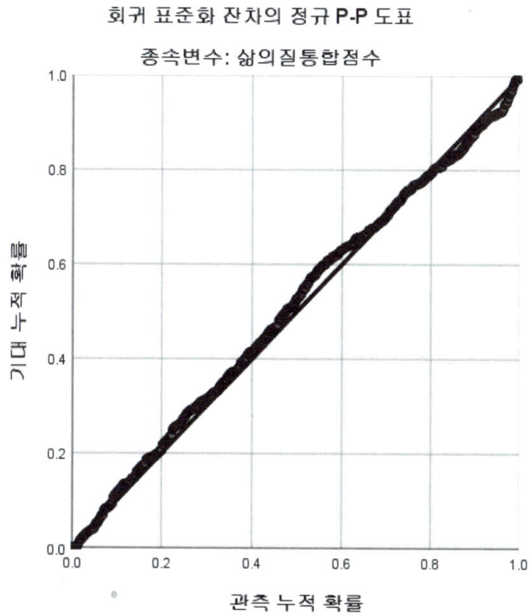

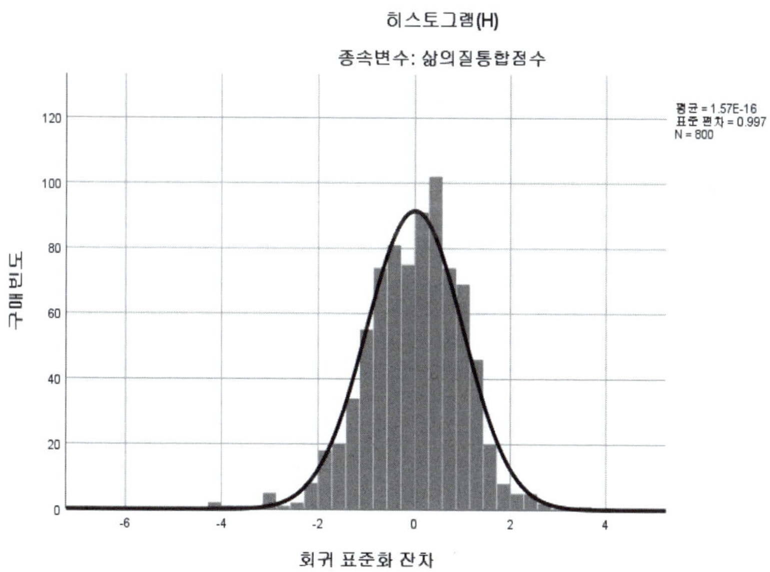

마지막으로 잔차의 등분산성에 대한 검정결과는 다음의 산점도의 분포를 통해서 확인해 볼 수 있다. 회귀 표준화 예측값과 회귀 표준화 잔차 사이의

관계가 일정한 패턴 없이 골고루 흩어져서 분포되어 있는 것을 확인할 수 있는데, 이는 잔차의 등분산성이 가정된다는 것을 의미한다.

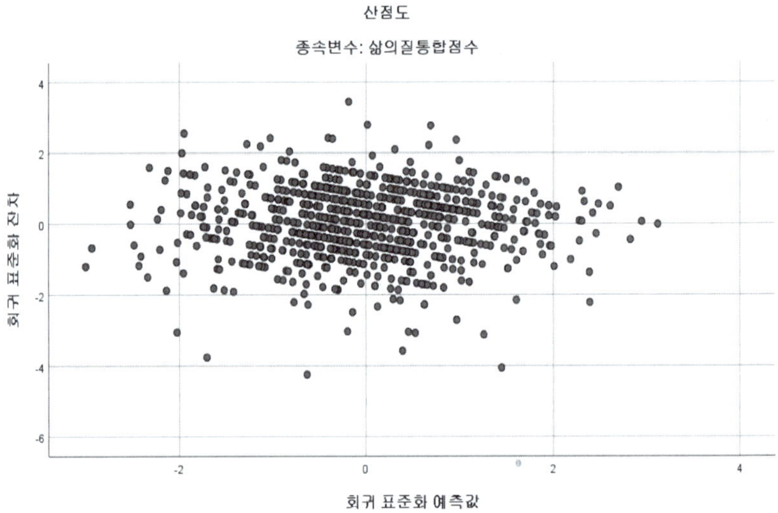

(2) jamovi를 통한 회귀분석

SPSS와 동일한 자료인 '지역사회.omv'를 열어서 단순회귀분석과 다중회귀분석을 실습해 보기로 하자.

① 단순회귀분석

다음의 순서대로 클릭하여 [Linear Regression] 창이 열리면 [Dependent Variable] 칸에 종속변수인 삶의 질 통합점수(Tlife)를, [Covariates] 칸에 독립변수인 고령친화환경통합점수(Tagef)를 이동시킨다.

Analyses → Regression → Linear Regression

다음으로 회귀분석에 대한 기본 가정을 검정하기 위해서 [Assumption Checks]를 클릭하여 설정할 수 있다. 우선, □Autocorrelation test는 잔차의 자기상관(독립성)에 대한 검정으로 Durbin−Watson 값을 구하기 위한 것인데 일반적으로 시계열 데이터의 경우에 사용된다. 따라서 본 예시에서처럼 횡단자료의 경우에는 설정할 필요가 없다. 다음으로 □Normality test, □Q-Q plot of residuals은 정규성에 대한 검정을 위한 설정이다. 마지막으로 □Residual plots는 잔차의 등분산성에 대한 검정으로 산점도를 통해서 보여준다.

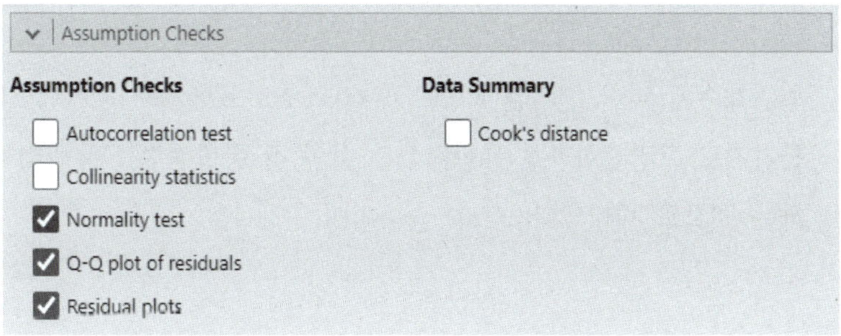

모델 적합도에 대한 설정에서는 [Fit Measures]에서 R을 비롯해 결정계수 □R^2와 수정된 □R^2값을 설정하면 된다. [Overall Model Test]에서 □F test를 체크하면 회귀모형의 전반적인 적합도가 통계적 유의도와 함께 제시된다.

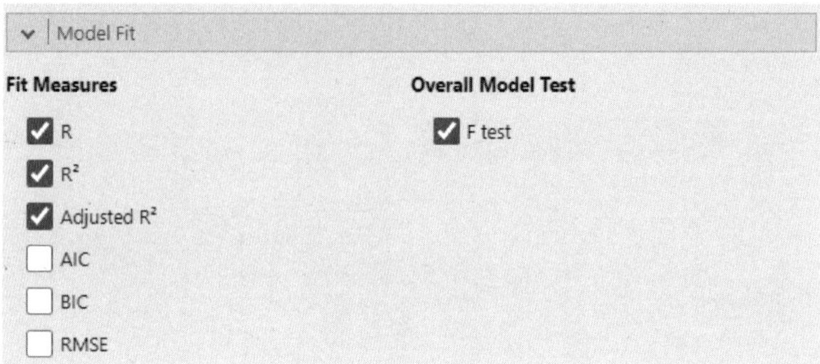

이상으로 단순회귀분석에 대한 설정이 완료되면 jamovi는 오른쪽 화면에 분석결과를 동시에 제공해 준다. 우선 Model Fit Measures에서는 단순회귀모형이 종속변수인 삶의 질 통합점수를 얼마나 설명하는지를 보여주는데 SPSS 분석결과와 동일하게 15.1%(R^2=.151)를 설명하는 것으로 나타났다. 전반적인 회귀모형의 적합도를 보여주는 F값 역시 142(P<.001)로 나타나 단순회귀모형이 적합한 것으로 나타났다.

Model Fit Measures

				Overall Model Test			
Model	R	R^2	Adjusted R^2	F	df1	df2	p
1	0.389	0.151	0.150	142	1	798	< .001

회귀계수에 대한 결과는 Model Coefficients 표에 표시되는데 SPSS와 마찬가지로 고령친화환경 통합점수는 삶의 질 통합점수를 유의미하게 예측하는 것으로 나타났다(b=.207, p<.001).

Model Coefficients - Tlife

Predictor	Estimate	SE	t	p
Intercept	12.828	0.8693	14.8	< .001
Tagef	0.207	0.0174	11.9	< .001

회귀분석의 기본 가정들에 대한 검정 결과들은 표와 그래프를 통해서 제시되는데 정규성 가정에 대한 Shapiro-Wilk 분석결과는 $p < .001$로 유의하게 나타나 정규성 가정을 만족시키지는 못하는 것으로 나타났다.

Normality Test (Shapiro-Wilk)

Statistic	p
0.984	< .001

다음으로 정규확률도표(Q-Q plot)를 통해서 시각적으로 정규성 가정을 살펴보면 예측선의 양끝에 잔차값들이 예측선 밖으로 벗어나 있는 것을 확인할 수 있다. 마지막으로 잔차의 등분산성 가정에 대한 검정 결과는 잔차도표(Residuals Plots)를 통해서 확인할 수 있는데, SPSS 분석결과와 같이 회귀 표준화 예측값과 회귀 표준화 잔차 사이의 관계가 일정한 패턴 없이 골고루 흩어져서 분포되어 있음을 알 수 있다.

Q-Q Plot

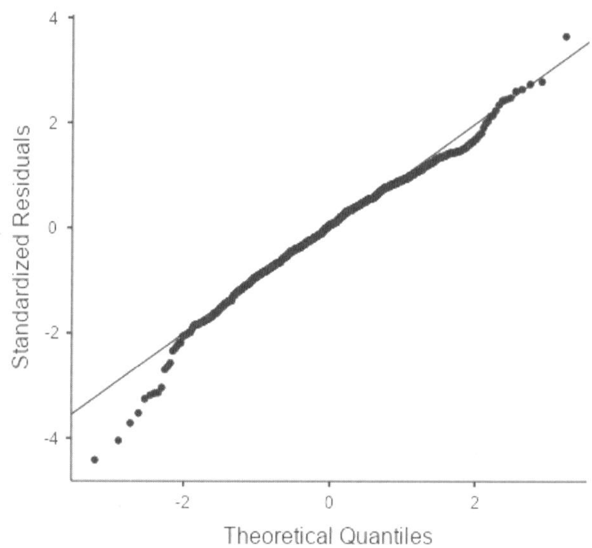

Residuals Plots

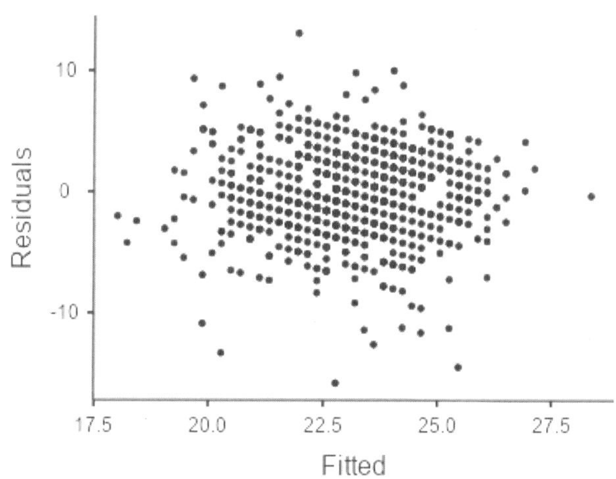

② 다중회귀분석

이번에는 지역주민의 삶의 질 통합점수에 영향을 미칠 수 있는 독립변수들을 고령친화환경 이외에도 성별(gender), 연령(age1), 소득수준(income)을 포함하여 다중회귀분석 모형으로 설정한다. jamovi에서 다중회귀분석의 설정을 위해서는 [Covariates]에 독립변수들을 추가로 이동시키기만 하면 된다.

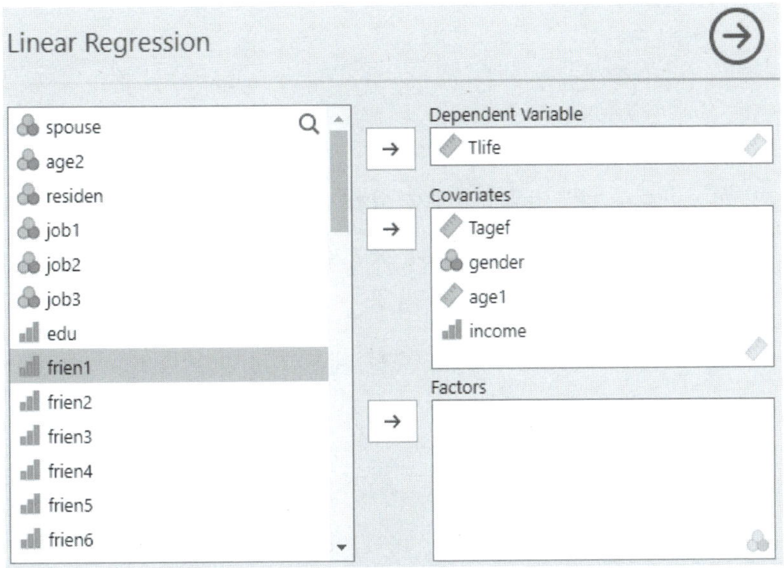

다음으로 다중회귀분석에 대한 기본 가정들에 대한 검정을 위해서 다음과 같이 설정한다. 정규성, 등분산성에 대한 설정은 단순회귀분석과 동일하게 하고, 다중회귀분석에서는 추가적으로 독립변수들 간의 다중공선성에 대한 검정을 위해서 □Collinearity statistics를 체크한다. [Model Fit]에 대한 설정은 단순회귀분석과 동일하게 설정한다.

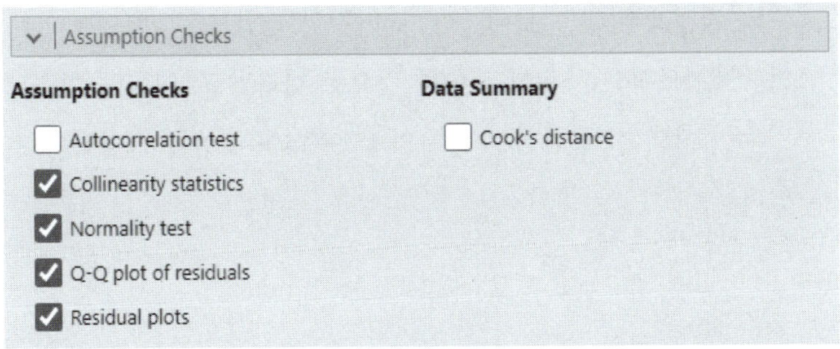

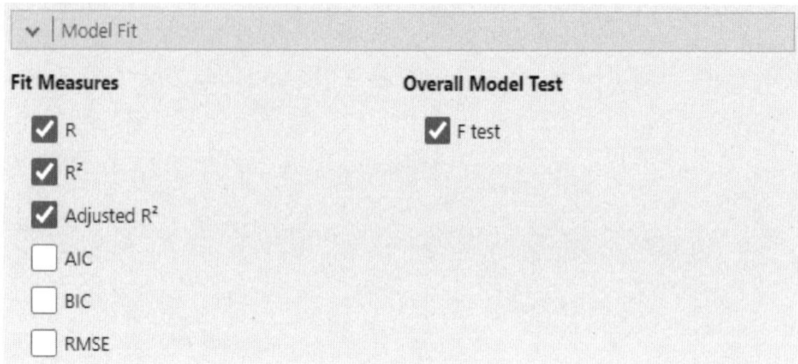

마지막으로 다중회귀분석에서 여러 개의 독립변수들 사이의 상대적 중요도를 살펴보기 위하여 표준화 회귀계수를 구해야 한다. 이는 측정단위가 다른 독립변수들을 표준화하여 비교하는 것으로 [Model Coefficients]를 클릭하여 □Standardized estimate를 체크해 주면 된다.

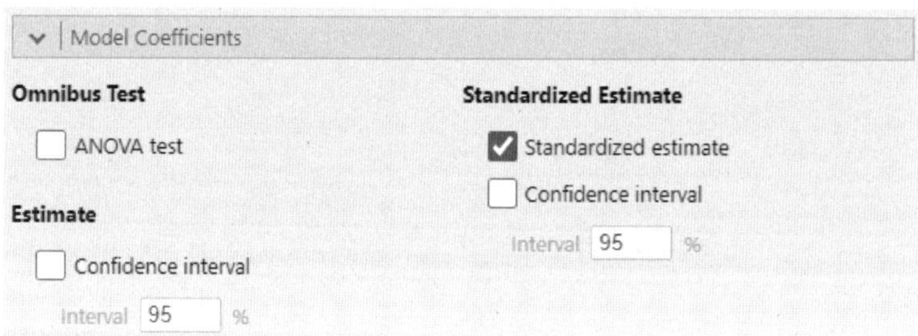

이상으로 다중회귀분석을 위한 모든 설정이 완료되면 jamovi는 분석결과들을 다음과 같이 제공해 준다.

우선 Model Fit Measures 결과에서는 다중회귀분석 모형의 전반적인 적합도와 결정계수 값을 보여준다. 전반적인 적합도 결과는 F=37.4, $p<.001$로 다중회귀모형의 사용이 적합한 것으로 나타났고, 이 다중회귀모형이 종속변수인 삶의 질 통합점수 분산의 15.9%(R^2=.159)를 설명하는 것으로 나타났다.

Model Fit Measures

Model	R	R^2	Adjusted R^2	Overall Model Test			
				F	df1	df2	p
1	0.398	0.159	0.154	37.4	4	795	< .001

다음으로 Model Coefficients 결과는 다중회귀분석에서 독립변수들의 회귀계수 값을 보여준다. 여기서 각 독립변수의 회귀계수 값에 대한 설명은 SPSS 분석결과와 동일하기 때문에 생략하기로 한다. Stand. Estimate은 표준화 회귀계수 값으로 독립변수들 간의 상대적 중요도를 나타내는데 절대값 기준으로 큰 값일수록 종속변수를 예측하는 데 중요한 변수라 할 수 있다. 역시 SPSS 분석결과와 동일하게 고령친화환경 통합점수(Tagef)가 가장 유의미한 예측변수인 것으로 나타났다.

Model Coefficients - Tlife

Predictor	Estimate	SE	t	p	Stand. Estimate
Intercept	12.54080	1.08059	11.605	< .001	
Tagef	0.19959	0.01774	11.253	< .001	0.3746
gender	0.17815	0.25270	0.705	0.481	0.0230
age1	−0.00637	0.00944	−0.675	0.500	−0.0248
income	0.20049	0.10537	1.903	0.057	0.0713

마지막으로 다중회귀분석에 대한 기본 가정 검정 결과들을 살펴보자. 정규성 가정에 대한 결과는 Shapiro-Wilk test와 정규확률도표(Q-Q plot)를 통해 확인할 수 있는데 Shapiro-Wilk test 결과도 통계적으로 유의하고, 정규확률도표에서도 좌측 하단에서 예측선을 벗어나는 값들이 관찰되어 정규성 가정이 충족되지는 못하는 것으로 볼 수 있다.

Normality Test (Shapiro-Wilk)

Statistic	p
0.984	< .001

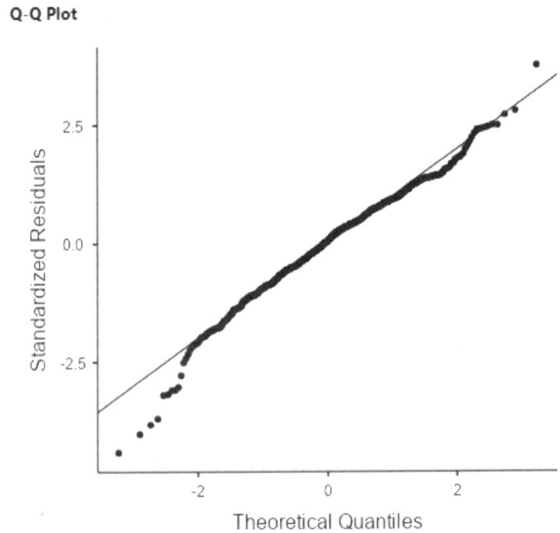

잔차의 등분산성에 대한 가정은 Residuals Plots를 통해서 확인할 수 있는데 일정한 패턴 없이 고루 분포되어 있어 등분산성 가정은 만족하는 것으로 보인다.

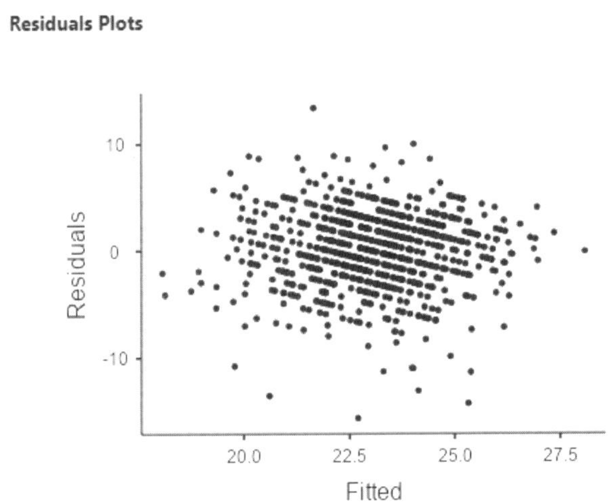

다중회귀분석은 단순회귀분석과는 달리 추가적으로 다중공선성에 대한 검정을 필요로 한다. jamovi를 통한 공선성 진단은 Collinearity Statistics 표로 다음과 같이 제시된다.

Collinearity Statistics

	VIF	Tolerance
Tagef	1.05	0.955
gender	1.00	0.997
age1	1.28	0.781
income	1.33	0.753

공선성 진단 결과 SPSS 공선성 분석결과와 마찬가지로 VIF가 5보다 작고, Tolerance가 0.4보다 크게 나타나 독립변수들 간의 다중공선성 문제는 없다고 할 수 있다.

8. 매개 및 조절효과 분석

1) 매개효과의 개념 및 원리

매개효과는 심리학의 초기 패러다임인 자극－반응 패러다임(Stimulus-Response paradigm : S-R paradigm)의 한계를 극복하고자 R. S. Woodworth에 의해 제안된 자극－유기체－반응 패러다임(Stimulus-Organism-Response paradigm : S-O-R paradigm)을 기반으로 한다. 즉, 외부적 자극이 주어졌을 때 바로 반응하는 것이 아니라 유기체 내에서 특정한 메커니즘을 통해서 반응하는 관계라는 것이다(배병렬, 2015). 매개효과는 독립변수와 종속변수 사이의 관계에서 중간에 매개하는 매개변수의 효과를 살펴보는 것이다. 예를 들어, 빈곤이 우울에 미치는 관계에서 스트레스의 매개효과를 살펴보면 다음 그림과 같이 표현된다. 빈곤은 우울에도 직접적인 영향을 미치지만 스트레스를 증가시켜 결과적으로 우울을 높이는 매개(간접)효과를 가질 수 있다. 이 경우는 독립변수, 매개변수, 종속변수 간의 관계는 동일한 방향으로 변화하는 형태를 보인다고 할 수 있다.

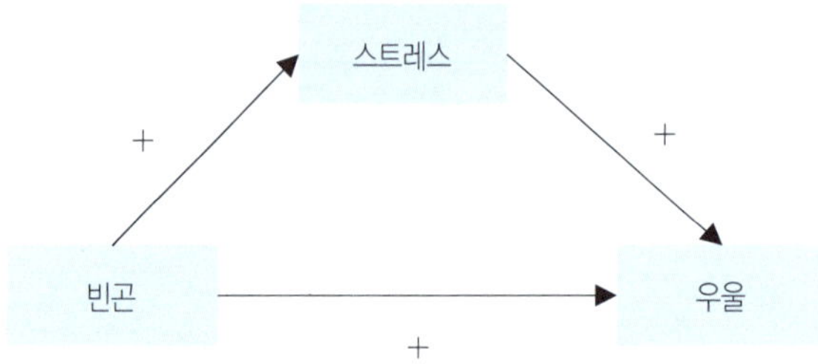

또 다른 예시는 독립변수, 매개변수, 종속변수의 관계의 방향이 달라지는 경우이다. 가령, 빈곤계층이 정부의 소득보장정책의 수급혜택을 받게 되면 우울이 감소하는 형태로 바뀔 수 있다. 이 경우는 빈곤이 우울에 미치는 영향이 소득보장이라는 매개변수에 의해 감소될 수 있다.

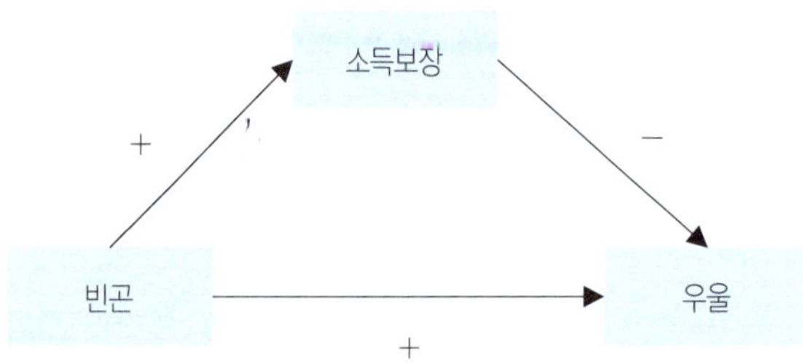

2) 매개효과의 분석방법

회귀분석에 의한 매개효과 검정방법은 크게 Baron & Kenny 접근법, 계수의 곱 검정(product of coefficients test) 그리고 부트스트랩(Bootstrap) 분석법 등이 있다.

(1) Baron & Kenny 접근법

Baron과 Kenny(1986) 접근법은 인과단계 접근법(causal step approach)으로 세 번의 회귀분석을 단계별로 진행한다. 첫 번째 단계는 독립변수에서 매개변수로 가는 경로의 회귀계수(a)가 통계적으로 유의하여야 한다. 두 번째 단계는 매개변수에서 종속변수로 가는 경로의 회귀계수(b)가 통계적으로 유의하여야 한다. 세 번째 단계는 독립변수와 매개변수가 동시에 투입된 상태에서 독립변수에서 종속변수로 가는 경로(c')가 통계적으로 유의한지를 살펴야 한다. 여기서 c'가 매개변수가 투입되기 전 독립변수에서 종속변수로 가는 경로(c)와 비교하여 유의하지 않게 나오면 완전매개효과, 유의하지만 c값보다 감소하여 나타나면 부분매개효과를 가지는 것으로 판단한다.

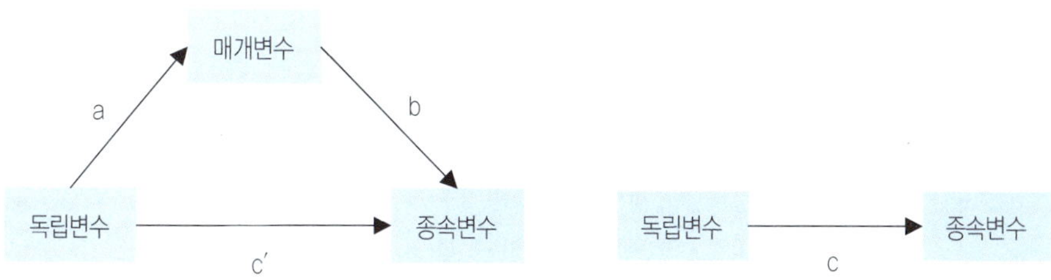

(2) 계수의 곱 검정(product of coefficients test)

Baron & Kenny 접근법을 통한 매개효과 검정과 더불어 계수의 곱 검정은 매개효과의 통계적 유의도를 살펴보는 방법이다. 계수의 곱 검정은 소벨검정(Sobel test)를 통해서 살펴볼 수 있는데, 위의 그림에서 독립변수에서 매개변수로 가는 경로의 비표준화 회귀계수(a)와 매개변수에서 종속변수로 가는 경로의 비표준화 회귀계수(b)와 각각의 표준오차(Sa, Sb)를 사용하여 검정한다. 구체적인 소벨검정 공식은 다음과 같다.

$$z = \frac{ab}{\sqrt{a^2 \times Sb^2 + b^2 \times Sa^2}}$$

위의 공식을 이용해서 직접 계산도 가능하지만 http://quantpsy.org/sobel/sobel 사이트에 접속하여 a, b, Sa, Sb 값을 입력하면 z값(sobel test statistics)을 자동으로 계산해 준다. 이때 z값이 95% 신뢰수준에서의 임계치인 1.96보다 큰 경우에는 매개효과가 통계적으로 유의한 것으로 해석한다. 하지만 소벨검정은 표본 수가 적은 경우 통계적 검정력이 낮고, ab가 정규분포를 한다는 가정을 충족하는 경우에 검정 가능하기 때문에 한계가 많다. 따라서 최근에서 이러한 한계를 극복하기 위해서 부트스트랩 방법을 통한 매개효과 분석을 실시하는 경향이 있다.

(3) 부트스트랩(Bootstrap) 분석법

부트스트랩 분석법의 일반적 절차는 다음과 같다(배병렬, 2015).

1단계 : 모집단에서 n 크기의 표본 추출(원 표본, original sample)

2단계 : 1단계 원 표본을 대체할 수 있는 k 크기의 무작위표본 추출(복원추출, replacement sampling)을 통해 부트스트랩 표본(bootstrap sample) 생성

3단계 : 2단계에서 얻는 재표본(re-sampling)에서 통계치 계산

4단계 : 2와 3단계를 총 k번 수행(반복)

5단계 : 신뢰구간의 하한값과 상한값을 통한 통계적 유의도 검정

일반적으로 사회과학에서는 95%의 신뢰구간을 통해서 추정하기 때문에 독립변수에서 매개변수로의 경로(a)와 매개변수에서 종속변수로의 경로(b)의 곱인 ab 값의 분포는 총 k개의 부트스트랩 추정치로 정규분포 곡선에서 2.5번째 분위수와 97.5번째 분위수 사이의 구간으로 표현된다. 만약 5,000번의 부트스트랩 재표본 과정을 거쳐 95% 신뢰구간으로 ab값의 분포를 나타내면 125번째 표본의 통계치가 신뢰구간의 하한값이 되고, 4,875번째 표본의 통계치가 신뢰구간의 상한값으로 정의할 수 있다.

SPSS에서 부트스트랩을 통한 매개효과를 분석하기 위해서는 Hayes 교수가 개발한 processmacro를 추가로 설치하여야 한다. 설치를 위해서는 http://www.processmacro.org 사이트에 접속하여 상단 메뉴 바에 [DOWNLOAD]를 선택하고, Download PROCESS v4.0을 선택해서 압축파일을 컴퓨터에 저장한다. 압축파일을 푼 후에 SPSS에서 [확장] → [유틸리티] → [사용자 정의 대화상자 설치]에서 'process.spd'를 열면 부트스트랩을 위한 프로그램이 회귀분석에 추가로 설치된다.

jamovi 프로그램의 경우에는 매개 및 조절효과의 분석을 위해서 [Modules] → [jamovi library] → [medmod]를 선택해 설치하면 프로그램 안에 부트스트랩을 위한 옵션을 선택할 수 있다. [medmod] → [Mediation]을 선택하면 매개효과 분석을 할 수 있는데, [Estimation Method for SE's]에서 ○Bootstrap을 선택하고 재표본 횟수(가령, 1000 samples)를 설정하면 된다.

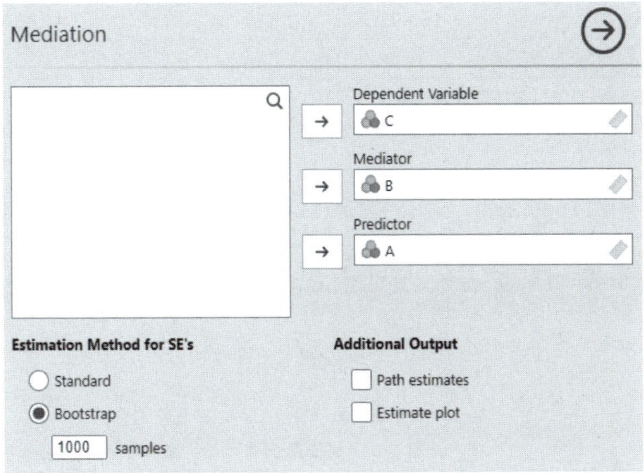

3) SPSS와 jamovi를 통한 매개효과 분석

(1) SPSS를 통한 매개효과 분석

선행연구들에 근거하여 지역주민의 고령친화환경에 대한 인식이 지역사회 애착 수준을 매개로 삶의 질에 영향을 미친다고 할 때 이를 검정하기 위해서는 매개효과 분석을 실시해야 한다.

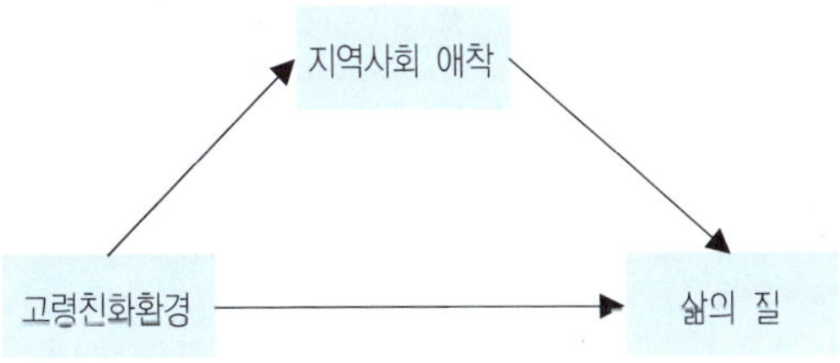

우선 '지역사회.sav' 자료에서 고령친화환경(독립변수)에서 지역사회 애착(매개변수)으로 가는 회귀계수를 살펴본 결과 통계적으로 유의한 것으로 나타났다(b=.721, p<.001).

계수[a]

모형		비표준화 계수 B	비표준화 계수 표준화 오류	표준화 계수 베타	t	유의확률
1	(상수)	16.985	1.688		10.064	.000
	고령친화통합점수	.721	.034	.603	21.377	.000

a. 종속변수: 지역사회애착통합점수

다음으로 지역사회 애착(매개변수)에서 삶의 질(종속변수)로 가는 회귀계수 역시 통계적으로 유의한 것으로 나타났다(b=.147, p<.001).

계수[a]

모형		비표준화 계수 B	비표준화 계수 표준화 오류	표준화 계수 베타	t	유의확률
1	(상수)	15.320	.795		19.265	.000
	지역사회애착통합점수	.147	.015	.330	9.884	.000

a. 종속변수: 삶의질통합점수

마지막으로 독립변수와 매개변수를 동시에 포함하여 종속변수에 미치는 영향력을 살펴보면 고령친화환경은 삶의 질을 유의미하게 예측하는 것으로 나타났다(b=.159, p<.001). 이상의 3단계의 요건들을 모두 만족하였기 때문에 지역사회 애착은 고령친화환경과 삶의 질 사이를 유의미하게 매개한다고 할 수 있다.

계수[a]

모형		비표준화 계수 B	비표준화 계수 표준화 오류	표준화 계수 베타	t	유의확률
1	(상수)	11.688	.915		12.767	.000
	고령친화통합점수	.159	.022	.298	7.337	.000
	지역사회애착통합점수	.067	.018	.151	3.711	.000

a. 종속변수: 삶의질통합점수

추가적으로 이 매개효과가 완전매개인지 부분매개인지를 확인하기 위해서는 매개변수가 투입되기 전 독립변수와 종속변수 사이의 회귀계수 값을 확인하여야 한다. 다음의 표를 보면 매개변수가 없는 상태에서 고령친화환경과 삶의 질 사이의 회귀계수 값은 .207($p<.001$)로 통계적으로 유의하다는 것을 알 수 있다. 하지만 위의 표에서 보듯이 매개변수가 투입된 후의 고령친화환경의 회귀계수 값은 .159($p<.001$)로 조금 낮아졌지만 독립변수와 종속변수의 관계가 여전히 통계적으로 유의하기 때문에 지역사회 애착은 부분매개효과를 가진다고 할 수 있다.

계수[a]

모형		비표준화 계수 B	비표준화 계수 표준화 오류	표준화 계수 베타	t	유의확률
1	(상수)	12.828	.869		14.758	.000
	고령친화통합점수	.207	.017	.389	11.915	.000

a. 종속변수: 삶의질통합점수

또한 매개효과에 대한 통계적 유의도를 검정하기 위하여 소벨검정을 실시할 수 있다. 소벨검정값은 다음의 공식에서 보듯이 독립변수에서 매개변수로 가는 경로(a)와 그에 상응하는 표준오차(S_a), 그리고 독립변수가 통제된 상태에서 매개변수에서 종속변수로 가는 경로(b)와 그에 상응하는 표준오차(S_b)값을 활용하여 계산할 수 있다. 이때 계산된 값이 절대값 기준으로 95% 유의수준에서 임계치인 $|1.96|$보다 큰 경우에 매개효과가 통계적으로 유의한 것으로 판단한다.

$$z\text{-value} = \frac{a^{*}b}{\sqrt{b^{2*}{s_a}^{2} + a^{2*}{s_b}^{2}}}$$

위의 예시에서는 독립변수(고령친화환경)에서 매개변수(지역사회 애착)로 가는 경로(a)와 그에 상응하는 표준오차(S_a), 그리고 매개변수(지역사회 애착)에서 종속변수(삶의 질)로 가는 경로(b)와 그에 상응하는 표준오차(S_b)값을 웹사이트 [Interactive Mediation Tests(http://quantpsy.org)]에서 제공하는 소벨 계산기를 통해서 구한다. 여기서 소벨값은 대략 3.67로 1.96보다 큰 값으로 95% 신뢰수준에서 통계적으로 유의한 매개효과임을 알 수 있다.

To conduct the Sobel test

Details can be found in Baron and Kenny (1986), Sobel (1982), Goodman (1960), and MacKinnon, Warsi, and Dwyer (1995). Insert the a, b, s_a, and s_b into the cells below and this program will calculate the critical ratio as a test of whether the indirect effect of the IV on the DV via the mediator is significantly different from zero.

Input:			Test statistic:	Std. Error:	*p*-value:
a	.721	Sobel test:	3.66617324	0.01317641	0.00024621
b	.067	Aroian test:	3.66222513	0.01319061	0.00025003
s_a	.034	Goodman test:	3.67013415	0.01316219	0.00024242
s_b	.018	Reset all	Calculate		

출처 : Preacher & Leonardelli(2021). Calculation for the Sobel test : An interactive calculation tool for mediation tests. Interactive Mediation Tests(http://quantpsy.org).

하지만 소벨검정의 경우 위에서 살펴본 ab의 값이 정규분포를 이루어야 한다는 가정을 만족해야 하는데 그렇지 않은 경우가 많다. 따라서 이를 대체하여서 부트스트랩을 통한 매개효과 검정을 실시할 수 있다.

SPSS에 부트스트랩을 위한 프로그램을 추가로 설치하여 다음의 순서대로 클릭하면 매개효과분석을 위한 창(PROCESS_v4.0)이 열린다.

분석 → 회귀분석 → PROCESS_v4.0 by Andrew F. Hayes

다음으로 종속변수인 삶의질통합점수 변수를 [Y variable] 칸에 독립변수인 고령친화통합점수 변수를 [X variable] 칸으로 이동시킨다. 다음으로 매개변수인 지역사회애착통합점수 변수를 [Mediator(s) M] 칸으로 이동하면 된다.

매개변수 분석을 위한 [Model number]는 '4'로 설정하고 신뢰구간인 [Confidence intervals]는 초기 설정인 95%로 지정해 놓는다. 재표집 횟수 [Number of bootstrap samples] 역시 연구자가 설정할 수 있는데 본 예시에서는 1,000회의 반복 재표집으로 설정하여 분석해 보기로 하자.

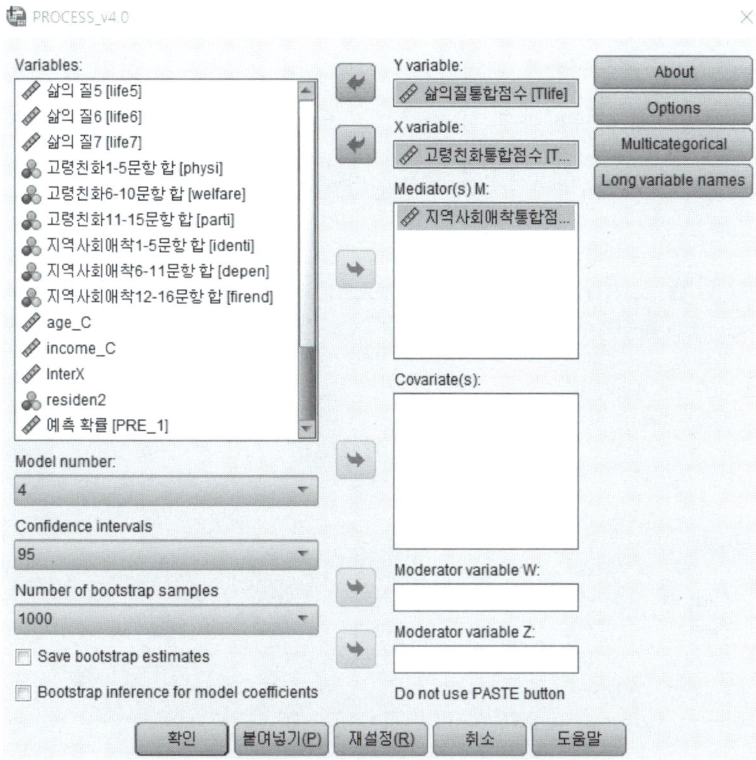

모든 설정을 완료하고 [확인]을 눌러서 부트스트랩 매개효과 분석결과를 살펴보면 다음과 같다. [Model Summary]에서는 종속변수인 삶의 질 변수에 대한 결정계수(R^2)와 전반적인 모델적합도(F) 등에 대한 정보를 제공해 준다. 본 다중회귀모형은 삶의질통합점수 분산의 16.55%(R^2=.1655) 정도를 설명하는 것으로 나타났고, 전반적인 회귀모형의 적합도도 유의한 것으로 나타났다(F=79, p<.001).

[Model]에서는 각 독립변수의 회귀계수와 통계적 유의도를 p값과 신뢰구간을 통해서 보여주고 있다. 고령친화환경(Tagef)과 지역사회애착(Tatta) 변수 모두 p값이 .05보다 적고 신뢰구간 역시 '0'을 포함하고 있지 않아 통계적으로 유의하다는 것을 확인할 수 있다.

[DIRECT AND INDIRECT EFFECTS OF X ON Y]에서는 본 회귀모형의 직접 그리고 간접효과와 통계적 유의도에 대한 정보를 제공해 준다. 직접효과(b=.1587)의 경우 통계적으로 유의한 것으로 나타났다(p<.001). 간접 혹은 매개효과

(b=.0484)의 경우도 95% 신뢰구간에서 '0'을 포함하고 있지 않기 때문에 통계적으로 유의하였다. 결론적으로 지역사회 애착이 고령친화환경과 삶의 질 사이의 관계를 유의미하게 매개한다고 할 수 있다. 추가적으로 [ANALYSIS NOTES AND ERRORS]에서는 신뢰구간(95%)과 부트스트랩 횟수(1,000)에 대한 정보를 제공해 준다.

```
**************************************************************************
OUTCOME VARIABLE:
 Tlife

Model Summary
          R       R-sq        MSE          F        df1        df2          p
      .4068      .1655    12.5921    79.0035     2.0000   797.0000      .0000

Model
              coeff         se          t          p       LLCI       ULCI
constant    11.6880      .9155    12.7672      .0000     9.8910    13.4851
Tagef         .1587      .0216     7.3375      .0000      .1162      .2011
Tatta         .0671      .0181     3.7110      .0002      .0316      .1026

****************** DIRECT AND INDIRECT EFFECTS OF X ON Y *****************

Direct effect of X on Y
     Effect         se          t          p       LLCI       ULCI
      .1587      .0216     7.3375      .0000      .1162      .2011

Indirect effect(s) of X on Y:
          Effect     BootSE   BootLLCI   BootULCI
Tatta      .0484      .0156      .0174      .0795

*********************** ANALYSIS NOTES AND ERRORS ************************

Level of confidence for all confidence intervals in output:
  95.0000

Number of bootstrap samples for percentile bootstrap confidence intervals:
  1000

------ END MATRIX -----
```

(2) jamovi를 통한 매개효과 분석

① Baron & Kenny 단계별 접근법

'지역사회.omv' 자료에서 고령친화환경(독립변수)에서 지역사회애착(매개변수)으로 가는 회귀계수를 살펴본 결과 통계적으로 유의한 것으로 나타났다(b=.721, p<.001).

Model Coefficients - Tatta

Predictor	Estimate	SE	t	p
Intercept	16.985	1.6877	10.1	<.001
Tagef	0.721	0.0337	21.4	<.001

다음으로 지역사회애착(매개변수)에서 삶의 질(종속변수)로 가는 회귀계수 역시 통계적으로 유의한 것으로 나타났다(b=.147, p<.001).

Model Coefficients - Tlife

Predictor	Estimate	SE	t	p
Intercept	15.320	0.7952	19.26	<.001
Tatta	0.147	0.0149	9.88	<.001

마지막으로 독립변수와 매개변수를 동시에 포함하여 종속변수에 미치는 영향력을 살펴보면 고령친화환경은 삶의 질을 유의미하게 예측하는 것으로 나타났다(b=.1587, p<.001). 이상의 3단계의 요건들을 모두 만족하였기 때문에 지역사회 애착은 고령친화환경과 삶의 질 사이를 유의미하게 매개한다고 할 수 있다.

Model Coefficients - Tlife

Predictor	Estimate	SE	t	p
Intercept	11.6880	0.9155	12.77	< .001
Tagef	0.1587	0.0216	7.34	< .001
Tatta	0.0671	0.0181	3.71	< .001

추가적으로 이 매개효과가 완전매개인지 부분매개인지를 확인하기 위해서는 매개변수가 투입되기 전 독립변수와 종속변수 사이의 회귀계수 값을 확인하여야 한다. 매개변수가 없는 상태에서 고령친화환경과 삶의 질 사이의 회귀계수 값은 .207(p<.001)로 통계적으로 유의하다는 것을 알 수 있다(아래 표 참고). 하지만 매개변수가 투입된 후의 고령친화환경의 회귀계수 값은 .1587(p<.001)로 조금 낮아졌지만 독립변수와 종속변수의 관계가 여전히 통계적으로 유의하기 때문에 지역사회 애착은 부분매개효과를 가진다고 할 수 있다. 다음으로 진행하는 소벨검정의 경우 앞서 SPSS 분석 시 설명했기 때문에 여기서는 생략하기로 한다.

Model Coefficients - Tlife

Predictor	Estimate	SE	t	p
Intercept	12.828	0.8693	14.8	< .001
Tagef	0.207	0.0174	11.9	< .001

② 부트스트랩 방식

jamovi를 통한 매개효과 분석을 위해서는 추가적인 모듈(module)을 설치해야 하는데 jamovi 프로그램 우측 상단 화면에 있는 [Modules]를 클릭하고 그 아래 [jamovi library]를 클릭하면 다양한 분석옵션들을 추가할 수 있다. 매개 및 조절효과 분석을 위해 다음 그림에서와 같이 [medmod]를 클릭하여 설치한다.

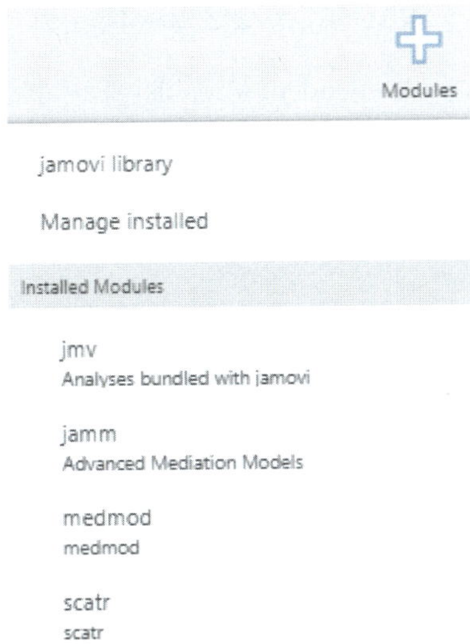

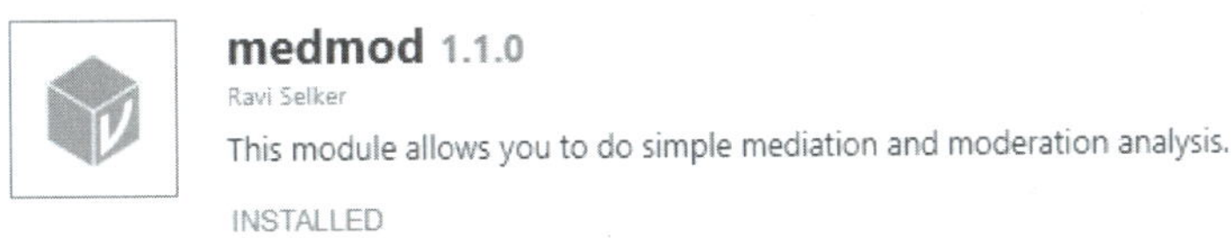

매개 및 조절효과 분석을 위한 모듈을 설치하면 다음과 같이 분석 버튼이 추가되었음을 확인할 수 있다.

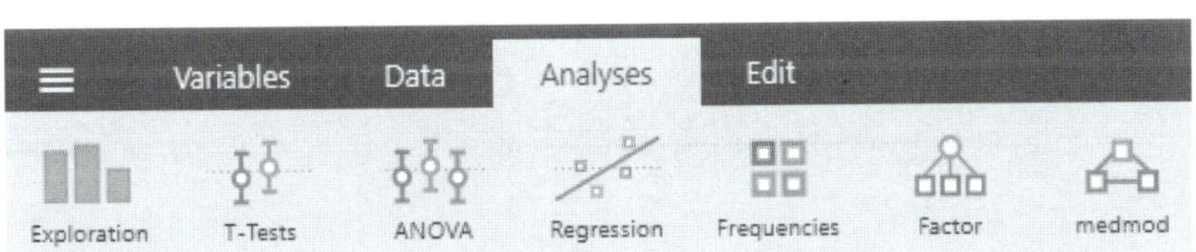

분석을 위한 준비가 되었으면 '지역사회.omv' 파일을 열어서 고령친화환경이 지역사회 애착을 매개로 하여 삶의 질에 미치는 영향에 대해서 분석해 보기로 하자. jamovi에서 일반적인(○standard) 방식과 부트스트랩 방식으로 매개효과를 검정할 수 있는데 여기서는 부트스트랩 방식의 매개효과 분석에 대해서 소개하기로 한다. 부트스트랩 방식의 매개효과 분석을 위해서는 [Estimation Method for SE's]에서 ○Bootstrap을 선택하고 재표집 횟수를

1,000회로 설정한다. 물론 재표집 횟수는 연구자가 조정할 수 있다. 종속변수인 삶의 질 변수는 [Dependent Variable]에 매개변수인 지역사회애착 변수는 [Mediator], 그리고 독립변수인 고령친화환경은 [Predictor]로 설정하면 기본적인 매개모형에 대한 설정이 완료된다.

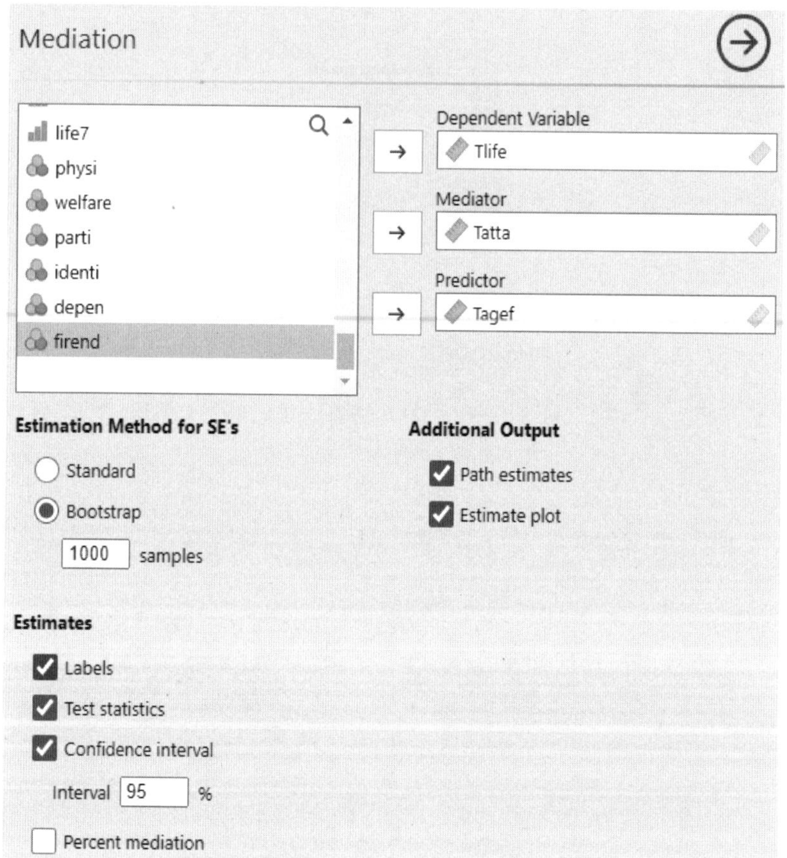

[Additional Output]에서 □Path estimates를 체크하면 경로계수가 표시되고, □Estimate plot을 설정하면 매개(간접)효과, 직접효과, 그리고 총효과에 대한 통계적 유의도가 신뢰구간과 함께 그래프로 표현된다. [Estimates]에서 □Labels를 체크하면 변수들 간의 경로를 a(독립변수 → 매개변수), b(매개변수 → 종속변수), c(독립변수 → 종속변수)로 구분하여 표현해 준다. □Test statistics를 체크하면 통계적 유의도 검정을 위한 Z값과 그에 따른 p값을 제공해 준다. 마지막으로 □Confidence interval을 체크하면 95% 신뢰구간의 하한값과 상한값을 표에 제공해 준다.

Mediation Estimates

Effect	Label	Estimate	SE	95% Confidence Interval Lower	95% Confidence Interval Upper	Z	p
Indirect	a × b	0.0484	0.0165	0.0166	0.0805	2.94	0.003
Direct	c	0.1587	0.0245	0.1066	0.2042	6.47	< .001
Total	c + a × b	0.2071	0.0182	0.1696	0.2401	11.37	< .001

Mediation Estimates 표에서는 매개효과(Indirect), 직접효과(Direct) 그리고 총효과(Total)를 보여준다. 총효과는 직접효과에 매개(간접)효과를 합산한 값이다. 본 예시에서는 직접, 간접 그리고 총효과 모두 통계적으로 유의한 것으로 나타났다. 다음 Estimate Plot에서 매개효과, 직접효과 그리고 총효과의 신뢰구간들이 모두 '0'을 포함하고 있지 않아 통계적으로 유의함을 알 수 있다.

Estimate Plot

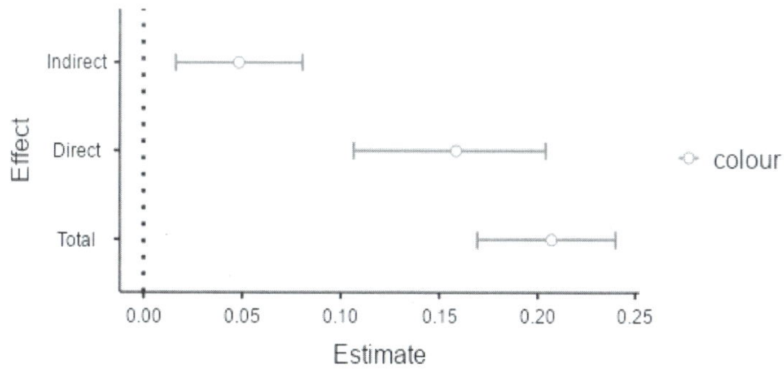

마지막으로 Path Estimate는 a, b, c 경로계수 값과 그에 따른 통계적 유의도를 보여준다.

Path Estimates

			Label	Estimate	SE	95% Confidence Interval Lower	Upper	Z	p
Tagef	→	Tatta	a	0.7214	0.0383	0.6447	0.793	18.83	< .001
Tatta	→	Tlife	b	0.0671	0.0226	0.0235	0.111	2.96	0.003
Tagef	→	Tlife	c	0.1587	0.0245	0.1066	0.204	6.47	< .001

4) 조절효과의 개념 및 원리

조절효과는 종속변수와 독립변수 간의 관계가 제3의 변수에 따라 크기(strength)와 방향(direction)이 달라지는 것을 의미한다. 가령, 스트레스(독립변수)와 우울증(종속변수) 간의 관계가 사회적 지지(조절변수) 수준에 따라 차이가 있을 수 있다. 다시 말해 스트레스가 우울에 미치는 영향을 사회적 지지가 완화(buffer)해 주는 조절변수로서 역할을 한다는 것이다. 조절효과는 매개효과와는 달리 독립 혹은 종속변수에 직접적인 경로가 설정되는 것이 아니라 독립변수에서 종속변수로 가는 경로에 영향을 미치는 요인으로 다음 그림과 같이 표현된다.

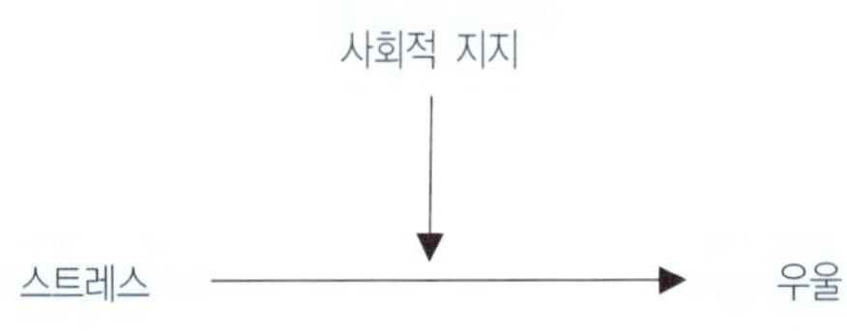

조절효과는 독립변수와 종속변수 간의 관계를 강화(enhance)하는 형태로도 나타날 수 있다. 위의 예시에서 사회적 지지 대신에 질병이 조절변수로 들어간다면 스트레스로 인한 우울감에 질병이 더욱 부정적인 영향을 미쳐 우울을 증가시킬 수 있다.

5) 조절효과의 분석방법

(1) 조절회귀분석 방법

회귀분석에서 조절효과 분석은 독립변수와 조절변수의 상호작용 항(interaction term)을 만들어서 분석하는데, 독립변수, 조절변수가 연속형 변수인 경우에는 독립변수와 조절변수 사이의 다중공선성 문제를 해결하기 위하여 평균중심화(mean-centering)를 하거나 표준화(standardize)를 해야 한다. 평균중심화를 위해서는 독립변수, 조절변수의 평균값을 구한 후 원래 값과 평균값의 차이를 구해서 새롭게 변수를 생성한다. 다음으로 평균중심화된 독립변수와 조절변수의 곱으로 상호작용 항을 만들어서 회귀모형에 투입하여 통계적 유의도를 살펴본다.

조절회귀분석을 위한 단계는 첫째, 종속변수에 영향을 미칠 수 있는 통제변수들 포함한 회귀모형(모형1), 둘째, 독립변수와 조절변수를 포함한 회귀모형(모형2), 그리고 마지막으로 독립변수와 조절변수의 상호작용 항을 포함한 회귀모형(모형3)에 대한 분석을 실시한다. 이때 모형2와 모형3을 비교하여 상호작용 항이 투입되었을 때 R^2 변화량이 통계적으로 유의미하게 나타나고, 모형3에서 상호작용 항의 회귀계수 값이 통계적으로 유의하면 조절효과가 있는 것으로 해석한다.

(2) 부트스트랩 방법

매개효과 분석과 마찬가지로 Hayes 교수의 processmacro를 활용하면 부트스트랩 방식으로 조절효과 분석을 실시할 수 있다. 조절효과 분석을 위해서는 Model을 '1'로 설정해야 하고 조절변수에 해당하는 변수는 [moderator variable W] 칸으로 이동시킨다. 부트스트랩 재표본 횟수도 선택해서 입력한다. 만약 A(독립변수), B(조절변수), C(종속변수)라고 하면 다음과 같이 설정된다.

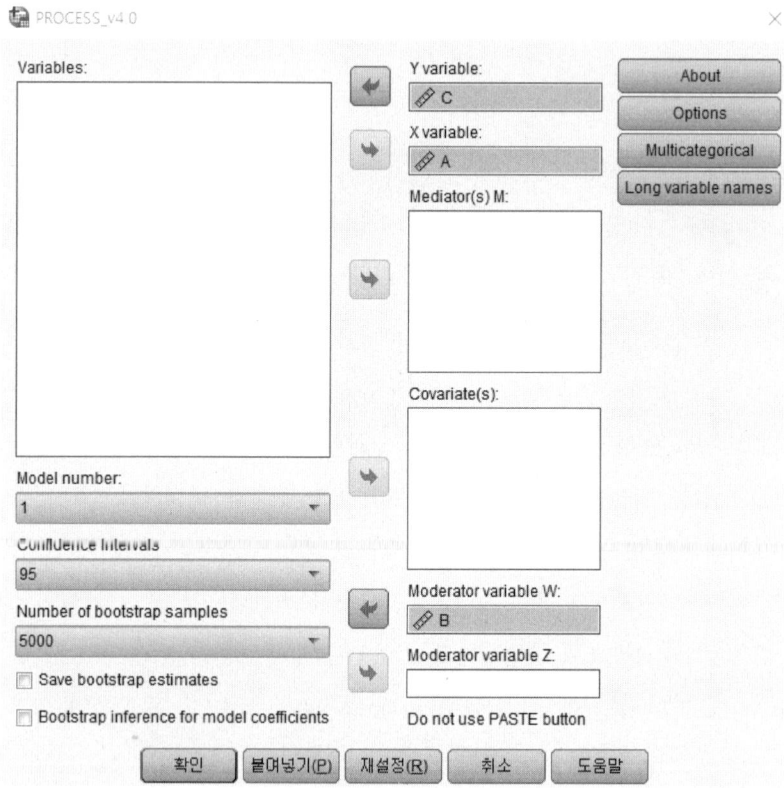

jamovi 프로그램의 경우에는 조절효과의 분석을 위해서 매개효과와 마찬가지로 [Modules] → [jamovi library] → [medmod]를 선택해 설치하면 프로그램 안에 부트스트랩을 위한 옵션을 선택할 수 있다. [medmod] → [Moderation]을 선택하면 조절효과 분석을 할 수 있는데, [Estimation Method for SE's]에서 Boostrap을 선택하고 재표본 횟수를 설정하면 된다. 추가적으로 [Simple Slope Analysis]에서 □Estimate와 □Plot을 선택하면 조절변수의 수준(평균을 기준으로 ±1표준편차)에 따른 독립변수와 종속변수의 관계를 도표와 그래프를 통해서 살펴볼 수 있다.

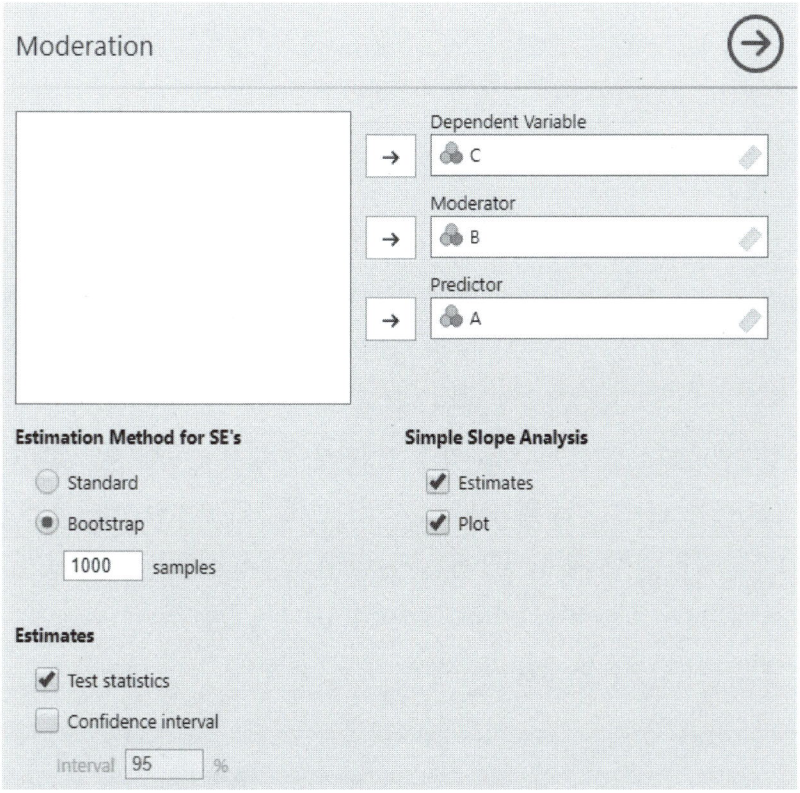

6) SPSS와 jamovi를 통한 조절효과 분석

(1) SPSS를 통한 조절효과 분석

SPSS를 통한 조절효과 분석은 단계별 입력방식을 통한 조절회귀분석 방법과 Hayes 교수가 개발한 Process에 의한 분석방법으로 살펴볼 수 있다.

① 단계별 입력방식을 통한 조절회귀분석 방법

'지역사회.sav' 자료를 이용하여 연령이 지역사회 애착에 미치는 영향에 있어서 소득수준이 조절효과를 가지는가를 분석해 보자.

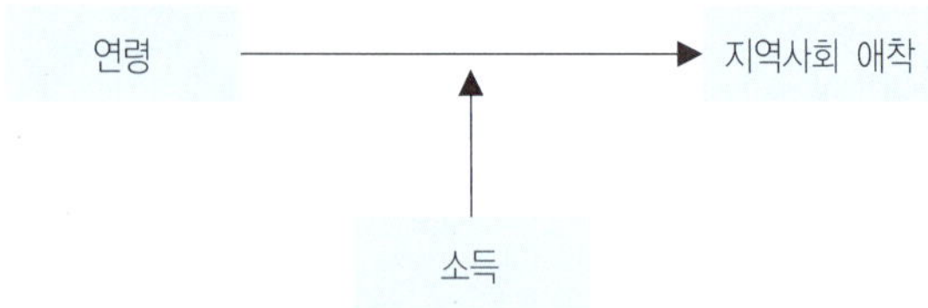

첫 번째 단계로는 독립변수인 연령과 조절변수인 소득 사이의 다중공선성이 발생할 수 있기 때문에 평균중심화를 실시한다. 평균중심화를 위해서 연령의 평균(48.04)과 소득 평균(4.36)을 이용하여 연령 평균중심화 변수(age_C)와 소득 평균중심화 변수(income_C)를 각각 생성한다. 그리고 이 두 변수의 상호작용 항 변수(InterX)를 생성한다. 이렇게 변수들을 생성하고 난 다음에는 단계적으로 회귀모형에 투입하는데, 1단계(모형1)는 통제변수들(가령, 성별, 배우자 유무, 직업 유무, 거주기간), 2단계(모형2)는 평균중심화 된 독립변수와 조절변수 그리고 3단계(모형3)는 평균중심화된 독립변수와 조절변수의 상호작용 항을 투입하면 된다.

모형 요약

모형	R	R 제곱	수정된 R 제곱	추정값의 표준오차	통계량 변화량				
					R 제곱 변화량	F 변화량	자유도1	자유도2	유의확률 F 변화량
1	.272[a]	.074	.069	8.38134	.074	15.836	4	794	.000
2	.318[b]	.101	.094	8.26839	.027	11.921	2	792	.000
3	.327[c]	.107	.099	8.24549	.006	5.404	1	791	.020

a. 예측자: (상수), 거주기간, 배우자유무, 성별, 직업 유무
b. 예측자: (상수), 거주기간, 배우자유무, 성별, 직업 유무, income_C, age_C
c. 예측자: (상수), 거주기간, 배우자유무, 성별, 직업 유무, income_C, age_C, InterX

위의 분석결과를 살펴보면 모형1에서 모형3으로 변화는 과정에서 R 제곱 값과 R 제곱 변화량을 같이 제공해 준다. 독립변수와 조절변수의 상호작용 항이 포함된 모형3에서 R 제곱 변화량이 .006($p<.05$)으로 나타나 유의미한 조절효과가 있는 것으로 나타났다.

다음으로 각 모형들에서 구체적인 회귀계수 값들을 살펴보면 다음 표와 같다.

계수[a]

모형		비표준화 계수 B	비표준화 계수 표준화 오류	표준화 계수 베타	t	유의확률
1	(상수)	50.406	.682		73.943	.000
	성별	-.148	.606	-.009	-.244	.808
	배우자유무	-2.207	.633	-.119	-3.488	.001
	직업 유무	3.333	1.305	.089	2.555	.011
	거주기간	1.801	.287	.216	6.280	.000
2	(상수)	50.084	.679		73.771	.000
	성별	-.025	.601	-.001	-.041	.967
	배우자유무	-1.042	.770	-.056	-1.353	.176
	직업 유무	4.097	1.314	.110	3.118	.002
	거주기간	1.696	.300	.203	5.652	.000
	age_C	.075	.028	.131	2.682	.007
	income_C	1.226	.252	.195	4.874	.000
3	(상수)	50.176	.678		73.985	.000
	성별	-.176	.602	-.010	-.292	.770
	배우자유무	-1.648	.811	-.089	-2.032	.042
	직업 유무	3.785	1.317	.102	2.873	.004
	거주기간	1.615	.301	.194	5.360	.000
	age_C	.065	.028	.113	2.290	.022
	income_C	1.394	.261	.222	5.340	.000
	InterX	-.035	.015	-.092	-2.325	.020

a. 종속변수: 지역사회애착통합점수

마지막 모형3에서 독립변수와 조절변수의 상호작용 항인 연령*소득 변수(InterX)가 통계적으로 유의미한 것으로 나타났다(b=-.035, p<.05). 이는 연령이 지역사회 애착에 미치는 영향에 있어서 소득수준이 유의미한 조절효과를 가짐을 나타낸다.

② Process에 의한 분석방법

Hayes 교수가 개발한 Process는 앞서 살펴본 매개효과 분석뿐만 아니라 조절효과 분석에도 간단하게 활용될 수 있다. 모델설정에서 [Y variable] 칸에는 종속변수인 지역사회애착 변수를 이동시키고, [X variable] 칸에는 독립변수인 평균중심화된 연령변수를 이동시킨다. 조절변수인 평균중심화된 소득변수의 경우는 [Moderator variable W] 칸에 입력하면 된다. 추가적으로 통제변수들이 있을 경우에는 [Covariate(s)]에 포함시키면 된다. 변수설정에서 주의할 것은 변수명이 8글자 이상으로 긴 경우에는 오류가 발생하므로 8글자 미만으로 줄여서 변수명을 작성해야 한다. 매개변수 분석과는 달리 조절변수의 경우 [Model number] 설정은 '1'로 한다. 나머지 부트스트랩 재표집 횟수의 경우는 1,000회로 설정하기로 하자. 이렇게 설정이 완료되고 [확인]을 누르면 조절효과 분석이 실시된다.

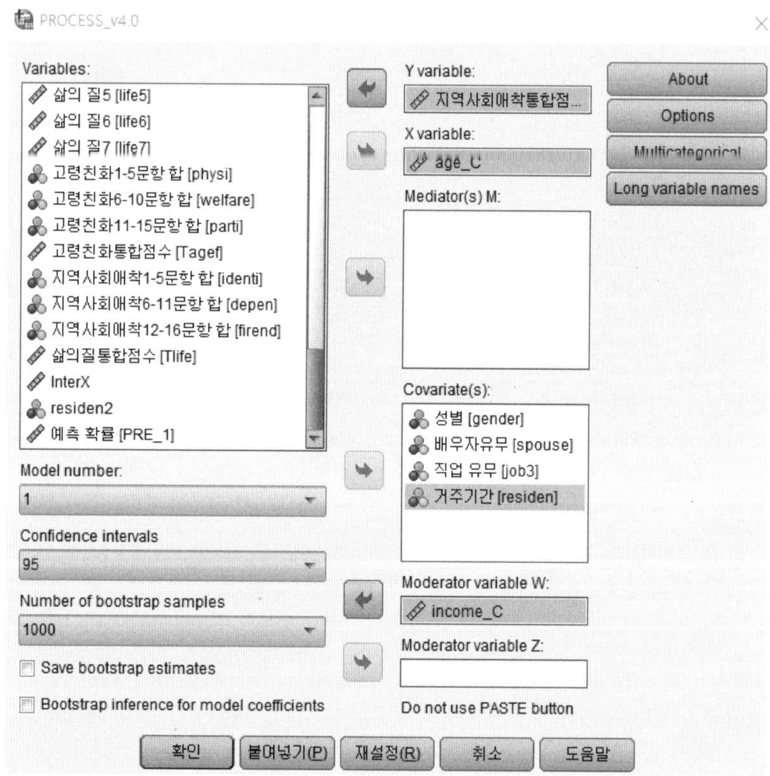

분석결과에서는 조절효과 분석을 위한 회귀모형에서 변수설정에 대한 정보가 제시되고 Model Summary에서는 종속변수인 지역사회 애착이 본 회귀모형에 의해서 10.7%(R^2=.1070) 정도 설명되는 것으로 나타났다. 전반적인 회귀모형의 적합도 역시 유의한 것으로 나타났다(F=13.55, p<.001).

```
***************** PROCESS Procedure for SPSS Version 4.0 *****************

          Written by Andrew F. Hayes, Ph.D.       www.afhayes.com
    Documentation available in Hayes (2022). www.guilford.com/p/hayes3

**************************************************************************
Model  : 1
    Y  : Tatta
    X  : age_C
    W  : income_C

Covariates:
 gender    spouse   job3     residen

Sample
Size:  799

**************************************************************************
OUTCOME VARIABLE:
 Tatta

Model Summary
          R       R-sq        MSE          F        df1        df2          p
      .3272      .1070    67.9882    13.5466     7.0000   791.0000      .0000
```

다음으로 Model 결과를 살펴보면 독립변수, 조절변수, 상호작용 항 그리고 통제변수들의 회귀계수 값과 통계적 유의도를 확인할 수 있다. 본 예시에서는 독립변수인 연령(age_C)과 조절변수인 소득(income_C)이 각각 통계적으로 유의한 것으로 나타났다. 그리고 이 두 변수의 상호작용 항(Int_1) 역시 통계적으로 유의한 것으로 나타났다(b=-.0346, p<.05). 다시 말해 연령이 지역사회 애착에 미치는 영향에 있어서 소득이 유의미한 조절효과를 가진다고 해석할 수 있다. Process를 통한 조절효과 분석 시에는 상호작용 항을 직접 투입할 필요 없이 독립변수와 조절변수만 설정하면 자동적으로 상호작용 항(Int_1)이 생성되고 이에 대한 통계적 유의도를 검정할 수 있다. 마지막으로 상호작용 항 투입으로 인한 변화량(R^2-chng) 역시 통계적으로 유의하였다(F=5.40, p=.0203).

```
Model
              coeff        se          t          p       LLCI       ULCI
constant    50.1759     .6782    73.9854      .0000    48.8446    51.5071
age_C         .0647     .0283     2.2897      .0223      .0092      .1202
income_C     1.3945     .2611     5.3405      .0000      .8819     1.9071
Int_1        -.0346     .0149    -2.3246      .0203     -.0638     -.0054
gender       -.1761     .6024     -.2923      .7701    -1.3587     1.0065
spouse      -1.6481     .8109    -2.0325      .0424    -3.2398     -.0564
job3         3.7851    1.3173     2.8733      .0042     1.1992     6.3710
residen      1.6148     .3013     5.3602      .0000     1.0234     2.2061

Product terms key:
 Int_1     :        age_C      x        income_C

Test(s) of highest order unconditional interaction(s):
       R2-chng          F        df1         df2          p
X*W      .0061     5.4039     1.0000    791.0000      .0203
```

(2) jamovi를 통한 조절효과 분석

① 조절회귀분석 단계별 접근

jamovi에서도 SPSS와 마찬가지로 조절회귀분석의 단계별 접근과 부트스트랩 방식으로 조절효과 분석을 실시할 수 있다. 우선 '지역사회.omv' 자료를 활용하여 [Covariates]에 통제변수들(가령, 성별, 배우자 유무, 직업 유무, 거주기간), 평균중심화된 독립변수와 조절변수 그리고 독립변수와 조절변수의 상호작용 항을 모두 이동시킨다. 다음으로 [Model Builder] 설정에서 단계별 회귀모형을 설정할 수 있다. 가령, Block1(모형1)에서는 통제변수인 성별, 배우자 유무, 직업 유무, 거주기간을, Block2(모형2)에서는 평균중심화된 연령과 소득 변수를 포함시킨다. 마지막으로 Block3(모형3)에서 독립변수와 조절변수의 상호작용 항 변수를 추가하면 단계별 조절회귀분석 모형의 설정이 완료된다.

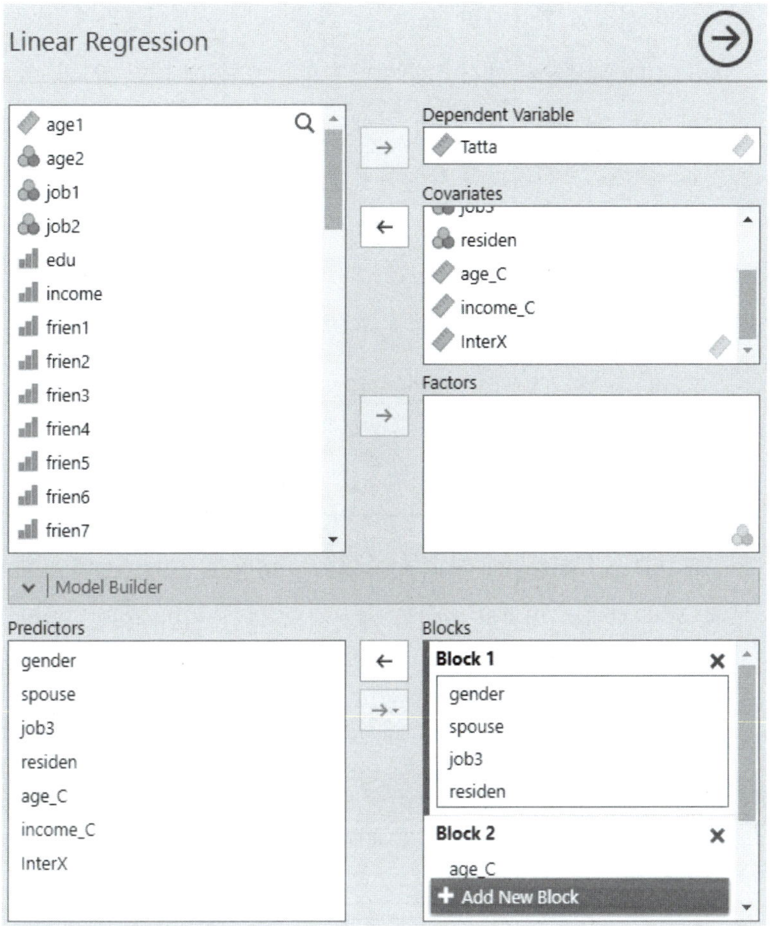

[Model Fit] 설정에서 수정된 R 제곱(□Adjusted R^2)과 전반적인 회귀모형의 적합도를 위한 □F test를 체크하여 설정한다.

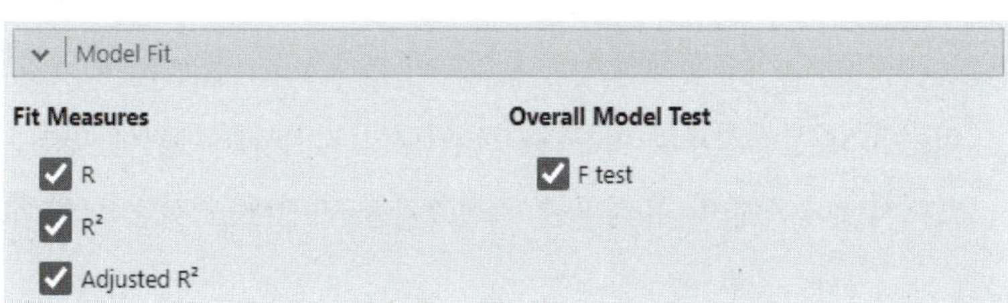

이상의 설정을 완료하면 jamovi는 다음과 같은 분석결과를 제공해 준다. [Model Fit Measures]에서는 모형1, 모형2, 모형3에 대한 R^2과 수정된 R^2, 그리고 회귀모형의 전반적인 적합도(F)에 대한 정보를 제공해 준다. 분석결과는 SPSS 분석결과와 동일하게 해석 가능하므로 여기서는 생략하기로 한다.

Model Fit Measures

				Overall Model Test			
Model	R	R²	Adjusted R²	F	df1	df2	p
1	0.272	0.0739	0.0692	15.8	4	794	< .001
2	0.318	0.1009	0.0941	14.8	6	792	< .001
3	0.327	0.1070	0.0991	13.5	7	791	< .001

다음으로 R^2 변화량의 통계적 유의도를 모형1과 모형2 그리고 모형2와 모형3을 구분하여 비교한 결과를 제시해 준다. 독립변수와 조절변수의 상호작용 항이 포함되기 전 모형2와 포함된 이후 모형3에서 R 제곱 변화량($\triangle R^2$)이 .006($p<.05$)로 나타나 유의미한 조절효과가 있는 것으로 나타났다.

Model Comparisons

Comparison							
Model		Model	ΔR²	F	df1	df2	p
1	-	2	0.02706	11.92	2	792	< .001
2	-	3	0.00610	5.40	1	791	0.020

마지막 모형3(Model 3)에서 독립변수와 조절변수의 상호작용 항인 연령*소득 변수(InterX)가 통계적으로 유의미한 것으로 나타났다($b = -.0346$, $p<.05$). 이는 SPSS 분석결과와 마찬가지로 연령이 지역사회 애착에 미치는 영향에 있어서 소득수준이 유의미한 조절효과를 가진다는 것을 보여준다.

Model Specific Results Model 3

Model Coefficients - Tatta

Predictor	Estimate	SE	t	p
Intercept	50.1759	0.6782	73.985	< .001
gender	-0.1761	0.6024	-0.292	0.770
spouse	-1.6481	0.8109	-2.032	0.042
job3	3.7851	1.3173	2.873	0.004
residen	1.6148	0.3013	5.360	< .001
age_C	0.0647	0.0283	2.290	0.022
income_C	1.3945	0.2611	5.340	< .001
InterX	-0.0346	0.0149	-2.325	0.020

② 부트스트랩 접근

연령이 지역사회 애착에 미치는 영향에 있어서 소득이 조절효과를 가지는가를 분석해 보자. 평균중심화를 한 독립변수인 연령(age_C)과 조절변수인 소득(income_C)을 [Predictor]와 [Moderator] 칸으로 각각 이동시킨다. 상호작용항(age_C*income_C)은 자동으로 생성된다. [Estimation Method for SE's]에서 표준(Standard)방식과 부트스트랩(Boostrap) 방식을 선택해서 사용한다. 여기서는 부트스트랩 방식을 선택하고 재표집 횟수를 1,000회로 설정한다. [Simple Slope Analysis]에서 □Estimate를 선택하면 단순기울기 계수값을 평균, -1표준편차, +1표준편차에 해당하는 기울기 계수값과 그에 따른 통계적 유의도를 보여준다. □Plot을 체크하면 추가적으로 단순기울기를 조절변수의 평균과 ±1표준편차로 구분하여 각각에 대한 기울기를 그래프로 보여준다. [Estimates]에서 □Test statistics를 체크하면 통계적 유의도 검정을 위한 Z값과 그에 따른 p값을 제공해 주고, □Confidence interval을 체크하면 95% 신뢰구간의 하한값과 상한값을 표에 제공해 준다.

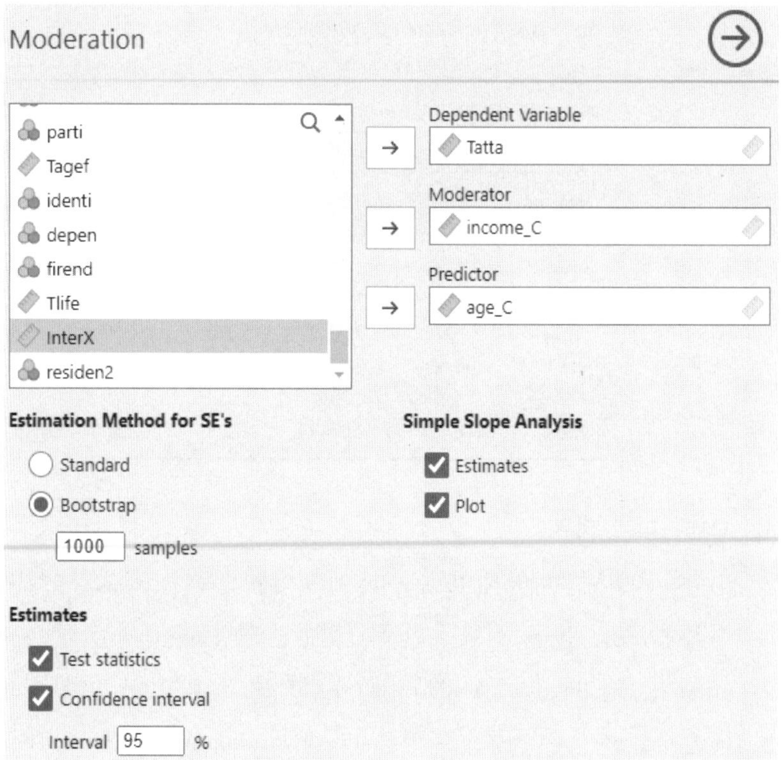

이상의 설정이 완료되면 분석결과 표와 그래프가 다음과 같이 제공된다.

Moderation

Moderation Estimates

			95% Confidence Interval			
	Estimate	SE	Lower	Upper	Z	p
age_C	0.1354	0.0218	0.0936	0.1783	6.22	< .001
income_C	1.4877	0.2879	0.8733	2.0285	5.17	< .001
age_C ✻ income_C	−0.0404	0.0150	−0.0705	−0.0103	−2.69	0.007

우선 연령이 지역사회 애착에 미치는 영향에 있어서 소득이 조절효과가 있는지를 보기 위해서 독립변수(인지기능)와 조절변수(건강상태)의 상호작용 항(age_C*income_C)을 살펴보면 통계적으로 유의한 것으로 나타났다 (z=-0.04, p=.007).

다음으로 단순기울기 분석결과를 살펴보면 독립변수인 연령이 종속변수인 지역사회 애착에 미치는 영향에 있어서 조절변수인 소득수준에 따라 기울기 계수에 차이가 나는 것으로 나타났다. 기울기 값이 가장 큰 경우는 소득수준이 평균(0.1354)보다 -1 표준편차만큼 작은 집단(0.1911)으로 나타났다. 기울기계수 값은 조절변수인 소득수준에 따라 차이는 있지만 모두 통계적으로 유의한 것으로 나타났다.

Simple Slope Estimates

	Estimate	SE	95% Confidence Interval		Z	p
			Lower	Upper		
Average	0.1354	0.0219	0.0935	0.178	6.19	< .001
Low (-1SD)	0.1911	0.0323	0.1281	0.258	5.92	< .001
High (+1SD)	0.0796	0.0278	0.0266	0.136	2.87	0.004

Note. shows the effect of the predictor (age_C) on the dependent variable (Tatta) at different levels of the moderator (income_C)

이를 그래프로 표현하면 [Simple Slope Plot]과 같다. 그래프에서 보듯이 조절변수인 소득수준이 평균보다 점수가 낮은 집단[Low(-1SD)로 표시]이 연령이 증가할수록 지역사회 애착이 증가하는 정도가 가장 큰 것으로 나타났다. 반대로 소득수준이 평균보다 점수가 높은 집단[High(+1SD)로 표시]이 연령이 증가할수록 지역사회 애착이 증가하는 변화율이 가장 작은 것으로 나타났다.

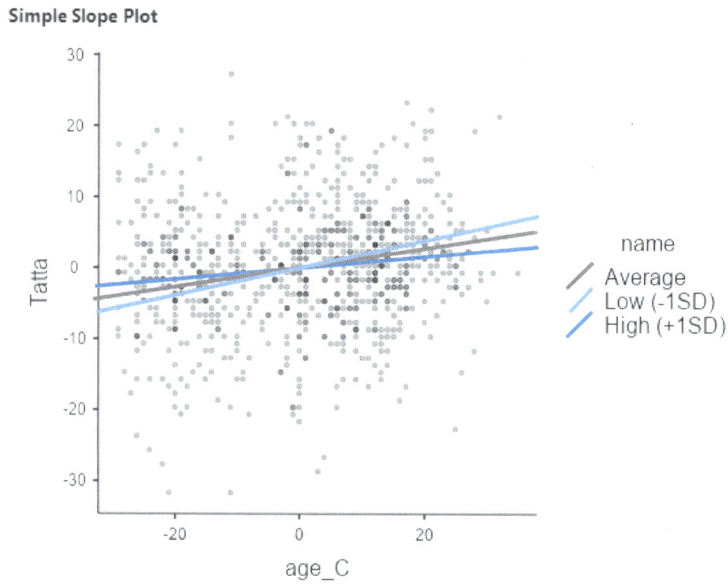

9. 로지스틱 회귀분석

지금까지 종속변수가 연속형 변수인 경우에 대해 선형회귀분석의 개념을 살펴보았다. 하지만 일상생활 속에서 사용되는 많은 종속변수들은 비연속적이고 질적인 형태를 보이는 경우가 많다. 가령, 정치인을 뽑는 투표에 참여할 것인지 혹은 참여하지 않을 것인지? 아니면 기본소득 제도에 찬성하는지 혹은 반대하는지?, 자살생각을 해본 적이 있는지 혹은 없는지? 등과 같이 일상에서 접하는 많은 질문들이 비연속적인 형태의 답을 요구하는 경우가 있다. 이처럼 비연속형 종속변수, 특히 찬성과 반대 혹은 예와 아니요와 같이 이분형 변수의 형태를 띠는 종속변수를 가지고 이에 영향을 미치는 요인들을 분석하는 방법으로 가장 많이 활용되는 분석방법이 로지스틱 회귀분석(logistic regression)이다.

로지스틱 회귀분석에 대한 이해를 위해서는 기본적으로 승산(odds)과 승산비(odds ratio)의 개념을 이해해야 한다. 우선 승산은 어떤 사건이 발생할 확률이 사건이 발생하지 않을 확률에 비해 얼마나 큰지를 나타내는 일종의 비율값이다

(김태근, 2006). 가령 다이어트 프로그램에 참여한 과체중 청소년들 100명 중에 70명이 다이어트에 성공했으면 이때의 확률은 70/100(0.7)으로 70%가 된다. 반면 30명은 다이어트에 실패했으므로 확률은 30/100(0.3)으로 30%가 되는 것이다. 따라서 승산은 다이어트에 성공한 사람들의 확률을 다이어트에 실패한 사람들의 확률로 나누어 준 값으로 위의 경우는 70/30으로 대략 2.33이 된다. 즉, 다이어트에 성공한 사람들이 그렇지 않은 사람들에 비해 2.33배 많다는 것을 의미한다.

$$승산(odds) = \frac{사건이\ 발생할\ 확률}{사건이\ 발생하지\ 않을\ 확률}$$

다음으로 승산비(odds ratio)는 두 개의 승산값들의 비율로 표현된다. 가령 위의 예시에서 다이어트 프로그램에 참여한 사람들의 승산값이 2.33이라고 하면 다이어트 프로그램에 참여하지 않은 비교집단 100명 가운데 다이어트에 성공한 사람들이 100명 가운데 40명이고 다이어트에 실패한 사람들이 나머지 60명이라고 하면 이때 승산값은 (40/100)/(60/100)으로 대략 0.66이다. 따라서 다이어트 프로그램에 참여한 집단과 참여하지 않은 집단의 다이어트 성공의 승산비는 2.33/0.66 = 3.53으로 다이어트 프로그램에 참여한 집단이 그렇지 않은 비교집단에 비하여 다이어트에 성공할 가능성이 3.53배 크다고 말할 수 있다.

$$승산비(odds\ ratio) = \frac{A집단의\ 승산(ex.\ 다이어트참여집단)}{B집단의\ 승산(ex.\ 다이어트비참여집단)}$$

승산비가 1이라는 것은 비교대상이 되는 두 집단(A, B)의 승산이 동일하다는 의미이고, 확률값으로 표현하면 0.5(50%)가 된다. 승산비가 1보다 큰 경우는 위의 식에서 보듯이 A집단에서 어떤 사건이 발생할 승산이 크다는 것을 의미하고, 반대로 승산비가 1보다 작은 경우는 B집단에서 사건이 발생할 승산이 크다는 것을 의미한다. 확률과 승산의 관계는 확률이 0일 때는 승산 역시 0이 되고, 확률이 0.5일 때 승산은 1, 그리고 확률이 1일 때 승산은 무한대의 양의 값을 가진다. 다시 말해 확률은 0과 1 사이의 값으로 존재하는 반면에 승산은 0과 +∞ 사이의 값을 가진다. 그렇다면 로지스틱(logistic) 혹은 로짓(logit)은 어떻게 구하는가? 앞서 살펴본 승산에 단순히 로그(log)를 취하면 구할 수 있다. 이러한 단순한 방식을 통해서 우리가 표현할 수 있는 값의 범위는 매우 확대된다. 확률을 승산으로 변환했을 때 상한값의 경계가 없어졌듯이 승산에 로그를 취해서 로그오즈로 표현하게 되면 하한값의 경계도 없어져 -∞에서 +∞ 사이의 값으로 표현할 수 있게 된다. 확률, 승산(odds), 로그오즈(log odds)의 관계를 살펴보면 다음과 같다.

〈표 5-4〉 **확률, 승산(odds), 로그오즈(log odds)의 관계**

확률	승산(odds)	로그오즈(log odds)
0	0	−∞
0.01	0.010	−4.595
0.1	0.111	−2.197
0.2	0.25	−1.386
0.3	0.43	−0.846
0.4	0.667	−0.405
0.5	1	0
0.6	1.5	0.405
0.7	2.33	0.846
0.8	4	1.386
0.9	9	2.197
0.99	99	4.595
1	+∞	+∞

출처 : 김태근(2006). U-Can 회귀분석. 인간과 복지, p. 272.

위의 확률과 로그오즈의 관계를 토대로 로지스틱 그래프를 그리면 다음과 같다. 그래프의 가운데 세로 축은 0과 1 사이의 확률을 나타내고, 가로 축은 로그오즈를 나타낸다. 로그오즈는 −∞에서 +∞ 사이의 값으로 표현된다.

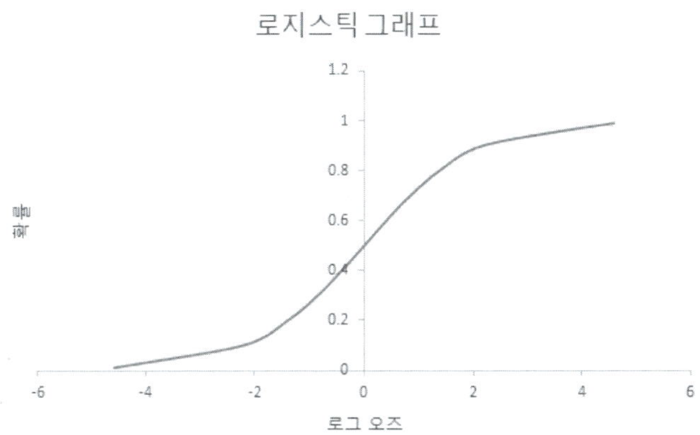

이상의 로지스틱 회귀분석의 기본 개념에 대한 이해를 바탕으로 본 서에서는 로지스틱 회귀분석 가운데 일반적으로 많이 활용되는 이항 로지스틱 회귀분석과 종속변수가 3개 이상의 범주일 때 사용할 수 있는 다항 로지스틱 회귀분석을 중심으로 살펴본다.

1) 이항 로지스틱 회귀분석

이항 혹은 이분형 로지스틱 회귀분석은 종속변수가 이분형(binary)이고 독립변수는 연속형 변수일 때 일반적으로 많이 활용된다. 물론 독립변수가 연속형이 아닌 성별과 같이 비연속형 변수인 경우에도 더미변수화해서 사용할 수 있다. 가령, 예, 아니요의 이분형 변수로 측정된 지역주민들의 거주기간(0-단기거주, 1-장기거주)에 영향을 미치는 요인들(가령, 성별, 연령, 소득, 삶의 질, 지역사회 애착)을 분석하는 경우 이분형 로지스틱 회귀분석을 실시할 수 있다.

(1) SPSS를 통한 이항 로지스틱 회귀분석

실습을 위해 '지역사회.sav' 자료를 활용하여 다음의 순서대로 이항 로지스틱 회귀분석을 위한 설정을 한다.

> 분석 → 회귀분석 → 이분형 로지스틱

[이분형 로지스틱] 창에서는 우선 [종속변수]에 이분형 변수인 '거주기간(Residen2)'을 입력하고, 아래 상자 블록에는 거주기간에 영향을 미칠 수 있는 요인들(covariates)인 '성별(gender)', '배우자 유무(spouse)', '연령(age1)', '직업유무(job3)', '소득(income)', '지역사회애착(Tatta)'을 선택하여 포함시킨다. 본 예제 데이터는 미리 성별과 같은 질적 비연속형 변수를 더미코딩(0-남자, 1-여자)을 하였지만 [범주형]을 클릭하여 질적변수를 설정하면 로지스틱 변수에서 기준범주(reference category)를 기준으로 이분형 변수로 인식한다. 여기서 적은 수인 0을 기준범주로 하고 싶으면 [참조범주(R)]에서 '처음(F)'을 선택하고, 반대로 큰 수인 1을 기준범주로 하고 싶으면 '마지막(L)'을 선택한다.

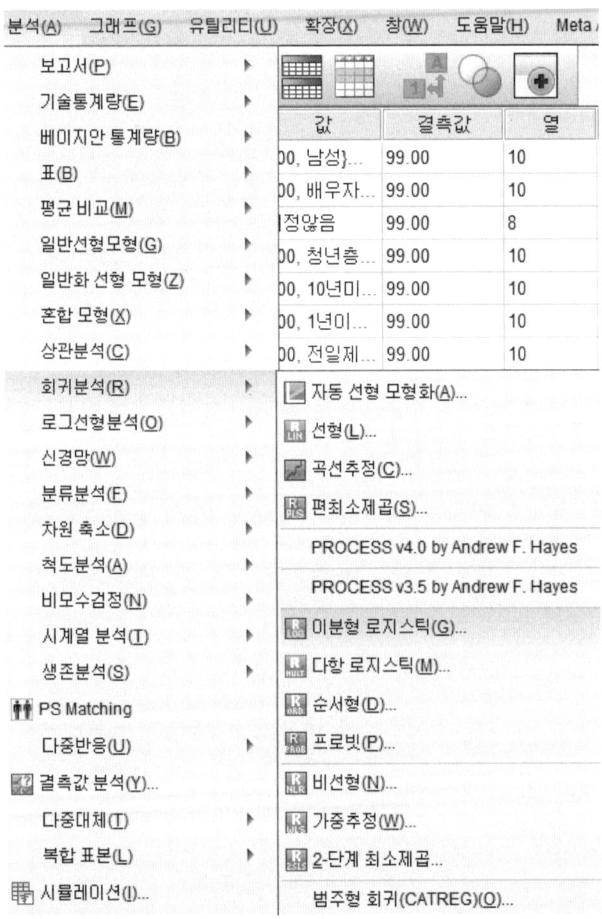

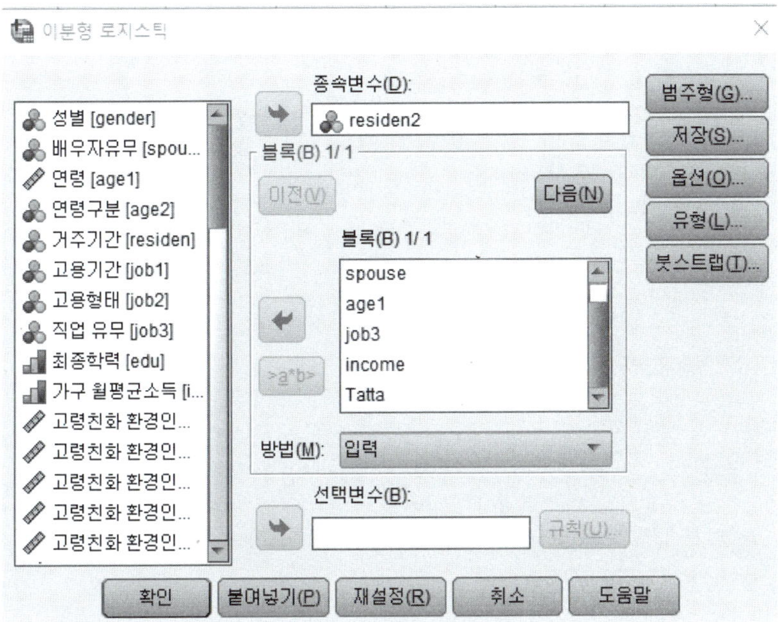

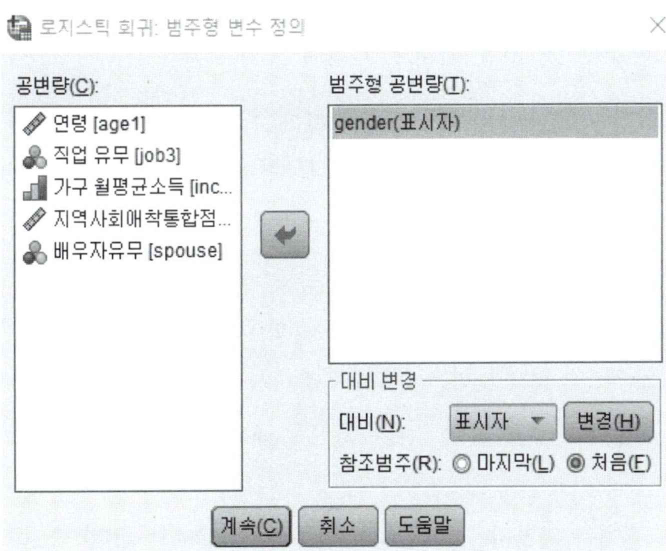

추가적으로 [옵션]에서 [통계량 및 도표]에 있는 □Hosmer-Lmeshow 적합도를 체크하여 모형의 적합성을 살펴볼 수 있다.

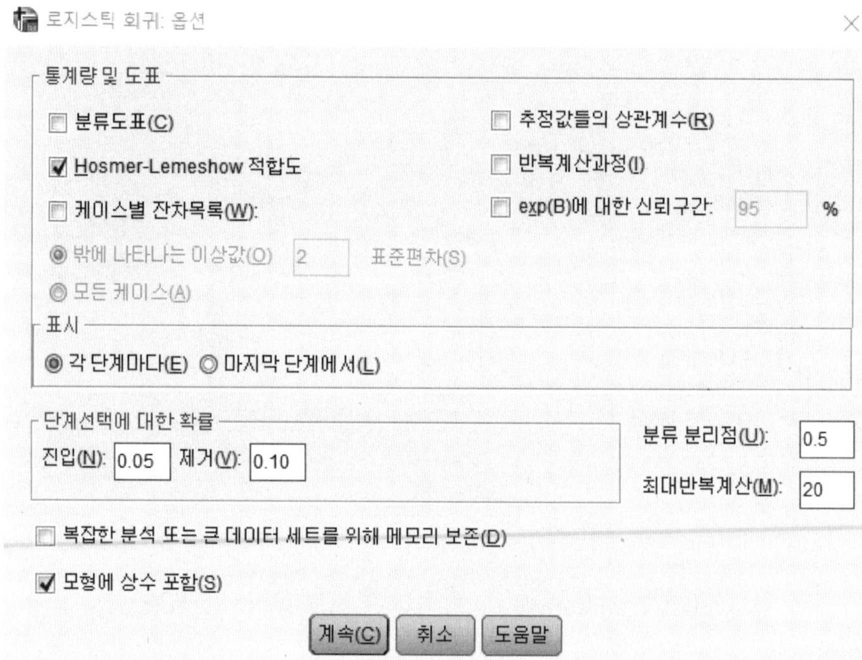

이상의 설정이 완료되고 [확인]을 누르면 다음과 같은 분석결과를 얻을 수 있다. 우선 [케이스 처리 요약]에서는 결측 케이스 1명을 제외하고 799명이 분석에 활용되었다는 것을 알 수 있다. 다음으로 [모형 계수의 총괄 검정]은 선형회귀분석의 회귀모형의 적합도를 검정하는 F-test와 유사한 개념으로 상수항만으로 구성된 기초모형(null model)과 비교하여 독립변수들이 포함된 로지스틱 회귀모형의 적합도가 카이제곱 값이 71.91, $p<.001$로 나타나 유의미하게 좋다는 것을 의미한다. 로지스틱 회귀분석은 선형회귀분석이 잔차의 최소제곱법(OLS)으로 회귀모형을 추정하는 것과 달리 최대우도법(Maximum likelihood)으로 회귀식을 추정한다.

최대우도법이란 관찰치를 최대로 잘 적중할 수 있도록 회귀식의 미지수를 구하는 것으로 우도함수(likelihood function)를 최대화하는 미지수의 값을 나타낸다. 우도함수는 0에서 1까지의 값을 가지는데 1에 가까울수록 좋은 적합도를, 반대로 0에 근접할수록 나쁜 적합도를 나타낸다. 우도함수에 로그를 취하여 로그 우도함수를 만들면 $-\infty$에서 0의 값으로 표현되어 다룰 수 있는 값의 범위가 커진다. 로그 우도함수의 경우는 0에 가까울수록 좋은 적합도를 $-\infty$에 근접할수록 나쁜 적합도를 나타낸다. 로그 우도함수의 경우 0 이하의 음수 값을 가지기 때문에 여기에 -2를 곱하여 양수값을 갖도록 바꾸어 주면 0에서 ∞ 사이의 값을 가지고 0에 가까울수록 좋은 적합도를 나타내는 것으로 해석한다(채구묵, 2013).

함수	범위	완벽한 적합도	좋은 적합도
우도함수	$0 \leq L \leq 1$	1	1에 근접
로그 우도함수	$-\infty < \ln L \leq 0$	0	0에 근접
-2로그 우도함수	$0 \leq -2\ln L < \infty$	0	0에 근접

로지스틱 회귀모델에서는 분석모델(analysis model)과 포화모델(saturated model)의 비교를 통해서 모델의 적합도를 평가하는데 여기서 분석모델은 연구자가 설정한 모델이고, 포화모델은 자료의 수만큼 미지수를 포함하여 완벽한 적합도를 보여주는 모델을 의미한다. 따라서 이 둘의 비교를 통해서 포화모델에 비하여 분석모델의 적합도가 얼마나 좋은지를 평가하는데 그 값이 -2Loglikelihood(-2LL) 값이다. 포화모델은 완벽한 적합도를 보여주기 때문에 포화모델의 -2LL값은 0이다. 각 로그 우도함수에 -2를 곱해주는 이유는 차이 값이 카이제곱 분포를 따르게 만들기 위한 것이다(채구묵, 2013). 결과적으로 분석모델과 포화모델의 차이는 분석모델이 된다.

-2Loglikelihood 차이 = 분석모델(-2LL) - 포화모델(-2LL) = 분석모델(-2LL)

로지스틱 회귀모형의 적합도는 독립변수가 포함되지 않은 기초모형(baseline)의 -2LL값과 독립변수들이 포함된 회귀모형의 -2LL값의 차이를 통해서 살펴보는데 이 차이 값이 카이제곱 분포를 따른다. 따라서 본 예시에도 이 차이 값이 통계적으로 유의미하다는 것은 기초모형에 비하여 회귀모형의 적합도가 더 좋다는 것을 의미한다.

케이스 처리 요약

가중되지 않은 케이스[a]		N	퍼센트
선택 케이스	분석에 포함	799	99.9
	결측 케이스	1	.1
	전체	800	100.0
비선택 케이스		0	.0
전체		800	100.0

a. 가중값을 사용하는 경우에는 전체 케이스 수의 분류표를 참조하십시오.

모형 계수의 총괄 검정

		카이제곱	자유도	유의확률
1 단계	단계	71.910	6	.000
	블록	71.910	6	.000
	모형	71.910	6	.000

모형 요약

단계	-2 로그 우도	Cox와 Snell의 R-제곱	Nagelkerke R-제곱
1	705.625[a]	.086	.138

a. 모수 추정값이 .001보다 작게 변경되어 계산반복수 5에서 추정을 종료하였습니다.

[모형 요약]의 -2 로그 우도 705.625은 회귀모형의 우도값이다. Cox와 Snell의 R-제곱과 Nagelkerke R-제곱은 선형회귀분석의 R 제곱과 유사한 것으로 이분형 로지스틱 회귀모형의 전반적인 설명력을 나타낸다. 본 예시에서는 Cox와 Snell의 R-제곱과 Nagelkerke R-제곱이 8.6%, 13.8%의 설명력을 각각 보여준다.

= Hosmer와 Lemeshow 검정 =

단계	카이제곱	자유도	유의확률
1	21.228	8	.007

추가적으로 모델의 적합도 검정을 위해 Hosmer와 Lemeshow(H-L) 검정결과를 살펴보면 $p < .05$로 나타나 모델에서 추정된 값과 관찰치 사이의 차이가 없다는 영가설을 기각하게 되어 추정된 모델이 적합하지 않은 것으로 나타났다. 하지만 H-L 검정방법은 표본크기에 민감하게 반응하는데, 일반적으로 표본이 큰 경우 H-L 통계량이 작아지기 때문에 관찰치와 모델의 예측치 간의 차이가 유의적으로 나타나는 경향이 있고 반대로 표본크기가 작을 경우 비유의적으로 나타나는 경향이 있다(이희연 · 노승철, 2013). 따라서 본 예시처럼 표본크기가 어느 정도 큰 경우에는 절대적으로 해석하는 데는 한계가 있을 수 있다.

다음으로 분류표(classfication table)를 살펴보면 이분형 로지스틱 회귀분석을 통해 종속변수인 거주기간을 예측했을 때의 결과를 보여준다. 독립변수들이 포함되지 않은 기초모형에서는 종속변수의 평균만으로 예측하는데, 이때 예측의 정확도는 81%로 나타났다(0단계). 하지만 거주기간을 예측하는 6개의 독립변수들을 추가한 회귀모형에서의 예측의 정확도는 82.2%로 기초모형에 비하여 상대적으로 향상되었다는 것을 확인할 수 있다(1단계).

분류표[a,b]

관측됨			예측 residen2 단기거주	예측 residen2 장기거주	예측 분류정확 %
0 단계	residen2	단기거주	0	152	.0
		장기거주	0	647	100.0
	전체 퍼센트				81.0

a. 모형에 상수항이 있습니다.

b. 절단값은 .500입니다.

분류표[a]

관측됨			예측 residen2 단기거주	예측 residen2 장기거주	예측 분류정확 %
1 단계	residen2	단기거주	17	135	11.2
		장기거주	7	640	98.9
	전체 퍼센트				82.2

a. 절단값은 .500입니다.

추가적으로 이분형 로지스틱 회귀모델의 예측의 정확도를 판단하는 기준으로 사용되는 지표가 ROC(Receiver-Operating Characteristic curve) 곡선이다. ROC 곡선은 민감도(sensitivity)와 특이도(specificity)를 플로팅하여 설정한 모델에 따른 예측값이 실제 관측값과 얼마나 잘 부합되는지를 시각적으로 보여준다(이희연 · 노승철, 2012). 여기서 민감도란 실제 장기거주인 사람 중 모델이 장기거주라고 예측한 사람의 비율이고, 반대로 특이도란 실제 단기거주인 사람 중 모델이 단기거주라고 예측한 사람의 비율을 나타낸다. 다시 말해 민감도와 특이도는 실제 장기거주와 단기거주자 중에서 관측값과 예측값이 같은 사람의 비율을 의미한다. ROC 곡선은 민감도를 y축으로, 1－특이도를 x축으로 하여 곡선으로 표현되는데, 1－특이도는 실제 장기거주하지 않지만 모델이 장기거주하는 것으로 잘못 예측한 사람의 비율을 나타낸다.

ROC 곡선을 그리기 위해서는 모델 설정 창에서 [저장]을 클릭한 후 [예측값] 아래 □확률(P)을 체크한다. 이후 이분형 로지스틱 분석을 실행하면 'PRE_1'이라는 예측확률 변수가 새롭게 생성됨을 확인할 수 있다. SPSS에서 ROC 곡선을 그리기 위해서는 [분석] [ROC 곡선(V)을 선택한다.

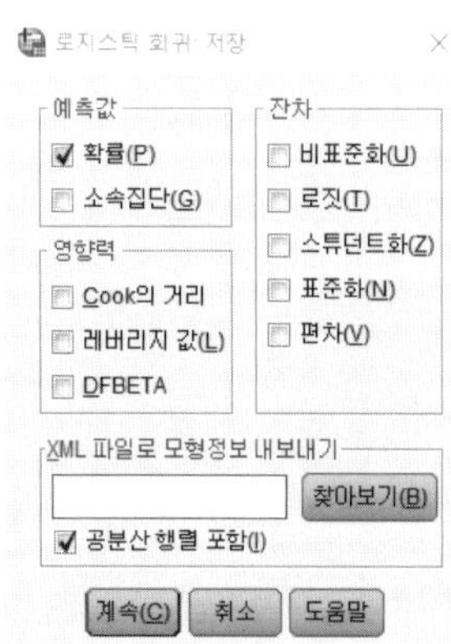

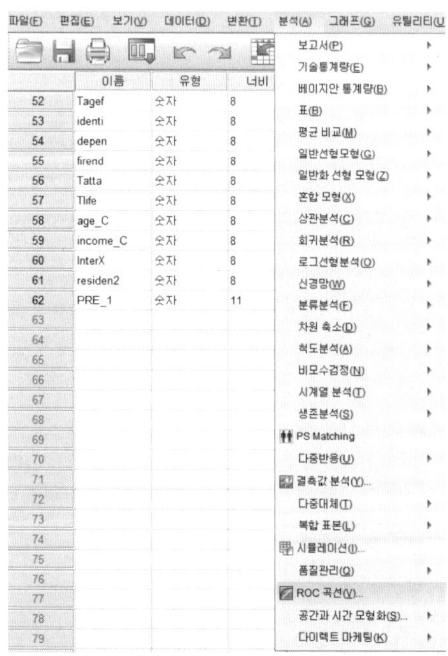

ROC 곡선 창에서 [검정변수(T)]에는 '예측확률[PRE_1]' 변수를, [상태변수(S)]에는 종속변수인 '거주기간(residen2)' 변수를 선택한다. 상태변수 양의 값(V)에는 장기거주를 나타내는 '1'을 입력한다. [표시] 옵션에서는 □ROC 곡선(U), □대각 참조선 있음(W), 그리고 □표준오차 및 신뢰구간(E)을 체크하면 기본적인 설정이 완료된다.

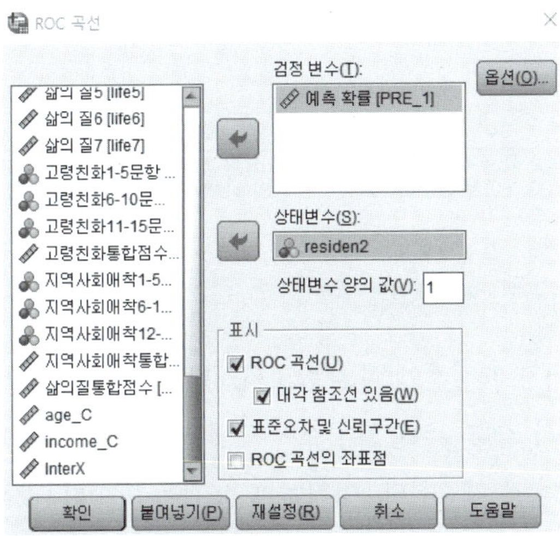

[확인]을 누르면 다음과 같은 결과물이 나타난다.

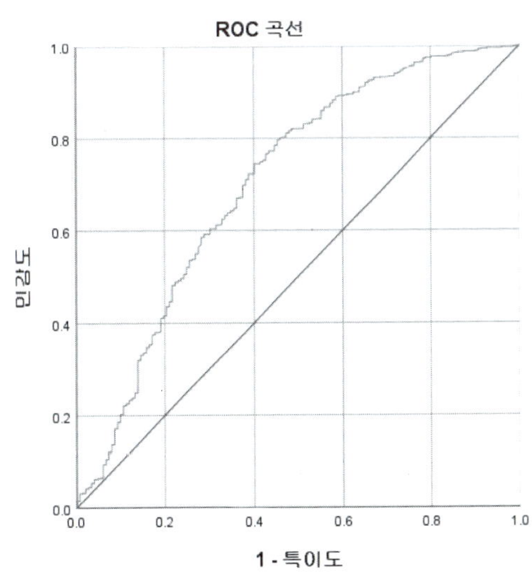

ROC 곡선에서 곡선 아래 영역은 0.704이며 근사 유의확률이 p<.001로 매우 유의한 것으로 나타났다. 곡선 아래 면적이 1에 가까울수록 로지스틱 회귀모델이 단기거주와 장기거주 사이의 분류를 정확히 하고 있음을 나타내는데, 본 예시에서는 0.704로 높은 수준의 정확성을 보여주고 있다.

곡선 아래 영역

검정 결과 변수: 예측 확률

영역	표준화 오류[a]	근사 유의확률[b]	근사 95% 신뢰구간	
			하한	상한
.704	.026	.000	.654	.755

검정 결과 변수: 예측 확률에는 실제 양의 반응 집단과 실제 음의 반응 집단 사이에 하나 이상의 동순위가 있습니다. 통계량은 편향될 수 있습니다.

a. 비모수 분포 가정

b. 영가설: 실제 영역 = 0.5

마지막으로 가장 핵심적인 이분형 로지스틱 회귀분석의 결과해석에 대한 설명을 하면 다음과 같다. 우선 로지스틱 회귀분석에서는 선형회귀분석과 달리 t값 대신에 Wald값을 제공한다. 여기서 Wald값은 단순히 t값을 제곱해 준 것이다. Wald 통계량은 자유도가 1인 카이제곱 분포를 따르기 때문에 로지스틱 회귀모형에서는 회귀계수의 통계적 유의도 검정을 t 검정이 아닌 카이제곱검정을 통해 실시한다(김태근, 2006). 다음의 분석결과를 살펴보면 배우자 유무, 연령, 소득, 지역사회 애착이 지역주민들의 거주기간을 유의미하게 예측하는 것으로 나타났다. 여기서 회귀계수(B)의 해석은 선형회귀분석과 달리 독립변수가 1단위 증가할 때 종속변수의 로그오즈 변화량을 나타낸다. 따라서 예를 들어, 지역사회애착통합 점수가 1점 증가할 때 거주기간은 로그오즈로 0.056만큼 증가한다고 해석하여야 정확하다. 이에 대해 Wald=24.436, p<.001로 통계적으로 유의미하다고 할 수 있다.

방정식의 변수

		B	S.E.	Wald	자유도	유의확률	Exp(B)
1 단계[a]	성별	-.120	.193	.386	1	.534	.887
	배우자유무	1.165	.268	18.954	1	.000	3.206
	연령	.050	.009	28.538	1	.000	1.051
	직업 유무	.227	.512	.197	1	.657	1.255
	가구 월평균소득	.203	.086	5.649	1	.017	1.225
	지역사회애착통합점수	.056	.011	24.436	1	.000	1.058
	상수항	-4.950	.866	32.688	1	.000	.007

a. 변수가 1: 성별, 배우자유무, 연령, 직업 유무, 가구 월평균소득, 지역사회애착통합점수 단계에 입력되었습니다.

하지만 일반적으로 로지스틱 회귀분석에서는 Exp(B)를 해석하는데 이는 앞서 설명한 승산비(odds ratio)와 같은 개념이다. 즉, 독립변수가 한 단위 증가할 때 종속변수의 오즈 변화율을 의미한다. 가령, 지역사회 애착 통합점수의 Exp(B)가 1.058인데 이는 지역사회 애착 통합점수가 1점 증가할 때 장기거주를 할 오즈가 5.8% 증가한다는 것을 의미한다. 소득의 경우 Exp(B)가 1.225인데 이는 가구 월평균소득이 1점 증가할 때 지역 주민들의 장기거주 할 오즈가 22.5% 증가한다는 것을 의미한다. 여기서 퍼센트에 대한 계산을 위한 식은 다음과 같다.

$$\text{지역사회 애착 통합점수} = 100 \times (\text{Exp}(b) - 1) = 100 \times (1.058 - 1) = 5.8\%$$
$$\text{가구 월평균 소득} = 100 \times (\text{Exp}(b) - 1) = 100 \times (1.225 - 1) = 22.5\%$$

이 외에도 배우자 유무, 연령도 통계적으로 유의미한 것으로 나타났다. 이를 해석하면 배우자가 있는 경우에 지역사회에 장기거주 할 오즈가 220.6% 증가하고 연령이 1살 증가할 때 장기거주 할 오즈는 5.1% 증가하는 것으로 해석할 수 있다.

(2) jamovi를 통한 이항 로지스틱 회귀분석

이번에는 동일한 자료에 대한 분석을 jamovi 자료(지역사회.omv)를 통해서 분석해 보자. 분석을 위한 순서는 다음과 같다.

Regression → Logistic Regression → 2 Outcomes Binomial

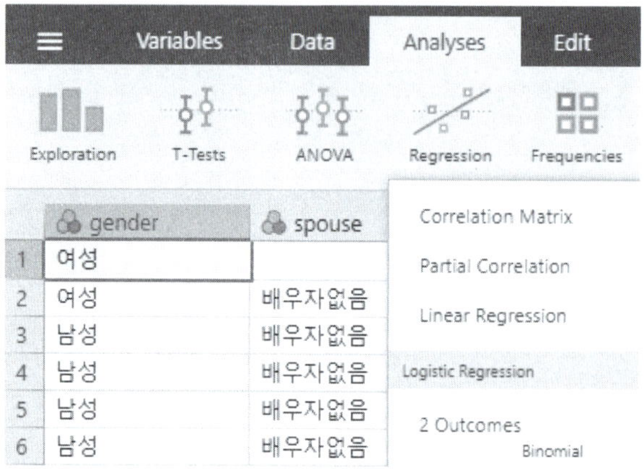

다음으로 [Binomial Logistic Regression] 창에서 [Dependent Variable] 칸에는 종속변수인 거주기간(Residen2)을 선택하여 화살표를 클릭하여 이동한다. 그리고 거주기간을 예측하는 요인들인 성별(gender), 배우자 유무(spouse), 연령(age1), 직업유무(job3), 가구 월평균소득(income), 그리고 지역사회 애착 통합점수(Tatta) 변수들은 [Covariates] 칸으로 이동시키면 로지스틱 분석을 위한 기본 설정이 다음 그림과 같이 완료된다.

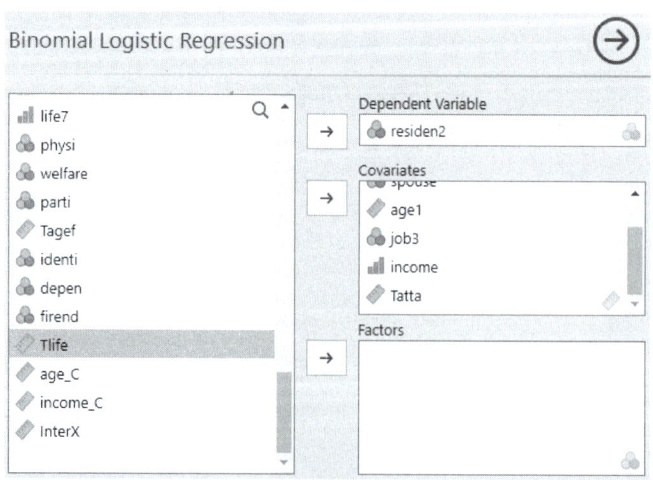

[Model Fit] 설정에서는 로지스틱 회귀모형의 적합도와 설명력에 대한 지표들을 설정할 수 있다. [Fit Measures]에서 □Deviance는 최대우도법으로 독립변수가 포함되지 않은 기초모형(baseline)의 -2LL값과 독립변수들이 포함된 회귀모형의 -2LL값의 차이를 나타낸다. □Overall model test는 로지스틱 회귀모형의 전반적인 적합도로 독립변수들이 포함되지 않는 기초모형에 비해 독립변수들이 포함된 로지스틱 회귀모형의 적합도를 카이제곱검정을 통해서 살펴보는 것이다. 여기서 유의미한 카이제곱 값은 회귀모형의 전반적인 적합도가 기초모형에 비해서 좋다는 것을 의미한다. [Pseudo R^2]에서 □Cox & Snell's R^2과 □Nagelkerke's R^2은 로지스틱 회귀모형의 종속변수에 대한 설명력을 나타내는 값으로 클수록 설명력이 높다는 것을 의미한다.

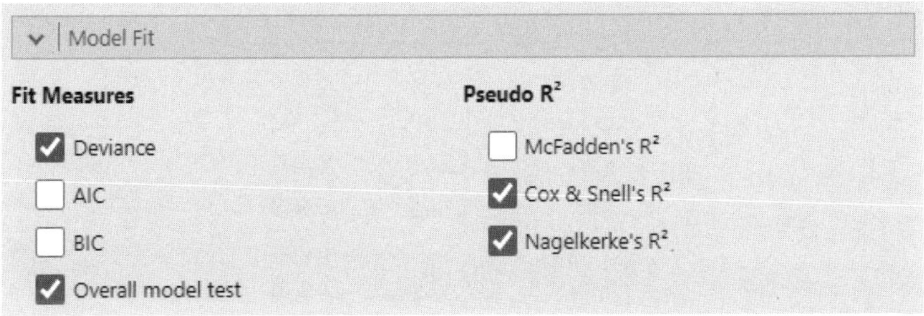

[Model Coefficients]에서는 □Odds ratio를 체크하면 종속변수에 대한 독립변수의 로그오즈 값을 승산비로 제공해 준다.

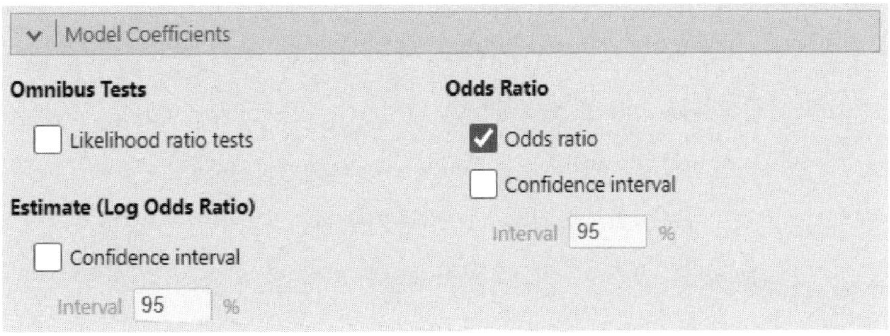

추가적으로 다중공선성에 대한 가정에 대한 검정을 위해서는 [Assumption Checks]에서 □Collinearity statistics를 체크한다.

다중공선성 분석결과 VIF값이 5보다 작고, Tolerance값 역시 0.4보다 큰 값으로 나타나 다중공선성 문제는 없는 것으로 나타났다.

Assumption Checks

Collinearity Statistics

	VIF	Tolerance
gender	1.03	0.970
spouse	1.69	0.592
age1	2.01	0.499
job3	1.05	0.949
income	1.31	0.763
Tatta	1.05	0.950

이상의 설정이 완료되고 jamovi의 분석결과를 살펴보면 우선 [Model Fit Measure]에서는 SPSS [모형 요약]과 마찬가지로 706의 우도값(Deviance)을 보여주고 있다. Cox와 Snell의 R-제곱과 Nagelkerke R-제곱은 이분형 로지스틱 회귀모형의 전반적인 설명력으로 8.61%, 13.8%로 나타나 SPSS 분석결과와 유사하였다. 전반적인 모형 적합도(Overall Model Test) 역시 X^2=71.9(6), $p<.001$로 모형의 적합도가 유의미한 것으로 나타났다. [Model Coefficients]에 대한 해석은 SPSS와 동일하다. 가령, 지역사회통합점수가 1점 증가할 때 지역주민들의 장기거주 할 오즈는 약 5.8%이고, 소득이 1점 증가할 때 지역주민들의 장기거주 할 오즈는 약 22.5% 증가하는 것으로 나타났다.

Binomial Logistic Regression

Model Fit Measures

				Overall Model Test		
Model	Deviance	R^2_{CS}	R^2_N	χ^2	df	p
1	706	0.0861	0.138	71.9	6	< .001

Model Coefficients - residen2

Predictor	Estimate	SE	Z	p	Odds ratio
Intercept	−4.9496	0.86572	−5.717	< .001	0.00709
gender	−0.1198	0.19283	−0.621	0.534	0.88708
spouse	1.1651	0.26762	4.354	< .001	3.20625
age1	0.0498	0.00932	5.342	< .001	1.05104
job3	0.2272	0.51168	0.444	0.657	1.25505
income	0.2033	0.08553	2.377	0.017	1.22542
Tatta	0.0564	0.01141	4.943	< .001	1.05801

Note. Estimates represent the log odds of "residen2 = 1" vs. "residen2 = 0"

이항 로지스틱 회귀분석의 분류의 정확도에 대한 검정을 위해서는 [Prediction]을 클릭하여 다음과 같이 설정한다.

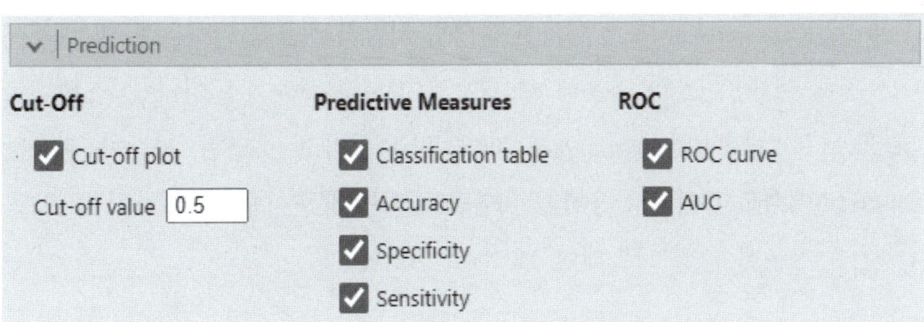

[Cut-Off]에서는 Cut-off value(절단)값을 0.5로 지정하는데, 이는 □Cut-off plot에서 민감도(Sensitivity) 곡선과 특이도(Specificity) 곡선이 만나는 지점으로 분류를 예측하는 최적의 지점이다.

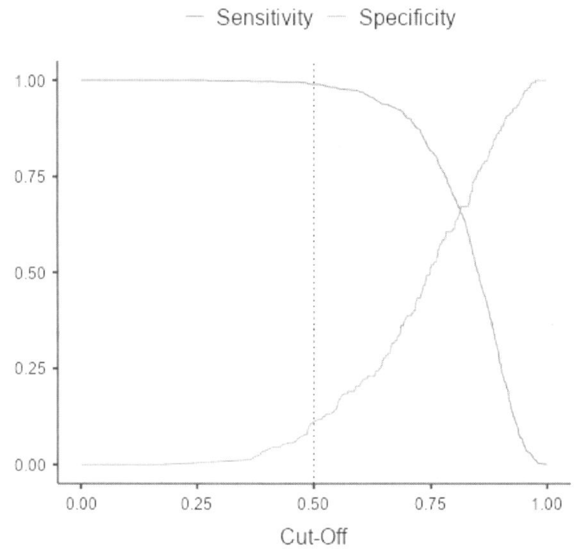

여기서 민감도와 특이도 개념은 Classfication table(분류표)의 결과를 통해서 살펴볼 수 있다. Sensitivity는 예측값(Predicted)에서 '1(장기거주)'이라고 응답한 사람과 관측값(Observed)에서도 '1'이라고 응답한 사람의 비율을 말하는데, 본 예시에서는 전체 647명(7+640) 가운데 640명으로 98.9%(640/647)로 나타났다. 반대로 Specificity는 예측값(Predicted)에서 '0(단기거주)'이라고 응답한 사람이 관측값(Observed)에서도 '0'이라고 응답한 비율을 말하는데, 본 예시에서는 전체 152명(17+135) 가운데 17명으로 대략 11.2%(17/152)이다.

Classification Table – residen2

	Predicted		
Observed	0	1	% Correct
0	17	135	11.2
1	7	640	98.9

Note. The cut-off value is set to 0.5

Predictive Measures

Accuracy	Specificity	Sensitivity	AUC
0.822	0.112	0.989	0.705

Note. The cut-off value is set to 0.5

전체적인 분류의 정확도는 [Predictive Measures] 표의 Accuracy인데 SPSS와 동일하게 0.822(82.2%)로 나타났다. AUC(Area Under the Curve)값은 1에 가까울수록 정확한 예측 정도를 나타내는데, 본 예시에서는 0.705로 상대적으로 높은 정확도를 보여준다고 할 수 있다. 추가적으로 ROC curve는 AUC 값을 전체 1(100%)에서 파란색 곡선 아래 영역을 차지하는 정도로 보여주고 검은색 대각선은 예측값이 0.5일 때, 즉 50%일 때 대각선 아래의 영역을 의미한다. 본 예시에서는 AUC값이 0.705이므로 파란색 곡선 아래 영역이 전체에서 차지하는 비율이 70.5%라는 것을 나타낸다.

ROC Curve

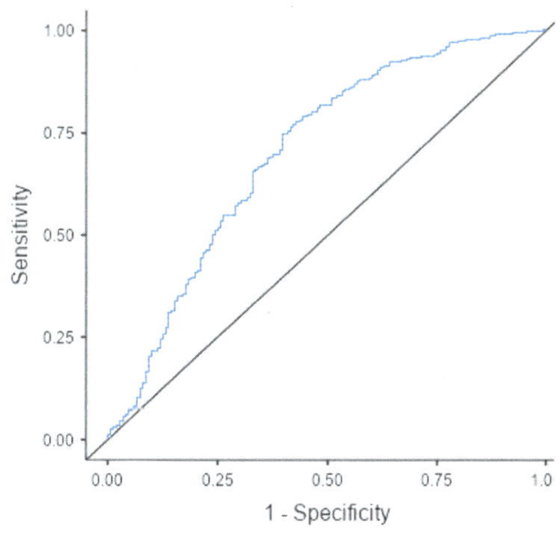

2) 다항 로지스틱 회귀분석

지금까지는 지역주민의 거주기간을 단기거주(0), 장기거주(1)와 같이 이분형 종속변수에 대해서 활용될 수 있는 이항 로지스틱 분석을 살펴보았다. 만약 종속변수가 3개 이상의 범주형 변수일 때는 다항 로지스틱 분석(multinomial logistic regression)을 활용하여 분석할 수 있다. 가령, 정치적 이념을 진보, 보수, 중도의 3개의 범주로 분류하고 이에 영향을 미치는 요인들을 분석하는 경우에 다항 로지스틱 분석을 사용할 수 있다. 다항 로지스틱 분석은 완전히 새로운 개념이 아니라 앞서 살펴본 이항 로지스틱 분석을 기준범주(reference group)를 기준으로 반복적으로 분석을 실시하는 것이다. 예를 든 것처럼 정치적 성향을 진보, 보수, 중도라고 했을 때 중도를 기준범주로 설정하고 중도-보수, 중도-진보에 대해서 두 번의 이항 로지스틱 분석을 실시하는 것이다.

(1) SPSS를 통한 다항 로지스틱 회귀분석

이항 로지스틱 분석에서 사용한 '지역사회.sav' 자료를 활용하여 지역주민들의 거주기간에 미치는 영향을 성별, 배우자 유무, 연령, 직업 유무, 소득, 지역사회 애착을 예측변인들로 활용하여 분석해 보자. 여기서 이항 로지스틱 회귀분석과의 차이점은 종속변수인 거주기간을 0-10년 미만, 1-10년 이상~20년 미만, 2-20년 이상~30년 미만, 3-30년 이상의 4개의 범주로 구분하여 분석한다는 것이다. 분석의 순서는 다음과 같다.

분석 → 회귀분석 → 다항 로지스틱 분석

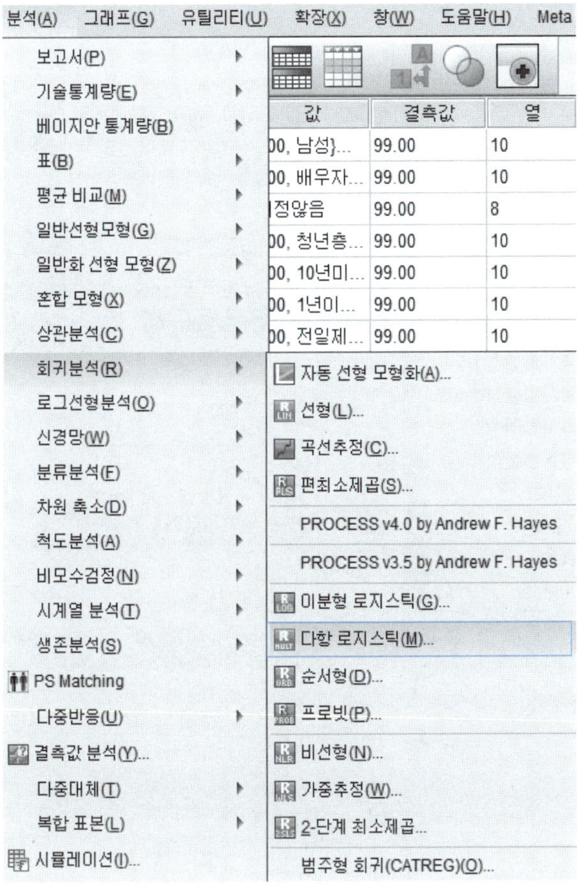

[다항 로지스틱 회귀] 창에서 [종속변수(D)]에는 4개의 범주로 구성된 거주기간(residen)을 입력하고, [요인(F)]에는 비연속형 독립변수들인 성별(gender), 배우자 유무(spouse), 직업 유무(job3)를 포함시킨다. [공변량(C)]에는 연속형 독립변수들을 입력하는데 연령(age1), 소득(income), 지역사회애착통합점수(Tatta)가 여기에 해당된다. 종속변수에서 [참조범주(N)]를 클릭해서 기준범주를 설정할 수 있는데, 위의 예시에서는 첫 범주, 즉 10년 미만 거주를 기준범주로 설정한다. 이상의 설정을 완료하면 다음과 같다.

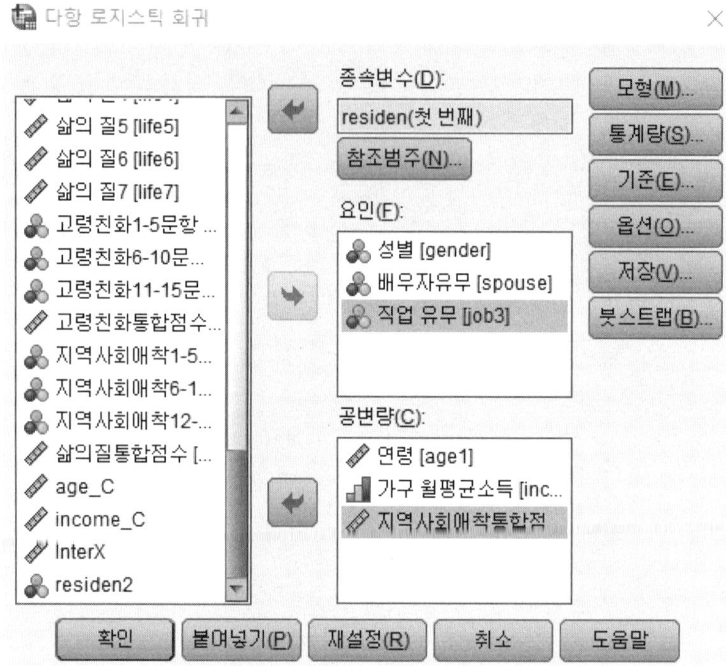

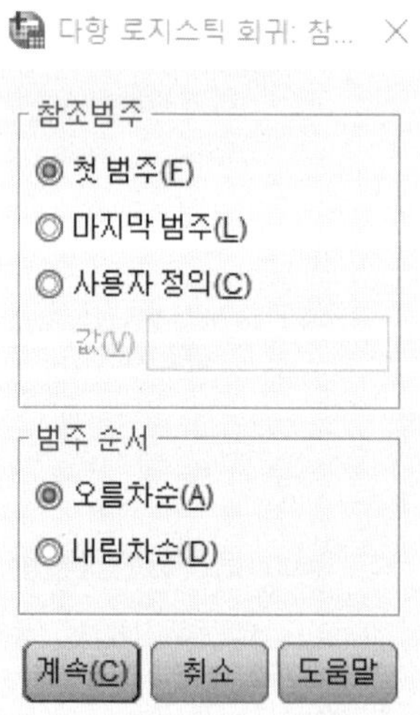

[확인]을 누르고 분석결과를 살펴보면 우선 모형 적합 정보에서는 독립변수들이 포함되지 않은 절편만 모형과 비교했을 때 최종 모형의 -2LL값이 유의미하게 작게 나타나 최종 다항 로지스틱 회귀모형의 적합도가 통계적으로 유의하였다

($X^2(18)=191.17$, $p<.001$). 유사 R-제곱의 Cox 및 Snell의 값이 .213로 대략 21.3% 정도의 설명력을 보여주었다.

모형 적합 정보

모형	모형 적합 기준	우도비 검정		
	-2 로그 우도	카이제곱	자유도	유의확률
절편 만	2162.817			
최종	1971.648	191.169	18	.000

유사 R-제곱

Cox 및 Snell	.213
Nagelkerke	.228
McFadden	.087

다항 로지스틱 회귀분석 결과의 해석은 이항 로지스틱 분석과는 달리 참조(기준)범주와의 비교를 통해서 해석한다. 본 예시에서는 종속변수인 거주기간에서 참조범주는 '10년 미만'이기 때문에 '10년 미만'과 '10년 이상~20년 미만', '10년 미만'과 '20년 이상~30년 미만', 그리고 '10년 미만'과 '30년 이상'의 세 가지 경우에 대해서 각각 해석하면 된다. 우선, 10년 미만에 비해 10년 이상~20년 미만의 경우는 연령, 소득, 지역사회 애착 그리고 배우자 유무가 통계적으로 유의미한 것으로 나타났다. 개별 변수에 대한 해석은 이항 로지스틱 분석의 경우와 동일하다. 즉, 연령이 1 증가할 때 거주기간 10년 미만에 비해 10년 이상~20년 미만 거주할 가능성이 0.027 로그오즈만큼 증가한다는 것을 알 수 있다. 이를 오즈값(Exp(B))으로 해석하면 (100*(1.028−1))로 오즈가 2.8% 증가한다고 해석할 수 있다. 소득의 경우 1 증가할 때 10년 미만의 경우에 비해 10년 이상~20년 미만 거주하는 경우가 (100*(1.281−1))로 28.1%가량 증가함을 알 수 있다. 지역사회 애착의 경우도 10년 미만의 경우보다 10년 이상~20년 미만인 경우가 (100*(1.044−1))로 4.4% 높다고 할 수 있다. 비연속형 변수인 배우자 유무에 대한 해석은

이분형 변수에 대한 해석과 동일하다. 즉, 배우자가 있는 경우(1)에 비해 배우자가 없는 경우(0)가 10년 이상~20년 미만 거주할 가능성이 (100*(0.466−1))로 53.4% 감소하는 것으로 나타났다.

다음으로 10년 미만에 비해 20년 이상~30년 미만의 경우 역시 연령, 소득, 지역사회 애착 그리고 배우자 유무가 통계적으로 유의미한 것으로 나타났다. 주요 독립변수인 지역사회 애착의 경우만 살펴보면 10년 미만의 경우보다 20년 이상~30년 미만인 경우가 (100*(1.057-1))로 5.7% 높다고 할 수 있다.

마지막으로 10년 미만에 비해 30년 이상의 경우에는 연령, 지역사회 애착, 배우자 유무는 여전히 통계적으로 유의미하나 소득인 더 이상 유의미한 예측변수가 아니었다. 특히 지역사회 애착의 경우는 10년 미만 집단에 비해서 30년 이상인 집단이 8.2%(100*(1.082−1))가량 더 높은 것으로 나타나 지역사회 애착 정도가 높을수록 그 지역사회에 장기간 거주할 확률이 높아짐을 알 수 있다.

모수 추정값

거주기간[a]		B	표준화 오류	Wald	자유도	유의확률	Exp(B)	Exp(B)에 대한 95% 신뢰구간 하한	Exp(B)에 대한 95% 신뢰구간 상한
10년이상-20년미만	절편	-3.936	1.075	13.412	1	.000			
	연령	.027	.011	6.532	1	.011	1.028	1.006	1.049
	가구 월평균소득	.248	.099	6.220	1	.013	1.281	1.055	1.557
	지역사회애착통합점수	.043	.013	10.918	1	.001	1.044	1.018	1.071
	[성별=.00]	.007	.222	.001	1	.976	1.007	.652	1.555
	[성별=1.00]	0[b]	.	.	0	.	.	.	.
	[배우자유무=.00]	-.763	.304	6.281	1	.012	.466	.257	.847
	[배우자유무=1.00]	0[b]	.	.	0	.	.	.	.
	[직업 유무=.00]	.260	.635	.168	1	.682	1.297	.374	4.501
	[직업 유무=1.00]	0[b]	.	.	0	.	.	.	.
20년이상-30년미만	절편	-4.290	1.022	17.604	1	.000			
	연령	.045	.011	17.998	1	.000	1.046	1.024	1.067
	가구 월평균소득	.281	.097	8.406	1	.004	1.324	1.095	1.601
	지역사회애착통합점수	.055	.013	18.325	1	.000	1.057	1.030	1.084
	[성별=.00]	.131	.217	.361	1	.548	1.140	.744	1.745
	[성별=1.00]	0[b]	.	.	0	.	.	.	.
	[배우자유무=.00]	-1.359	.298	20.828	1	.000	.257	.143	.461
	[배우자유무=1.00]	0[b]	.	.	0	.	.	.	.
	[직업 유무=.00]	-.488	.543	.808	1	.369	.614	.212	1.780
	[직업 유무=1.00]	0[b]	.	.	0	.	.	.	.

30년이상	절편	-8.327	1.248	44.505	1	.000			
	연령	.092	.012	56.112	1	.000	1.096	1.070	1.123
	가구 월평균소득	.072	.106	.471	1	.492	1.075	.874	1.322
	지역사회애착통합점수	.079	.015	27.494	1	.000	1.082	1.050	1.114
	[성별=.00]	.380	.248	2.350	1	.125	1.463	.900	2.378
	[성별=1.00]	0[b]	.	.	0	.	.	.	.
	[배우자유무=.00]	-1.108	.338	10.754	1	.001	.330	.170	.640
	[배우자유무=1.00]	0[b]	.	.	0	.	.	.	.
	[직업 유무=.00]	.105	.592	.032	1	.859	1.111	.348	3.545
	[직업 유무=1.00]	0[b]	.	.	0	.	.	.	.

a. 참조 범주는\ 10년미만(119개월)입니다.

b. 이 모수는 중복되었으므로 0으로 설정됩니다.

(2) jamovi를 통한 다항 로지스틱 회귀분석

jamovi를 활용한 다항 로지스틱 분석을 위해 동일한 자료인 '지역사회.omv' 파일을 사용해서 살펴보자. 우선 다항 로지스틱 분석을 위한 실행과정은 다음 순서와 같다.

Regression → Logistic Regression → N Outcomes Multinomial

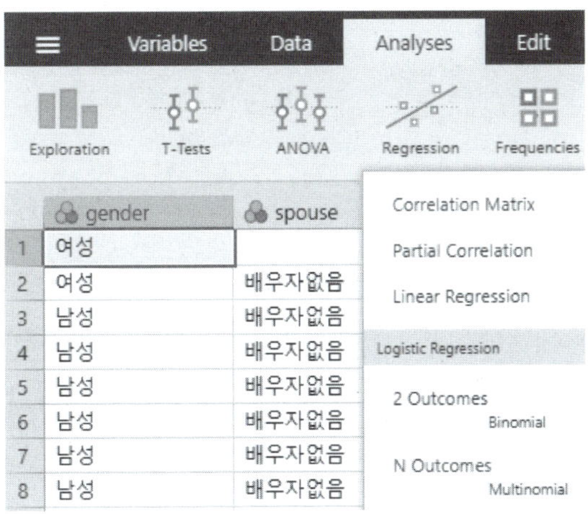

jamovi의 경우 SPSS와 다항 로지스틱 분석을 위한 설정 창이 매우 유사한 구조임을 알 수 있다. [Dependent variable] 칸에 종속변수인 거주기간(residen)을 선택한다. 다음으로 공변량에 해당하는 [Covariates] 칸에는 연속형 독립변수들을 포함시킨다. 본 예시에서는 연령(age1), 소득(income) 그리고 지역사회애착(Tatta)이다. 마지막으로 요인에 해당하는 [Factors] 칸에는 비연속형 독립변수들인 성별(gender), 배우자 유무(spouse) 그리고 직업 유무(job3)를 포함한다. SPSS와의 차이점은 [Covariates]를 먼저 입력하고 다음에 [Factors]를 입력한다는 것뿐이다.

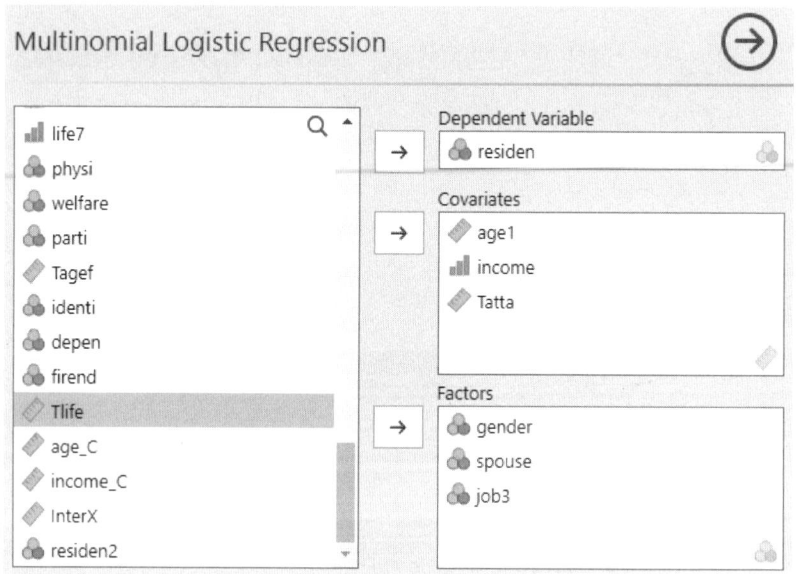

다음으로 jamovi의 경우 다항 로지스틱 회귀분석에서 비연속형 변수들에 대한 기준범주를 다음의 설정을 통해서 매우 쉽게 설정할 수 있다. [Reference Levels]를 클릭하면 비연속형(범주형) 변수들이 보이는데, 우선 종속변수인 거주기간(residen)을 '10년 미만'으로 설정한다. 마찬가지로 성별(gender)은 '여성'을, 배우자 유무(spouse)는 '배우자 없음'을 그리고 직업 유무(job3)는 '직업 없음'을 기준범주로 설정한다.

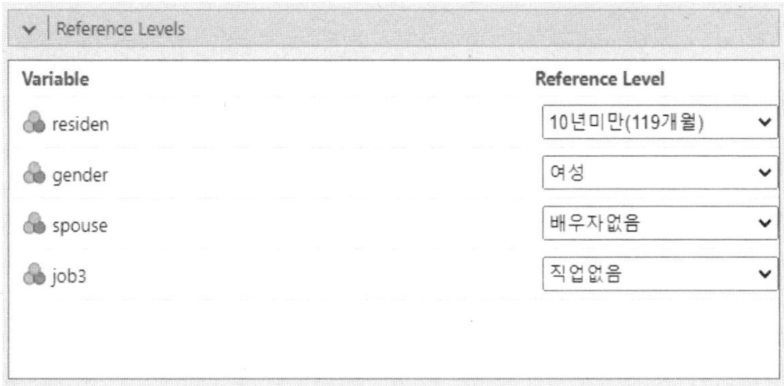

모델적합도의 설정은 [Model Fit]을 클릭하여 □Deviance, □Overall model test, □McFadden's R^2, □Cox & Snell's R^2, 그리고 □Nagelkerke's R^2 등을 다음과 같이 선택하면 된다.

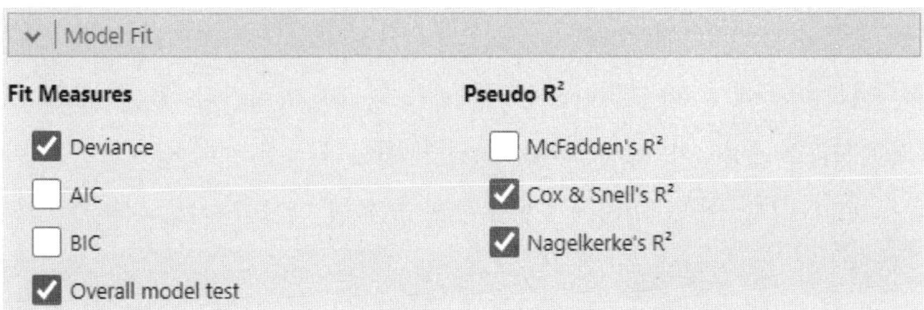

추가적으로 오즈 값을 구하기 위해서는 [Model Coefficients]에서 □Odds ratio를 선택하면 SPSS의 Exp(b)에 해당하는 값을 제공해 준다.

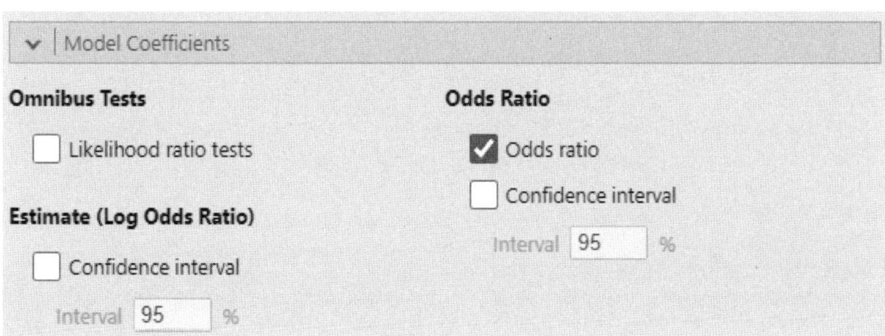

이상의 설정이 완료되면 분석결과는 다음과 같다. 우선 [Model Fit Measures]에서는 기저모형과 최종모형의 -2LL 차이값이 통계적으로 유의하게 나와서 모델의 적합도는 좋은 것으로 나타났다(X^2(18)=191, p<.001). 나머지 유사 설명력은 프로그램의 차이로 SPSS와는 약간의 차이가 있는 것으로 보인다.

Multinomial Logistic Regression

Model Fit Measures

				Overall Model Test		
Model	Deviance	R^2_{CS}	R^2_N	χ^2	df	p
1	1996	0.0581	0.117	191	18	< .001

Model Coefficients는 다항 로지스틱 회귀분석에서 독립변수들의 통계적 유의도를 종속변수의 기준범주('10년 미만')를 중심으로 구분하여 보여준다. 각 계수에 대한 해석은 앞에서 설명한 SPSS 분석결과를 참고하기 바란다. 결론적으로 지역사회 애착 통합점수가 높아질수록 10년 미만보다는 10년 이상~20년 미만이 4.4%, 20년 이상~30년 미만이 5.7%, 그리고 30년 이상이 8.2% 거주할 확률이 높아짐을 알 수 있었다.

Model Coefficients - residen

residen	Predictor	Estimate	SE	Z	p	Odds ratio
10년이상-20년미만 - 10년미만(119개월)	Intercept	-3.93567	1.0747	-3.6622	< .001	0.0195
	gender:					
	남성 – 여성	0.00682	0.2219	0.0307	0.975	1.0068
	spouse:					
	배우자있음 – 배우자없음	-0.76284	0.3044	-2.5059	0.012	0.4663
	job3:					
	직업있음 – 직업없음	0.26011	0.6348	0.4098	0.682	1.2971
	age1	0.02734	0.0107	2.5557	0.011	1.0277
	income	0.24788	0.0994	2.4940	0.013	1.2813
	Tatta	0.04319	0.0131	3.3045	< .001	1.0441
20년이상-30년미만 - 10년미만(119개월)	Intercept	-4.28994	1.0225	-4.1957	< .001	0.0137
	gender:					
	남성 – 여성	0.13066	0.2174	0.6011	0.548	1.1396
	spouse:					
	배우자있음 – 배우자없음	-1.35849	0.2977	-4.5637	< .001	0.2570
	job3:					
	직업있음 – 직업없음	-0.48853	0.5433	-0.8992	0.369	0.6135
	age1	0.04460	0.0105	4.2424	< .001	1.0456
	income	0.28078	0.0968	2.8993	0.004	1.3242
	Tatta	0.05541	0.0129	4.2809	< .001	1.0570
30년이상 - 10년미만(119개월)	Intercept	-8.32691	1.2483	-6.6709	< .001	2.42e-4
	gender:					
	남성 – 여성	0.38021	0.2480	1.5330	0.125	1.4626
	spouse:					
	배우자있음 – 배우자없음	-1.10766	0.3378	-3.2795	0.001	0.3303
	job3:					
	직업있음 – 직업없음	0.10493	0.5920	0.1772	0.859	1.1106
	age1	0.09179	0.0123	7.4905	< .001	1.0961
	income	0.07245	0.1055	0.6864	0.492	1.0751
	Tatta	0.07861	0.0150	5.2436	< .001	1.0818

참고문헌

김태근(2006). U-Can 회귀분석. 인간과 복지.

배병렬(2015). SPSS/Amos/LISREL/SmartPLS에 의한 조절효과 및 매개효과 분석. 도서출판 청람.

이희연 · 노승철(2013). 고급통계분석론 : 이론과 실습(제2판). 문우사.

채구묵(2013). SPSS와 AMOS를 이용한 고급통계학 : 로지스틱 회귀분석 · 생존분석 · 경로분석 · 구조방정식모델분석. 양서원.

_____(2014). 사회과학 통계분석(제4판). 양서원.

황성동(2021). 쉽게 하는 R 통계분석. 학지사.

Baron, R. M., & Kenny, D. A.(1986). The moderator-mediator distinction in social psychological research : Conceptual, strategic, and statistical considerations. *Journal of Personality and Social Psychology, 51*(6), 1173-1182.

Cresewell, J. W.(2003). *Research design : Qualitative, quantitative, and mixed methods approaches* (2nd ed.). CA : Sage publications, Inc.

_____________(2008). *Educational Research : Planning, conducting, and evaluating quantitative and qualitative research*(3rd ed.). Upper Saddle River : Pearson.

Kerlinger, F. N.(1979). *Behavioral research : A conceptual approach.* NY : Holt, Rinehart and Winston.

Kuhn, T. S.(1962). *The Structure of Scientific Revolutions.* Chicago, IL : University of Chicago Press.

Merriam-Webster(n.d.). Research. In Merriam-Webster.com dictionary. Retrieved July 12, 2021, from https://www.merriam-webster.com/dictionary/research

Rubin, A., & Babbie, E.(2010). *Essential research methods for social work*(2nd ed.). CA : Brooks/Cole.

_____________________(2011). *Research methods for social work*(7th ed.). CA : Brooks/Cole.

Weinbach, R. W., & Grinnell, R. M.(2004). *Statistics for social workers.* MA : Pearson Education, Inc.

찾아보기

저/자/약/력

■ 김진현

[학력]
부산대학교 사회복지학과 졸업(학사)
미국 University of South Carolina(석사)
미국 Ohio State University(박사)

[주요 경력]
미국 Ohio State University 강사 역임
미국 Marywood University 교수 역임
한국사회복지학회 총무분과위원장 역임
부산대학교 사회과학대학 부학장 및 사회과학연구원 부원장 역임
현 부산대학교 사회복지학과 교수 및 부산대학교 연구부처장

[주요 저서 및 논문]
Mplus를 이용한 데이터 분석(공역)
재난불평등 완화를 위한 사회복지실천(공저)
청년이 인식하는 소득불평등이 우울에 미치는 영향: 사회자본의 매개효과
Multi-level Antecedents of Company Support for Employee Volunteering(공저)
Socioeconomic inequalities in self-rated health among middle-aged and older adults 등

SPSS와 jamovi를 이용한

자료분석론

|저자| 김진현

|1판 1쇄| 발행 2022년 4월 5일

|발행인| 김동훈
|발행처| 공동체

|주소| 경기도 고양시 일산동구 호수로 358-39, 동문타워 1차 905호(백석동)
|전화| 031)814-3000(대표)
|팩스| 031)814-3100
|홈페이지| http://www.compub.co.kr
|전자우편| compub@naver.com
|출판등록| 2005년 10월 6일
|등록번호| 제396-2005-36호

|ISBN| 979-11-6725-115-2
정가 18,000원